사회복지실천기술론

Skills for Social Work Practice

성정현 김예성 김희주 장연진 좌현숙 최승희 공저

신정

/머/리/말/

사회가 급변하면서 사회복지서비스에 대한 수요가 증가하고 있다. 사회복지서비스의 범위와 종류도 다양해지고 있을 뿐만 아니라 서비스를 전달하는 방식에서도 상당한 변화가 나타나고 있다. 특히 제4차 산업혁명시대에 접어들면서 인공지능, 사물인터넷 ICT의 발달로 사회복지 영역에서도 휴머노이드 서비스 관련 지식과 기술, 그리고 전문가 윤리에 대한 논의가 활발해지는 등 사회서비스의 실천 영역에서도 상당한 변화에 직면하고 있다. 그러므로 사회복지실천가도 이러한 시대적 · 사회적 변화를 반영하여 윤리적 실천을 할 수 있도록 전문가 자질과 태도를 함양함은 물론이거니와 사회복지실천 현장에서 활용할 수 있는 최신의 지식과 기술을 학습하고 적용해야 한다.

사회복지실천의 대상과 현장은 매우 광범위하다. 개인의 생애주기뿐만 아니라 다양한 가족 유형, 지역 환경 등 수없이 많은 변수를 고려하면서 실천해야 하는 사회복지사는 전문지식과 기술, 그리고 이를 적용하는 방법 등을 배워 현장에 적용해야 하므로 그야말로 기본기가 탄탄해야 함은 재론의 여지가 없다.

서사들은 이런 마음가짐으로 제1급 자격증을 준비하는 예비사회복지사들을 위해 사회복지실천기술론 교과목 지침서를 반영하여 집필하였다. 그리고 사회복지실천의 환경이 급변하고 있기는 하지만, 클라이언트와 환경에 대한 이해에 있어 필수적인 이론과 기술을 담아 총 13장으로 구성하였다.

제1장에서는 사회복지실천기술의 개념과 사회복지실천기술을 현장에 적용할 때 갖춰야 할 지식과 기술, 그리고 전문가 윤리를 기술하였다. 제2장부터 제6장까지는 다양한 사회복지현장에서 만나는 클라이언트를 깊이 있게 이해할 수 있는 이론적 모델로서 정신역동모델과 동기강화모델, 인지행동모델, 해결중심모델, 과제중심모델, 위기개입모델을 설명하였다. 각 모델에서는 개념과 특징, 원칙을 담은 개요와 이론적 배경, 모델의 주요기술, 평가를 기술하였으며, 이론을 적용한 사례를 제시하

였다. 제7장부터 제11장은 사회복지실천의 대상별로 실천기술을 집필하였다. 제7장과 제8장 개인사회복지실천에서는 실천과정과 함께 경청, 질문, 공감 기술을 소개하고, 변화동기가 적거나 폭력적인 클라이언트, 그리고 자살 위험이 있는 클라이언트를 돕는 기술들을 제시하였다. 제9장과 제10장의 가족 대상 사회복지실천에서는 가족의 개념과 기능, 그리고 가족 대상 사회복지실천의 과정을 소개하였다. 또, 구조적 가족치료와 경험적 가족치료, 보웬의 다세대 가족치료, 전략적 가족치료, 이야기치료, 그리고 가족옹호 등 가족 대상 실천이론과 기술을 집필하였다. 제11장과 제12장에서는 집단사회복지실천을 다루었다. 여기서는 집단사회복지실천에 대한 기본적 이해와 함께 집단사회복지실천의 다양한 모델, 윤리적 고려를 소개하였고, 또 집단을 구성하는 것부터 단계별 개입전략까지 과정과 기술을 집필하였다. 마지막으로 제13장에서는 사회복지실천을 하면서 서비스 내용과 적용기술, 그리고 클라이언트의 변화 등 전문가로서 기록해야 할 사항들과 사회복지실천의 평가방법 및 기술을 집필하였다.

본 저서는 학부교육에 초점을 둔 것으로, 변화하는 사회환경 속에서 사회복지실천의 역량을 함양한 일반주의 사회복지실천 인재를 양성하는 데 기여하고자 하는 집필자들의 마음을 담고 있다. 집필자들의 이러한 의도가 예비사회복지사인 학생들에게 잘 전달되기를 기대한다.

끝으로, 열정적이고 배려심 깊은 동료 저자들과 이 책이 나오기까지 오랜 시간 애정을 갖고 기다려준 신정 출판사의 최용구 사장님과 장만동 전무님께 감사드리며, 본서의 발간을 위해 애써주신 편집부 직원 여러분께도 진심으로 감사의 말씀을 전한다.

2022. 3.

저자 일동

/차/례/

03 CHAPTER 동기강화모델

04 CHAPTER 인지행동모델

05 CHAPTER 해결중심모델

08 CHAPTER 개인사회복지실천 II

09 CHAPTER 가족사회복지실천 I

10 CHAPTER 가족사회복지실천 Ⅱ

11 CHAPTER 집단사회복지실천 I

12 CHAPTER 집단사회복지실천 II

13 CHAPTER 사회복지실천 기록과 평가 기술

01

CHAPTER

사회복지실천기술에 대한 이해

1. 사회복지실천기술의 개념

2. 사회복지실천기술의 전문적 기반

01 CHAPTER 사회복지실천기술에 대한 이해

Skills for Social Work Practice

사회복지(social welfare)는 국민의 생활 안정 및 공중위생, 사회보장제도 등 복리(福利)를 향상시키기 위해 힘쓰는 일이나 그와 관련된 정책 등을 통틀어 일컫는다(Gambrill, 2022). 즉, 사회구성원의 신체적 · 정신적 · 정서적 · 경제적 욕구 등 모든 기본적 욕구를 충족시켜 삶의 조건을 보장하고 사회통합을 달성하는 사회적 활동의 총체로서, 공적인 법과 제도뿐만 아니라 기관과 시설, 서비스, 프로그램 등을 모두 포괄하는 용어이다(다음백과사전).

인간 삶의 모든 영역과 연관된 데다, 환경변화에 따라 새로운 욕구가 등장하면서 사회복지의 대상과 범위도 다양해지고 확대되고 있다. 4차 산업혁명시대 인공지능, 사물인터넷 ICT의 발달로 사회복지 영역에서도 휴머노이드 서비스 관련 지식과 기술, 그리고 전문가 윤리에 대한 논의가 활발해지고 있다. 특히 2019년도에 발생한 코로나19 때문에 사회적 거리두기를 실시하게 되면서 대면을 통한 공감과 경청, 관찰, 그리고 개인과 집단, 지역사회 대상 기술의 실천에 주안점을 두었던 사회복지 영역에서 클라이언트에게 비대면 서비스를 어떻게 효과적으로 전달할 것인지, 어떤 프로그램을 개발할 것인지, 그리고 사각지대의 발생을 예방하고 또

효과적으로 대응하기 위한 방안은 무엇인지에 대한 학계와 현장의 관심도 높아지고 있다.

이뿐만이 아니다. 한편으로는 시대적 · 사회적 변화에 따른 지식과 기술의 함양을 요구하지만, 다른 한편으로는 사회서비스 실천의 가치와 윤리에 대한 지속적인 점검을 필요로 한다. 이전보다 더 많은 사람들이 사회복지서비스를 직간접적으로 이용하기 때문에 사회복지실천에 기반한 서비스 및 프로그램의 질적 향상과 사회적 책무를 강화하는 차원에서 사회복지전문가도 사회복지실천을 위한 지식과 기술을 지속적으로 학습하고 실천하는 윤리적 자세를 함양하여야 한다. 여기서는 사회복지실천기술의 개념과 실천기술의 기반이 되는 전문성과 구체적인 기술들에 대해 알아보고자 한다.

1 사회복지실천기술의 개념

사회복지실천(social work practice)은 사회복지의 목적과 이념을 달성하기 위해 여러 가지 이유로 가족이나 시장기능으로부터 소외되거나 배제된 사람들이 사회적 기능을 회복하고 정상적인 사회활동을 유지할 수 있도록 전문성을 바탕으로 사회복지서비스를 행하는 것을 의미한다(우국희 외, 2021). 즉 사회복지실천은 사회복지현장이나 전문사회복지기관에서 내담자에게 전문적으로 제공되는 사회복지활동, 서비스, 프로그램의 제반 사회적 서비스를 의미한다. 그리고 사회복지실천기술(social work practice skills)은 이러한 사회복지실천의 목적을 달성하기 위해 활용되는 개인과 집단, 지역사회 대상의 기술과 기법을 뜻한다.

사회복지실천의 대상과 범위에서 변화가 나타나면, 사회복지실천기술도 이전

보다 더 다양해지고 심화된다. 사회복지실천의 초창기에는 사회복지실천에 적용되는 방법을 개별사회사업(social case work), 집단사회사업(social group work), 지역사회사업(community organization)으로 구분하였다. 그리고 사회복지실천의 대상도 개인과 가정, 집단, 지역사회로 규정했다. 하지만 1970년대 체계이론의 영향과 방법론에 대한 비판적 시각이 등장하면서 전통적인 의학모델(medical model)에서 점차 생활모델 또는 시스템모델(life model-system model)과 같은 통합적인 접근방법으로 전환하게 되었다. 또 전문직은 체계화된 지식이 있어야 하고 개인보다는 지역사회 이익에 속해야 하므로 사회복지도 전문직으로서의 일반화된 지식체계와 기술에 기초해야 함과 서비스의 단절을 방지하자는 목적으로 통합적 접근방법이 등장하게 되었다(구종회, 2001).

1980년대 이후부터는 클라이언트의 문제와 욕구에 대해 좀 더 포괄적이고 통합적인 서비스를 제공하고, 개인과 가족, 소집단의 심리적 기능 강화 및 유지, 예방과 치료의 중요성과 상황 속의 인간(person-in-Situation)에 초점을 두는 것을 강조하였다(우국희 외, 2021). 그리고 1990년대에 셰퍼와 호레이시(Sheafor & Horejsi, 1997)는 개별사회복지와 집단사회복지를 직접적인 사회복지실천(direct practice)으로 범주화하고, 지역사회복지와 사회복지행정, 사회복지조사, 사회복지정책을 간접적인 사회복지실천(indirect practice)으로 범주화하여 구분하였다(구종회, 2001 재인용). 전통적인 사회복지서비스와 학자들의 견해를 요약하면 〈표 1-1〉과 같다.

대상별로 구분되었던 전통적 사회복지실천방법이 통합적인 사회복지실천 혹은 직접적 실천과 간접적 실천으로 범주화되고 구분되는 경향이 지속되면서, 사회복지실천은 개인의 사회적 기능 향상과 사회정의 실현이라는 목적을 달성하기 위해 개인, 가족, 집단, 조직, 지역사회를 대상으로 환경 속의 인간과 그들을 둘러싼 사회환경 간의 상호작용에서 나타나는 욕구와 문제들을 함께 해결하는 구체적인 활동이라고 정의되고 있다. 사회복지실천기술은 이러한 사회복지실천을 위해 개인과 가족, 집단, 지역사회 수준에서 적용되는 다양한 기술과 기법이라고 할 수 있다.

〈표 1-1〉 사회복지서비스의 분류 관점

<table>
<tr><th rowspan="2">전통적인
사회사업방법(미국)</th><th colspan="3">학자</th></tr>
<tr><th>핀커스와 미나한
(Pincus & Minahan, 1973)</th><th>프리들랜드와 앱트
(Friedlander & Apte, 1980)</th><th>셰퍼와 호레이시
(Sheafor & Horejsi, 1997)</th></tr>
<tr><td>① 개별사회복지
(Case work)</td><td rowspan="3">사회사업에서
통합적인 방법론
(integrated methology in social work)
- 통합에서 목적, 대상, 서비스방법, 변화매개체의 역할 강조</td><td rowspan="2">직접적 실천
(direct services in social work)</td><td rowspan="2">직접적 실천
(direct services in social work)</td></tr>
<tr><td>② 집단사회복지
(Group Work)</td></tr>
<tr><td>③ 지역사회조직사업
(Community Organization)</td><td>간접적 실천
(indirect services in social work)</td><td rowspan="4">간접적 실천
(indirect services in social work)</td></tr>
<tr><td>④ 사회복지행정
(S.W.Administration)</td><td rowspan="3">거시적 접근
(macro-scopic approach)</td><td rowspan="2">지지적 서비스
(support services in social work)</td></tr>
<tr><td>⑤ 사회복지조사
(S.W.Research)</td></tr>
<tr><td>⑥ 사회행동과 정책
(Social action & Policy)</td><td>거시적 접근
(macro-scopic approach)</td></tr>
</table>

출처: 구종회 (2001). p.57.

2 사회복지실천기술의 전문적 기반

사회복지실천은 인간과 환경에 대한 이중초점을 가진 전문가의 지식과 기술, 그리고 가치 등을 비롯한 여러 가지 요소들로 구성된다. 바꾸어 말하면, 이런 요소들이 사회복지실천의 전문적 기반이자 실천의 준거틀이다. 이를 구체적으로 살펴보면 다음과 같다.

1) 전문적 지식

미국사회복지사협회(NASW)의 사회복지실천을 위한 작업 정의(working definition)에서, 지식은 신뢰할 수 있게 의사소통을 할 수 있을 만큼 명백하게 상징화될 수 있는 상황에서 개인에 대한 일반화된 인식이며, 경험적 과학의 절차에 따라 검증과 확대를 할 수 있는 것이다. 1958년 기술한 "사회복지실천에의 작업 정의(Working Definition of Social Work Practice)"에서 윌리엄 고든(Gorden, 1962)은 사회복지실천을 가치와 목적, 승인, 지식, 그리고 방법의 집합체로 정의하면서, 지식을 경험적 검증과 관찰을 통해 확증된 지식(confirmed knowledge)과 이론과 진실이지만 아직 확증되지 않은 수용가능한 추정적 지식(assumptive knowledge)으로 구분하였다. 이 중 후자는 아직 확증되지 않았기 때문에 참인지 거짓인지를 검증할 대상이 되는 지식이다. 사실 인간서비스 분야의 많은 지식은 참과 거짓을 명백히 제시하기 어려운 것이 많아 후자에 속한다고 할 수 있다(우국희 외, 2021 재인용).

사회복지사는 내담자가 문제를 해결할 수 있도록 인간과 환경 간의 상호작용을 조정하고 중재하는 과정에서 전문적인 지식과 기술을 활용한다. 그런데 사회복지실천의 대상과 범주에 대한 이해는 확증된 지식보다는 추정적 지식에 속하는 것이 많으므로 인접 학문의 지식도 학습해야 한다.

갬브릴(Gambrill, 2022)은 사회복지실천의 지식을 내용 지식(content knowledge), 절차 지식(procedural knowledge), 불활성 지식(inert knowledge), 자아에 관한 지식(self-knowledge), 그리고 잘못된 지식(false knowledge)으로 구분하였다. 이 중 내용 지식은 윤리적 책임, 사정방법, 개입방법, 평가방법, 법적 규정 등에 관한 지식을 포함한다. 그리고 절차 지식은 특정한 사정평가방법을 효과적으로 사용하는 방법, 정보를 탐색하는 기술, 그리고 다양한 정보와 지식을 통합하는 기술을 의미하며, 불활성 지식은 정보의 부족으로 인해 제대로 활용되지 못한 내용과 절차에 관한 지식을 의미한다. 또 자아에 관한 지식은 인간에 대한 편견이나 소진(burn out)

가능성에 대한 지식을 말하며, 잘못된 지식은 거짓이나 당연한 것에 대한 믿음을 말한다(구종회, 2001 재인용).

한편, 셰퍼와 호레이시(B. W. Sheafor & G. Horejsi, 1997)는 『사회복지실천의 기법과 지침(제5판)』에서 사회복지실천의 준거틀로서 이론적 기반을 다음의 네 가지로 구분하여 제시했다. 첫째는 전통적인 3대 심리학의 정신분석이론과 모델, 행동주의 이론과 모델, 실존주의에 기초한 이론과 모델이다. 둘째는 상호작용모델, 구조적모델, 위기개입모델, 과제중심모델, 해결중심모델 등의 생활중심모델이나 관계 또는 사회체계를 중심으로 한 실천이론이다. 셋째는 가족치료에 기초한 모델, 가족보존에 기초한 모델, 클럽하우스 모델, 소집단이론에 기초한 모델 등 집단사회복지의 발달이론과 가족치료이론에 기초한 실천이론이다. 넷째는 중독모델이나 자조모델 등 자아성취모델, 조직과 지역사회를 위한 실천모델 등의 사회체계이론이다(구종회, 2001).

콤톰과 갤러웨이(Comptom & Galaway, 1984)는 '사회복지사가 갖추어야 할 지식'으로 네 가지를 제시하였다. 첫째는 인간(person)에 대한 지식이다. 여기에는 개인행동과 적응 패턴, 그리고 이에 영향을 미치는 모든 것이 포함된다. 둘째는 환경 혹은 상황(situation)에 대한 지식이다. 이것은 지역사회, 제도, 다양한 자원 구조에 대한 지식을 의미한다. 셋째는 저메인(Germain, 1981)이 제시한 상호작용(transaction)에 관한 지식이다. 이것은 인간과 환경 간의 상호작용을 설명하고 이해하도록 도우며, 인간의 성장을 촉진하거나 저해하는 환경적 영향에 관한 지식과 인간의 잠재력을 발달시키거나 회복하는 데 영향을 미치는 환경적 역량을 촉진하고 회복하는 것에 관한 지식을 포함한다. 넷째는 중재(mediation)에 관한 지식이다. 사회복지는 특정한 개입모델에 대한 지식뿐만 아니라 문제해결과정을 수행하기 위해 조정 및 중재에 대한 지식도 필요하다.

마지막으로, 보고(Bogo, 2006)는 사회복지실천에 필요한 지식기반을 좀 더 세분화하여 사회적 환경 속의 인간행동에 대한 이론들과 실천모델과 기법, 실천 지혜,

〈표 1-2〉 학자들이 제시한 사회복지실천 지식들

갬브릴 (Gambrill, 2006)	셰퍼와 호레이시 (Sheafor & Horejsi, 1997)	콤톰과 갤러웨이 (Comptom & Galaway, 1984)	보고 (Bogo, 2006)
내용 지식	전통적인 3대 심리학의 정신분석이론과 모델, 행동주의 이론과 모델, 실존주의에 기초한 이론과 모델	인간에 대한 지식	사회적 환경 속의 인간행동에 대한 이론들
절차 지식	상호작용모델, 구조적모델, 위기개입모델, 과제중심모델, 해결중심모델 등, 생활중심모델이나 관계 또는 사회체계를 중심으로 한 실천이론	상황과 환경에 대한 지식	실천모델들, 절차들, 기법들
불활성 지식	집단사회복지의 발달이론과 가족치료이론에 기초한 실천이론	상호작용에 대한 지식	실천지혜
자아에 관한 지식	자아성취모델, 조직과 지역사회를 위한 실천모델 등의 사회체계이론	조정과 중재에 대한 지식	전문적인 지식
잘못된 지식			

그리고 전문적인 지식으로 구분하였다. 먼저 인간을 둘러싼 다양한 사회문화적 환경에 대한 지식과 환경 속의 인간행동에 대한 이론들은 사회복지사가 클라이언트가 현재 경험하는 심리사회적 문제뿐만 아니라 사회구조와 다양한 환경, 개인과 가족의 발달과 기능, 그리고 개인과 가족이 속한 조직의 기능과 영향에 대한 지식에 관한 것이다. 그리고 사회복지사들이 많이 활용하는 심리사회적 모델과 문제해결모델, 과제중심모델 등은 사회복지사와 클라이언트 간의 첫 만남인 접수(intake)부터 욕구와 문제의 사정, 문제해결을 위한 계획의 수립, 그리고 개입과 종결 및 평가에 이르는 일련의 절차에 관한 지식과 기술을 제공하기 때문에 사회복지실천

에서 필수적인 지식이다. 또 다년간의 현장경험을 통해 축적되고 학습하게 되는 실천 지혜(practice wisdom)는 일종의 경험적 지식의 차원에서 매우 중요한 지식기반이 된다. 사회복지사는 실천과정 중 경험한 새로운 사실이나 지식, 경험을 항상 기록하고 분석하는 과정을 지속하여야 하며 실천의 지혜를 축적하고 이론화하는 데 기여해야 한다.

마지막으로 사회복지사는 지역사회복지관이나 전문기관에서 알코올 문제나 우울, 불안, 이혼, 가출 등 특별한 문제를 가진 클라이언트를 만날 수 있는데, 이러한 내담자들의 특정한 문제에 대한 전문적 지식과 기술을 보유하고 있어야 한다.

이상에서 기술한 바와 같이, 학자들이 제시한 사회복지 관련 지식의 구분은 사회복지실천가가 인간행동과 사회적 환경에 대한 이해를 바탕으로 내담자를 돕기 위해 얼마나 많은 지식과 기술을 습득해야 하는지를 보여주는 것이다. 학자들의 구분에서 조금씩 차이가 있지만, 전반적으로 사회복지실천 관련 지식은 사회과학과 인간발달, 문화적 다양성, 상호작용방법, 과정과 절차, 조직 등에 관한 것으로 요약된다.

2) 실천기술

(1) 실천기술의 개념

일반적으로 실천(practice)은 인간의 의식적이고 능동적인 활동으로, 이론이나 생각을 행동으로 옮기거나 실행하는 것을 말한다. 그리고 기술(skill)은 어떤 원리나 지식을 자연적 대상에 적용하여 인간 생활에 유용하도록 만드는 구체적이고 실제적인 수단을 뜻한다(다음 백과사전, 2021.12 인출). 여기서 기술은 어떤 것을 만드는 데 활용되는 기법으로서의 테크놀로지(technology)와는 다르다. 내담자가 유사한 문제를 갖고 있다 할지라도 개별적인 상황과 문제에 대한 인식, 동원할 수 있는 자원이 다르므로 내담자의 상황을 고려하여 지식과 기술을 적용해야 한다. 그리고 상황에 적합한 이론과 방법을 적용할 수 있도록 다양한 이론과 방법을 학습하고 이를 융통성 있게 적용해야 한다.

이런 의미에서 『The Social Work Skills Workbook』 저자인 쿠노에(Cournoyer, 2011)는 사회복지실천기술을 연구기반 지식, 사회복지 가치와 윤리, 필수적인 촉진적 자질 또는 핵심 조건, 전문성의 특징, 실천 단계나 과정의 맥락에서 합리적인 사회복지실천 목적과 일치하는 일련의 인지적이고 행동적인 행위들로 정의한다(김용석, 2012 재인용). 즉 사회복지실천기술은 사회복지실천의 목적을 달성하기 위해 사회복지사가 취하는 의도적 활동인 것이다. 이를 위해서 사회복지사가 사회복지실천기술을 적용할 때는 단순히 기술을 펼치는 데 그치는 것이 아니라 그 적용과정과 결과에서 사회복지전문직의 지식과 가치를 반영하고, 클라이언트의 환경의 긍정적 변화에 기여하며, 사회복지실천의 과정 또는 단계에 부합하도록 해야 한다(김용석, 2012).

우리나라 「사회복지사업법」 제56조에는 "한국사회복지사협회는 사회복지에 관한 전문지식과 기술을 개발 · 보급하고, 사회복지사의 자질 향상을 위한 교육훈련 및 사회복지사의 복지증진을 도모함을 목적으로 한다"고 규정하고 있다. 그리고 「사회복지사업법」 시행령 제22조에서 사회복지사에 대한 전문지식과 기술의 개발, 보급, 사회복지사의 전문성 향상을 위한 교육훈련 등을 규정하고 있다(엄명용, 2005).

이와 같이 사회복지사업법에서 명확히 규정한 만큼 사회복지사의 실천지식에 기반한 전문적 기술의 활용은 사회복지실천의 매우 중요한 요소이다. 도스(Daws, 1994)는 전문인 양성 프로그램의 내용이 구체적으로 표준화되어 있지 않을 경우, 자격증이나 훈련 등이 실제로 실천현장에서 만나는 내담자를 돕는데 큰 유익이 되지 못한다고 하였다. 이는 사회복지실천기술과 기법이 무엇인지 구체적으로 설명되어야 한다는 것을 의미한다.

한국사회복지교육협의회(2020)의 사회복지실천기술론 교과목의 개요에서도 일반사회복지사의 실행 역량 수준에 맞추면서 다양한 사회복지실천현장에서 다양한 부류의 클라이언트를 만나므로 기본적으로 갖추어야 할 기술들을 학습하고, 상담기술보다는 사회복지실천의 특성에 맞는 연계기술 및 간접서비스에 대한 기술이 필요하다고 기술하고 있다. 또 사회복지실천기술론에서는 사회복지실천기술과 관련된 내용, 클라이언트의 변화를 목표로 하는 개입기법과 현장에서 많이 활용되는 모델에 따른 개입기법을 익히고, 집단에 대한 개입기법, 어려운 클라이언트와 일하는 방법을 익히는 것이 중요하다고 강조하고 있다.

이상을 요약하면, 사회복지실천기술론에서는 개인과 집단, 지역사회, 가족 수준에서 사회적 기능을 향상시키기 위해 여러 실천모델과 실천과정을 숙지하고, 각 모델에서 제시하는 기술들과 기법을 통합적 실천의 차원에서 적용 및 활용하는 것을 학습하여야 하며, 이를 위해 아래 제시하는 실천기술들에 대한 이해가 필수적이다.

(2) 실천기술의 종류

① 공통된 사회복지실천기술

일반적으로 사회복지실천에서 일관되게 적용되는 몇 가지 기술들이 있다. 이에 대해 학자들은 대상별로 제시하거나 혹은 단계별로 제시하는 등 차이를 보이기도 한다. 셰퍼와 호레이시(1997)는 기본적 의사소통 원조기술과 업무량 및 사례량 관리, 개인 및 전문가로의 발전 관련 기술로 제시하였으며, 각 영역마다 8개에서 16개에 이르는 기술들을 제시했다(Sheafor & Horejsi, 1998).

〈표 1-3〉 모든 사회복지실천에서 공통적인 기술

영역	기술	
기본적 의사소통과 원조기술	• 기본적인 의사소통 기술 • 효과적인 원조관계의 창출 • 기본적인 원조기술 • 비언어적 의사소통	• '나 전달법(I-Message)' • 정서와 감정의 이해 • 방어적 의사소통에 대응하기 • 문화적 자이가 있는 클라이언트에 대한 원조
업무량 및 사례량 관리	• 업무 시간 관리하기 • 보고서 작성하기 • 편지 작성하기 • 정보기술(Information Technology) 사용하는 방법 • 효과적으로 전화통화하기	• 업무량 조절 • 이야기체 기록을 위한 사례 노트(Casenotes) 유지 • 문제중심 기록과 SOAP 형식 • 과정기록 • 법정에서 증언하기
개인 및 전문가로의 발전	• 사회복지 직업을 얻기 • 전문적 행동의 요소 • 기관 슈퍼비전 활용하기 • 전문가 청중에게 발표하기 • 전문가 청중에게 글쓰기 • 관료제에 대처하기 • 스트레스 관리하기 • 사회복지에서 유머를 사용하기	• 윤리적 결정을 내리기 • 실천상의 과오로 인한 소송 피하기 • 자기인식을 개발하기 • 성희롱에 대처하기 • 조사보고서 분석하기 • 질적 자료 이해하기 • 양적 자료 이해하기 • 사회복지에 대한 이미지를 향상시키기

출처: Sheafor & Horejsi (1998). 사회복지실천기법과 지침 중 일부 목차.

② 사회복지실천 대상별 기술

위에 기술한 사회복지실천방법은 내담자의 문제를 해결하기 위해 활용하거나 취하는 방식 혹은 수단으로서, 기술이나 기법보다는 구체성이 덜하다. 좀 더 구체적인 수단과 도구는 기술(skill) 혹은 기법(technique)이라 불린다. 그리고 이 기술과 기법은 대상별로 구분되기도 하고 실천과정에 따라 구분되기도 한다.

사회복지실천기술의 구체성, 즉 현장에서 적용할 수 있는 기술과 기법이 무엇이고 어떻게 활용해야 하는지에 대한 사회복지사들의 요구를 파악하여, 엄명용(2005)은 사회복지사를 대상으로 초점집단면접과 설문조사를 실시하여 현장에서 많이 활용하는 실천기술들 132개를 도출하였으며, 특히 활용도가 높은 순으로 66개의 실천기술을 정리하였다. 또 이 기술들을 개인대상 기술, 집단대상기술, 가족대상 기술, 지역사회조직 기술, 자원봉사자 관리 기술, 조직관리 기술, 프로그램 개발 및 평가 기술의 총 7개 영역으로 분류하고 42개의 핵심실천기술을 제시하였다.[1]

〈표 1-4〉 활용도가 높은 사회복지실천기술들

영역	기술
개인대상 기술	사정 기술, 감정개입 기술, 의사소통 기술, 개입주도 기술
집단대상 기술	집단유대감 형성 및 촉진 기술, 집단관리 기술, 집단역할 설정 기술
가족대상 기술	가족사정 및 자원연계 기술, 도구활용 기술
지역사회조직 기술	지역사회자원 섭외 · 파악 기술, 사례관리 기술
자원봉사자 관리 기술	관계유지 기술, 자원봉사자 이해 기술, 자원봉사자 교육 기술, 자원봉사자 배치 기술
조직관리 기술	프로포절 작성 기술, 프로그램 성과평가 기술, 프로그램구성 기술, 프로그램 홍보 기술
프로그램 개발 및 평가 기술	인적자원 관리 기술, 실습생관리 기술, 예산관리 기술, 문서관리 기술

출처: 엄명용 (2005), pp.84-85.

③ 사회복지실천과정별 기술

국외 교재들은 사회복지실천기술로 듣기와 말하기 기술, 관계형성을 위한 기술, 의사소통을 위한 기술, 원조기술과 같은 기본적 기술들을 소개하면서 실천과정에 따른 기술들을 함께 제시하고 있다. 몇몇 학자들(Cournoyer, 2011; Hepworth

1) 엄명용(2005)의 설문조사에 참여한 총 361명의 근무기관 유형은 종합사회복지관, 장애인복지관, 노인복지관, 정신보건센터, 사회복귀시설, 병원, 기타이다.

et al., 1997; Trevithick, 2000)의 저술에 나타난 실천기술을 살펴보면 〈표 1-5〉와 같다.

〈표 1-5〉 외국학자들의 사회복지실천기술의 분류

학자	기술
쿠노에 (Cournoyer, 2011)	• 전문성 • 윤리적 의사결정 • 기본적 대인관계 기술 • 준비 기술 • 시작 기술 • 탐색 기술 • 사정 기술 • 계약 기술 • 개입 및 평가 기술 • 종결 기술
트레비틱 (Trevithick, 2000)	• 기본적 면접 기술 • 원조, 지시, 안내 제공 • 임파워먼트, 협상, 파트너십 기술 • 전문적 능력과 책임성
셰퍼와 호레이시 (Sheafor & Horejsi, 2007)	• 공통기술(의사소통과 원조 기술, 기관실천을 위한 기술) • 계획된 변화과정 단계를 위한 기법과 지침(접수, 관여, 자료수집, 사정 계획, 계약, 개입, 모니터링, 평가와 종결) • 특화된 기법과 지침
헵워스 외 (Hepworth et al.,1997)	• 탐색, 사정, 계획 단계 기술 • 변화지향 단계 기술 • 종결과 평가 기술

출처: 김용석 (2012). p.64.

한편, 사회복지실천기술을 실천과정별로 제시함으로써 실천기술 적용의 수월성과실천의 효과성을 제고하는 데 도움이 되도록 김용석(2012)은 실천 단계에 따라 5개 하위척도와 27개 문항으로 구성된 사회복지실천기술 활용 척도를 개발하였다. 이것은 사회복지실천 시작 단계에서부터 종결 단계에 이르기까지 일반적인 사회복지실천과정에서 필요한 실천기술과 윤리적 실천을 위해 필요한 기술, 환경체계의 활용에 초점을 둔 실천기술들이다.

5개 하위척도 중, 준비 및 사정기술 척도는 사회복지실천의 초기 단계에 사용되는 기술 5개로 구성되었다. 변화촉진기술 척도는 개입 단계에서 사용되는 실천기술로 변화에 대한 동기를 강화시키는 기술이다. 여기에는 5개의 기술이 포함된다. 종결 및 평가기술 척도는 전문적 관계를 종결하고 개입 결과를 평가하는 5개의 기술로 구성되었다. 자원연계 및 활용기술 척도는 클라이언트의 문제해결을 위해 지역 내 자원을 적극적으로 활용하는 기술 8개로 구성되었다. 마지막으로, 윤리적 실천기술 척도는 사회복지전문직의 가치와 윤리에 부합하는 실천기술 4개로 구성되었다. 각 척도별 사회복지실천기술을 요약하면 〈표 1-6〉과 같다.

〈표 1-6〉 사회복지실천기술 척도와 실천기술들

척도	사회복지실천기술
준비 및 사정 기술	사회복지실천의 초기 단계에 사용되는 기술
	• 첫 면담을 하기 전에 클라이언트 관련 정보 수집하기 • 첫 만남을 하기 전에 첫 번째 면담에서 해야 할 일을 계획하기 • 클라이언트의 강점과 가능성을 사정하기 • 표출문제와 관련된 클라이언트의 사고, 정서, 신체상태를 사정하기 • 클라이언트의 생애주기 발달 단계에 나타나는 문제점을 사정하기
변화촉진 기술	개입 단계에서 사용되는 실천기술, 변화에 대한 동기를 강화시키는 기술
	• 클라이언트가 자신의 문제를 객관적으로 판단하고 해결지향적 행동을 할 수 있도록 격려하기 • 긍정적인 결과를 얻기 위해 변화가 필요하다는 것을 클라이언트에게 상기시키기 • 클라이언트의 문제해결능력이나 적응능력 향상시키기 • 변화를 시도 중인 클라이언트를 격려하기 위해 이전의 성공적인 문제해결 경험을 떠올리게 하여 용기를 북돋아주기 • 클라이언트의 문제해결능력이 향상되었다는 점을 강조하고 격려해주기
종결 및 평가 기술	전문적 관계를 종결하고 개입결과를 평가하는 기술
	• 측정도구를 사용하여 클라이언트의 변화를 평가하기 • 목표달성 정도를 검토하는 과정에 클라이언트를 참여시켜 평가하기 • 클라이언트의 변화를 평가하고 지속시키기 위해 종결 후 이메일이나 전화연락 또는 사후모임 활용하기 • 클라이언트에게 개입효과에 대해 어떻게 느꼈는지 평가하도록 요청하기 • 클라이언트가 종결에 당황하지 않도록 종결시점을 자주 확인하여 알려주기

자원연계 및 활용 기술	클라이언트의 문제해결을 위해 지역 내 자원을 적극적으로 활용하는 기술
	• 서비스 조정을 위해 타 기관 또는 타 부서의 담당자와 수시로 연락하고 긴밀한 협력체계를 구축하기 • 클라이언트에게 직접적으로 도움이 될 지역사회 자원체계를 파악하고 관리하기 • 클라이언트의 문제해결과 관련된 정책이나 제도를 안내하고 활용하도록 교육하기 • 지역사회 주민들이 정보, 지식, 또는 기술을 습득하도록 지도하고 원조하기 • 클라이언트에게 필요한 실질적인 사회복지 관련 정보를 클라이언트에게 제공하기 • 클라이언트 문제를 해결하기 위해 외부 전문가 집단, 솔루션위원회, 운영자문위원회 등 자원체계를 적극적으로 활용하기 • 클라이언트를 다른 서비스에 연계하거나 의뢰하기 • 공식적 서비스 전달체계에 대한 홍보와 이를 자발적, 지속적으로 활용하도록 교육하기
윤리적 실천 기술	사회복지 전문직의 가치와 윤리에 부합하는 실천 기술
	• 클라이언트의 동의하에 정보를 공개할 때 공개로 인해 발생할 수 있는 결과를 알려주기 • 분별력 있는 의사결정을 내일 수 없는 클라이언트의 권익을 보호할 수 있는 적절한 조치 취하기 • 클라이언트가 경험한 타 사회복지사 또는 기관의 비윤리적 행위에 대한 경험을 경청하고 향후 대처법 알려주기 • 클라이언트에게 클라이언트의 기본권과 인권에 대한 교육과 설명을 충분히 제공하기

출처: 김용석 (2012). pp.68-84.

3) 전문가 윤리

윤리(ethics)는 사람으로서 마땅히 지키거나 행해야 할 도리나 규범으로서, 어떤 사건 혹은 사안에 대한 옳고 그름을 판단하는 과정을 통해 전문직이 지향하는 가치 기준에 부합되게 행동하고 실천하는 것을 뜻한다. 그리고 전문가 윤리

(professional ethics)는 전문직이 중요하다고 생각하는 가치를 고려하여 전문가로서 마땅히 지키고 행해야 할 도리와 규범을 의미한다(조성희 · 성정현, 2014).

윤리는 전문성을 논할 때 지식, 기술과 함께 매우 중요하게 다루어진다. 윤리는 모든 전문직에서 중시되지만, 직종에 따라 요구되는 윤리성의 정도는 다를 수 있다(조현상, 213). 사회복지직의 경우 많은 부분 잘못된 처우에 대해 항의를 하거나 스스로 옹호하기 어려운 사회적 약자 혹은 소수자를 대상으로 하는 업무를 수행하기 때문에 더 많은 윤리를 요구받는다(최명민, 2008). 또 개인과 집단, 가족 등 다양한 차원에서 여러 가지 스트레스에 직면하고 있는 클라이언트들을 대하지만 제한된 자원으로 인해 우선순위의 문제, 클라이언트의 권리, 전문가로서의 책임과 한계에 직면하므로 행위의 근간을 이루면서 기능수행과 평가기준의 원칙을 더욱 필요로 한다. 이렇게 사회복지사는 특정 대상 혹은 상황에 접할 때마다 윤리적 문제의 존재를 인식하고 그 상황을 해석하여 대안을 모색해야 하므로 윤리적 민감성(ethical sensitivity)을 갖추어야 한다(조성희 · 성정현, 2014).

하지만 윤리의 속성상 전문가의 사회적 책임과 윤리의 범위나 기준을 명확히 설정하기는 어렵다. 사회복지사는 언제나 윤리적 결정을 내려야 하는 상황에 직면하며 때로는 딜레마를 경험하기 때문에 윤리적 결정과 관련된 가치판단의 기로에 놓이게 된다. 이런 의미에서 레비(Levy, 1976)는 윤리를 행동하는 가치라고 하였으며, 사회복지사들이 실천현장에서 윤리적 문제에 당면하였을 때 문제를 해결할 수 있는 전문적 기준으로서의 윤리강령이 필요하다고 하였다(김행열 · 김용민, 2011 재인용). 리머(Reamer, 1995) 또한 사회복지사에게 있어 윤리적 실천은 선택이 아닌 의무라고 강조하면서 윤리성을 기초로 한 윤리강령을 통해 사회복지사들이 딜레마를 해소하는 데 도움이 될 것이라고 하였다(조성희 · 성정현, 2014 재인용). 따라서 사회복지사들은 사회복지윤리강령에 대한 이해를 바탕으로 가치 딜레마를 해결할 수 있도록 노력하여야 하며, 그 외에도 윤리적 민감성을 높일 수 있도록 하여야 한다.

(1) 사회복지사 윤리강령

전문직으로서 사회복지 업무를 올바르게 수행하도록 하는데 있어 가이드라인으로서 사회복지사의 윤리를 강령으로 정하고 있다. 가치(values)와 달리, 윤리는 마땅히 지키고 행해야 할 도리나 규범으로서 옳고 그름을 알 수 있는 것이므로, 사회복지사는 이러한 전문가 윤리강령을 숙지하고 준수해야 한다. 그리고 시대와 상황이 달라지면서 새로이 등장하는 윤리적 이슈들을 인지하고 대응하기 위해 사회복지사는 교육을 통해 윤리적 가치변화를 학습하고 함양하며, 전문지식과 기술을 함양해야 한다. 또 상급자나 동료와 이를 함께 논의하고 소통함으로써 보다 바람직한 윤리적 결정을 하도록 노력해야 한다.

어느 실천의 장에서 사회복지업무를 수행하던, 전문가이면 누구나 준수해야 하는 것으로서 한국사회복지사협회는 〈사회복지사윤리강령 전문〉과 함께 6개 부분에 대한 윤리기준을 제시하고 있다(한국사회복지사협회, 2021). 사회복지사윤리강령 중 전문은 다음과 같다.

〈사회복지사윤리강령 전문〉

사회복지사는 인본주의 · 평등주의 사상에 기초하여, 모든 인간의 존엄성과 가치를 존중하고 천부의 자유권과 생존권의 보장활동에 헌신한다. 특히 사회적 · 경제적 약자들의 편에 서서 사회정의와 평등 · 자유와 민주주의 가치를 실현하는 데 앞장선다. 또한 도움을 필요로 하는 사람들의 사회적 지위와 기능을 향상시키기 위해 저들과 함께 일하며, 사회제도 개선과 관련된 제반 활동에 주도적으로 참여한다. 사회복지사는 개인의 주체성과 자기결정권을 보장하는 데 최선을 다하고, 어떠한 여건에서도 개인이 부당하게 희생되는 일이 없도록 한다. 이러한 사명을 실천하기 위하여 전문적 지식과 기술을 개발하고, 사회적 가치를 실현하는 전문가로서의 능력과 품위를 유지하기 위해 노력한다. 이에 우리는 클라이언트 · 동료 · 기관, 그리고 지역사회 및 전체 사회와 관련된 사회복지사의 행위와 활동을 판단 · 평가하며 인도하는 윤리기준을 다음과 같이 선언하고 이를 준수할 것을 다짐한다.

(2) 사회적 환경변화와 사회복지 윤리

최근에는 인공지능, 로봇기술, 생명과학 등이 주도하는 차세대 산업혁명인 4차 산업혁명시대에 들어서면서 기술과 기계의 휴먼서비스 분야 진출이 활발히 이루어지고 있는 만큼, 그에 상응하는 윤리적 민감성 또한 더욱 요구되고 있다(이윤수, 2018). 특히 상대방의 감정을 인식하고 대화할 수 있는 휴머노이드 로봇의 시대를 앞두고 한편으로는 돌봄이 필요한 사람들에게 로봇을 활용하고 인공지능의 빅데이터를 통해 맞춤 웨어러블을 활용하는 등 편의성이 높아지며 희망을 줄 수도 있지만, 다른 한편으로는 양극화를 심화시키고 인간의 생존에 위기를 초래할 수도 있다는 점에서 더욱 그러하다(이윤수, 2018).

전미사회복지사협회(NASW)는 1996년에 윤리강령을 개정하면서 사회복지가 지향하는 가치를 6가지로 제시하고 이에 적합한 윤리적 원칙을 제시하였다(김성호, 2017). 그것은 〈표 1-7〉과 같다. 첫째, 사회복지직이 지향하는 가치인 내담자에 대한 서비스의 가치를 실천하기 위해 사회복지사는 요구가 있는 사람들을 충실히 돕고 사회문제를 해결하도록 노력해야 한다. 둘째, 사회정의의 가치를 실천하고 구현하기 위해 사회복지사는 사회의 부정의를 인식하게 되는 경우 이에 도전하도록 노력해야 한다. 셋째, 인간의 존엄성과 가치의 존중을 위해 사회복지사는 인간의 고유한 존엄성과 인간 가치를 존중하는 태도로 사회복지실천을 하는 것이 윤리적인 것이다. 넷째, 사회복지사는 인간관계의 중요성에 대한 가치를 지향하면서 실천에서도 그 중요성에 대한 인식을 기반으로 행동해야 한다. 다섯째, 신뢰성의 가치는 사회복지사가 내담자와 전문적 관계를 형성하고 내담자가 신뢰할 수 있도록 진정한 관심과 태도를 갖고 실천에 임해야 함을 의미한다. 마지막으로 능력의 가치는 사회복지사가 전문적 능력, 즉 전문적 지식과 기술을 갖추어야 하며 지속적으로 능력을 계발하는 노력을 해야 함을 의미한다. 이런 노력이야 말로 전문가의 윤리적 태도라 할 수 있다. 윤리원칙은 위와 같지만, 1999년에는 법이나 규정에 의해 클라이언트의 동의없이 정보를 공개해야 하는 경우에 대한 내용을 삭제하였고, 2008년에는 차별관련 조항에 차별관련 범주를 추가하는 등 사회문화적 환경의 변화에 따라 윤리강령의 일부개정이 이루어지고 있다(김성호, 2017).

〈표 1-7〉 전미사회복지사협회(NASW) 윤리강령 핵심가치

가치	윤리적 원칙
서비스	사회복지사의 1차 목표는 요구가 있는 사람을 돕고 사회문제를 다루는 것이다.
사회정의	사회복지사는 사회의 부정에 도전한다.
인간의 존엄성과 가치 존중	사회복지사는 인간의 고유한 존엄성과 인간가치를 존중한다.
인간관계의 중요성	사회복지사는 인간관계의 중요성을 중점적으로 인식한다.
신뢰성	사회복지사는 신뢰받을 수 있는 태도로 행동한다.
능력	사회복지사는 자신의 능력 안에서 실천하고 전문가적 전문성을 개발한다.

(3) 사회복지사 윤리와 직무만족

인간의 사회환경과 제도에 개입하여 삶의 질을 개선하도록 돕는 역할을 하는 전문가로서 사회복지사는 직업윤리에 기반한 올바른 판단을 할 수 있도록 훈련되어야 한다. 그리고 현장에서 사회복지직을 수행할 때는 윤리적 실천을 할 수 있도록 직무환경과 제도가 뒷받침되어야 한다. 즉 사회복지자 자신의 철저한 직업윤리와 전문직업적 정체성을 북돋워 주는 직무 환경이 모두 갖춰져야 하는 것이다.

사회복지사의 윤리의식은 내담자와의 관계나 전문성에도 긍정적인 영향을 미친다. 한부모가족복지시설 종사자를 대상으로 윤리의식과 내담자의 관계를 연구한 결과(조성희 · 성정현, 2014)를 보면, 윤리의식이 강할수록 클라이언트와의 관계도 긍정적으로 인식할 수 있으며, 전문성을 매개로 하여 내담자 관계에 영향을 미

치는 것으로 나타난다. 김행열과 김용민(2011)의 연구에서도 사회복지사가 인식하는 윤리성이 높을수록 직무만족이 높아지며, 김태량과 김경화(2017)의 연구에서도 사회복지사의 윤리의식이 높을수록 직무만족이 높아지며, 전문직업적 정체성에도 긍정적인 영향을 미치는 것으로 나타난다. 이는 사회복지사의 윤리의식이 서비스의 질과 직접적 관련이 있음을 시사하는 것이다.

사회복지사의 윤리의식을 높이기 위해서는 조직의 일원으로 서비스를 제공하는 종사자들 스스로 윤리의식을 형성하고 계발하도록 노력하는 것과 함께 이를 실제 행동으로 발현하는 과정에서 사회복지기관 수준에서의 윤리경영과 이에 대한 모니터링을 강화하는 것이 매우 중요하다. 사회복지기관이 윤리경영을 한다고 인식할수록 사회복지사는 전문직업적 정체성이 높아지고, 다시 직무만족을 통한 조직 효과성에 기여하기 때문이다(김태량 · 김경화, 2017).

한편, 지금까지 많은 부분 사회복지사의 전문가로서의 직업윤리를 강화하는 것에 주안점을 두었는데, 반대로 사회복지사가 직업윤리를 지키지 못했을 때 이에 대한 대응체계가 마련되어야 한다는 의견도 나타나고 있다. 사실 윤리를 충실히 준수하면 상을 주고, 지키지 못하면 그에 따른 처벌을 하는 신상필벌(信賞必罰)은 당연한 것이다. 만약 실천현장에서 부당한 금품수수나 자원의 유용, 성폭력 및 성희롱, 내담자의 인권침해, 불성실 및 전문성 부족 등과 같은 비윤리적 행위가 발생한 경우에는 「사회복지사업법」 제11조의3에서 정하고 있는 합리적인 절차에 따른 자격정지 및 취소가 이루어져야 한다(남석인 외, 2018). 물론 과정과 결과에 대한 신뢰성과 타당성을 확보하는 것은 필수적이라 할 수 있을 것이며, 이는 전문직으로서의 사회복지직의 정체성을 명확히 하고 더 발전해 나감으로써 직무만족과 서비스 질을 높이도록 하는 데 기여할 것이다.

02
CHAPTER

정신역동모델

Skills for Social Work Practice

02 CHAPTER 정신역동모델

1 개요

정신역동모델(psychodynamic model)은 인간행동을 좌우하는 원인으로 마음 깊은 곳에서 일어나는 서로 다른 다양한 힘의 역동적 상호작용을 강조하며, 역동적 힘의 근원을 무의식의 영역에서 찾고자 한 프로이드(Freud)와 동료들의 이론들을 망라하여 적용한 사회복지실천기술모델이다. 인간행동의 동기가 되는 정신을 다양한 힘이 상호작용하는 에너지 체계로 보고 정신이 행동을 자극하는 방식 그리고 정신과 행동이 인간의 사회환경으로부터 영향을 받는 방식을 강조하였다(박병금 · 최은희, 2016). 정신역동모델은 현재의 정신활동과 과거의 경험 사이에 원인적 관계가 존재한다는 인과론적 기초 위에 형성된 심리과학으로 성격이론인 동시에 인간본성에 대한 철학이자 정신치료의 방법이라 할 수 있다. 정신역동모델의 기본개념은 현대 심리학 및 다양한 정신의학 이론들의 기본적 개념이 형성되거나 발달하는 데 기초가 되었다. 즉 어떤 상담 치료 접근은 정신역동모델을 확장시킨 것이고 일부는 정신역동모델의 개념이나 절차를 수정하여 사용하고 있으며, 정신역동모델에 대한 반발로 나타난 상담 치료 접근들도 있다(Corey, 1991).

정신역동모델에 대한 사회복지 분야의 관심은 사회복지실천의 과학적 기반을 찾으려 하는 사회복지전문직의 고뇌로부터 시작되었다. 사회복지실천은 발달 초기 의료적 모델에 입각한 직선적 원인론을 채택함으로써 과학인 동시에 예술이라 불릴 수 있는 개별사회복지실천의 지적 기반을 형성하였다(전희수 외, 2018). 무의식에 의해 인간행동이 결정되고 초기 아동기에 성격의 기본구조가 결정된다는 정신역동모델의 관점을 수용하여 사회복지실천에서는 내담자 문제의 원인인 과거의 정신내적 갈등이나 정신적 외상을 밝혀내어 이를 해결하는 것에 관심을 기울이게 되었다.

정신역동모델은 1909년 정신치료를 위한 방안으로 미국에 소개되었고 1920년대에는 의료적 모델에 기초한 진단주의 학파를 태동시켰다. 진단학파의 개별사회사업실천은 초기 아동기의 해결되지 않은 정신적 외상에 대한 진단과 치료를 강조하는 점에 있어 정신역동적 치료와 동일시될 정도로 정신역동모델이 사회복지실천에 미친 영향은 지대하다. 1930년대에는 심리사회모델의 개별사회사업 이론으로 확장되었다. 정신역동모델은 개별사회사업의 실천과정에서 개인이 가지고 있는 문제의 원인을 이해할 수 있는 이론적 틀을 제공함으로써 상담자가 클라이언트에게 현재 문제에 대한 해결책을 직접적으로 제시하기보다는 클라이언트 스스로 과거의 경험과 충동에 대한 통찰력을 가지고 이해하여 현재 문제에 대한 인식능력과 이해력을 향상시키는 방식으로 개입을 실천하는 데 영향을 미쳤다. 무의식, 통찰, 갈등, 불안, 전이와 같은 사회복지실천현장에서 사용되는 용어들을 비롯하여 개방적이고 수용적이며 경청하는 관계 형성 등 주요 실천기술들을 수용하여 활용하고 있으며, 현재까지도 사회복지실천기술의 중요한 이론적 토대가 되고 있다(권량희, 2017).

정신역동모델은 인간을 합리적 존재로 간주하던 당대의 지적 분위기에 저항하여 인간을 의식 영역 밖에 존재하는 비합리적이고 통제할 수 없는 무의식적 본능의 지배를 받는 수동적 존재로 보았다. 그리고 인간의 모든 행동, 사고, 감정은 신체적 긴장상태에 의해 유발되는 무의식적인 성적 본능과 공격적 본능에 의해 결정되며, 인간은 이러한 본능적 긴장을 해소하기 위해 행동한다고 설명하였다. 정신역동모델의 인간본성에 대한 비합리적인 관점과 생물학적 결정론은 인간의 성격에 대한 불변성의 신념과 연결되어 있다. 프로이트는 인간의 기본적 성격구조가 초기 아동기, 특히 생후 초기 5~6년 동안의 경험에 의해 결정되고 이러한 성격구조는 성인기가 되어도 변하지 않고 지속된다고 보는 과거 중심적 시각을 지닌다. 개인의 쾌락원칙과 문명화된 사회 사이에 많은 갈등이 존재한다는 점을 강조하면서 인간 존재를 자신의 행복을 극대화하기 위해 사회에 지속적으로 대항하는 투쟁적 존재(Homo Volens)로 보고 사회를 개인 활동의 산물로 인식하였다(권중돈, 2005).

❷ 이론적 배경

정신역동모델의 기본가정은 정신결정론과 무의식적 동기로 요약될 수 있다. 프로이트는 초기의 사건이 이후의 사건을 결정한다는 '정신결정론적 관점'을 고수하였다. 이는 인간의 모든 행동, 생각, 감정 등이 우연히 일어나는 것이 아니며 모든 것에는 의미와 목적이 있고 과거의 무언가에 의해 결정지어졌다고 보는 관점이다. 그는 행동의 근원적 원인을 밝혀내는 과정에서 '무의식'이라는 인간 정신의 심층구조에 이르게 되었으며, 인간의 정신활동은 의식과 무의식, 원초아와 초자아 사이에 일어나는 갈등의 결과라고 설명하였다. 이처럼 인간행동의 원인을 마음 깊은 곳에서 일어나는 서로 다른 다양한 힘의 역동적 상호작용을 강조하면서 자유연상과 꿈의 해석을 통해 무의식 세계를 밝히고자 노력하였다(김민경, 2017).

정신역동모델에서는 인간의 행동, 생각, 감정 모두 나름대로의 의미와 원인이 있으며, 실언, 실수, 작은 몸짓조차도 개인의 경험에 근거를 둔 의미와 특별한 기원이 있다고 인식한다. 특히 생후 초기 6년 동안의 아동기 경험에 큰 의미를 부여하였다. 이와 관련하여 인간의 정신세계의 구조를 가시화시킨 '지형학적 모형', 성격의 구조를 설명한 '구조적 모형', 성격발달의 과정에 대한 '심리성적 발달 단계 이론'을 주요 개념으로 제시하였다.

1) 인간의 정신세계: 지형학적 모형

프로이트는 눈에 보이지 않는 인간의 의식을 위치에 따라 의식, 전의식, 무의식으로 구분할 수 있는 지도로 가시화시키고 마음을 빙산에 비유하였다.

(1) 의식

의식(conscious)은 지각의 가장 앞부분인 빙산의 꼭대기에 위치하며 보고 듣고 만지고 냄새 맡고 맛보는 것과 같이 여러 가지 감각을 인식하고, 슬픔이나 고통 등을 쉽게 알아차릴 수 있는 정신생활의 영역이다. 의식은 깨어 있는 동안 작용하며 우리가 자신에게 주의를 기울이는 바로 그 순간에 알아차릴 수 있는 경험과 감각을 의미한다.

(2) 전의식

전의식(preconscious)은 의식의 다음 수준으로, 지형학적으로 의식과 무의식의 중간 지점의 교량역할을 하는 부분이다. 깨어 있고 활동하는 현재는 의식하지 못하지만 조금만 노력하여 회상하려 마음을 집중하면 의식 수준으로 가져올 수 있는 기억, 지각, 생각 등을 의미한다. 무의식에서 떠오르는 감당하기 어려운 욕구나 충동을 검열하고 조절하는 역할을 담당하며, 무의식과 반대 입장에서 검열기능과 억압의 장벽 역할을 담당한다.

(3) 무의식

무의식(unconscious)은 지형학적 위치상 정신의 가장 깊은 곳에 위치해 있으며, 우리가 자각하지 못하는 경험과 기억으로 구성된 부분이다. 빙산의 대부분을 이룰 만큼 큰 영역을 차지하지만, 의식화되기가 상당히 힘들거나 불가능하다. 주로 의식세계에서 버림받은 고통스런 기억, 경험, 억압된 욕망 등이 저장되어 있다.

이러한 세 가지 층은 명확히 구분되거나 절대적인 범주로 볼 수 없으며, 개인의 사고와 감정의 대부분은 의식 이외 부분에 존재하고 있다. 지형학적 모델에서 영역들 중 가장 중요시되는 부분은 무의식 영역으로 인간행동의 동기가 이곳에 자리 잡고 있다고 보아 분석의 초점이 된다. 무의식은 의식적 사고와 행동을 전적으로 통제하는 힘을 지니며, 주로 원초아와 초자아로 구성되어 있고, 방어기제 또한 무의식의 일부분으로 나타난다.

2) 성격의 구조: 구조적 모형

프로이트는 성격을 원초아, 자아, 초자아로 구성되어 있다고 보았다. 이들은 각각 고유한 특성을 가지고 있지만 서로 밀접하게 연결되고 중첩되어 상호작용하면서 전체 성격체계를 구성하는 한편 각각의 하위체계는 개인의 행동에 각기 다른 방식으로 영향을 미친다. 구조적 모형은 정신분석이 사회복지사에게 줄 수 있는 가장 유용한 관점에 해당한다고 볼 수 있다.

(1) 원초아(id)

원초아(id)는 가장 유아적인 정신기능 수준으로 생존에 필요한 기본적인 본능을 의미하며, 무의식 안에 감추어진 일차적 정신의 힘인 쾌락원리의 지배를 받는다. 생리적 긴장상태에 의해 야기된 본능적 충동이 원초아 속에 내재되어 개인으로 하여금 이러한 긴장상태를 감소시키기 위해 행동하도록 만드는데, 원초아는 주관적, 감정적인 특성을 지니며 외부세계와 단절되어 있어 스스로 본능적 욕구를 지연시키거나 수정할 수 없는 일차과정적 사고(primary process thinking)에 따라 작동된다. 이는 긴장과 고통, 불편을 참지 못하고 자신이 원하는 시간에 즉각적으로 욕구를 충족시키는 방식으로 쾌락과 만족을 추구하는 것이다. 인간 성격의 기초가 되는 무의식적인 기본욕구와 충동이 원초아에 해당된다.

(2) 자아(ego)

자아(ego)는 원초아에 비해 조직적이고 구체적인 정신구조이며, 원초아의 욕구를 현실적인 방법으로 충족시키기 위해 기능한다. 자아는 출생 이후 경험을 통해 발달하며, 현실원칙의 지배를 받아 이성적이고 논리적인 사고로 현실에 적응하는 역할을 담당한다. 현실검증 능력이 있고, 이차과정적 사고(secondary process thinking)와 방어기제를 주관한다. 즉 본능적 욕구충족을 유보하고 현실원칙에 따라 사회적으로 수용될 수 있는 방법을 발견할 때까지 만족을 유보하거나 연기하는 기능을 수행한다. 자아기능의 강약에 따라 개인의 기능 정도를 판단할 수 있다.

(3) 초자아(super ego)

초자아(super ego)는 3~5세경에 발달하며, 부모가 자녀에게 전달하는 사회의 가치와 관습을 내재화시킴으로써 형성된다. 원초아의 반대편에 위치하여 쾌락보다는 안정, 현실보다 이상을 추구하고 옳고 그른 것을 결정하는 도덕적 심판자 역할을 수행한다. 초자아는 일종의 엄격한 양심으로서 심리적 보상이나 처벌과 관련되어 있으며, 선악 판단의 기준이 되어 금지의 개념이 강하고 개인이 스스로 행동을 조절할 수 있도록 한다.

[그림 2-1]은 지형학적 모형과 구조적 모형을 함께 나타내어 의식 구조와 성격구조의 관계를 표현한 것이다. 원초아는 무의식의 영역에 머물러 있는 반면, 자아와 초자아는 의식, 전의식, 무의식 모든 영역에 걸쳐 기능하고 있는 것으로 설명될 수 있다.

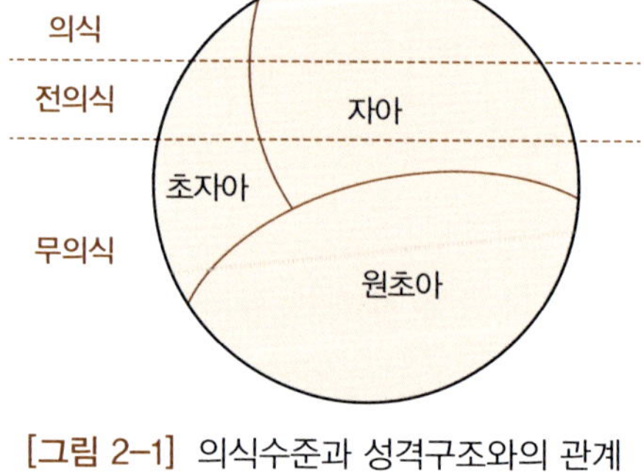

[그림 2-1] 의식수준과 성격구조와의 관계

3) 성격발달: 심리성적 발달 단계

정신역동모델에서는 생물학적 성숙, 특히 성적 충동의 만족 여부에 따라 심리적 발달이 이루어진다고 보고 있으며, 이를 심리성적(psychosexual) 발달이라 불렀다. 인간은 태어날 때부터 성적 에너지인 리비도(libido)를 지니고 있는데, 이는 신체적 사랑, 정서적 충동, 자기애, 부모의 자식에 대한 사랑, 우정까지도 포함되는 개념이다. 심리성적 발달은 리비도가 신체의 어느 부위에 집중되느냐에 따라 유아기부터 청소년기까지 5단계의 심리성적 발달을 거치며 진행된다.

각 발달 단계를 성공적으로 통과하기 위해서는 적절한 정도의 만족감을 얻어야 한다. 특정 단계에서 지나친 만족감을 얻거나 과도한 에너지를 투입하는 경우 상위 발달 단계로 넘어가지 못하고 특정 단계에 머무르게 되는 고착(fixation)이 일어나는데, 이렇게 고착된 에너지는 다음 단계로 이동하는 데 사용될 수 없기 때문에 정신기능의 발달과 성숙에 지장을 초래한다. 특히 구강기, 항문기, 남근기와 같은 초기 단계가 성격 형성에 중요한 영향을 미친다고 보았다. 심리성적 발달 단계의 각 단계는 명확하게 구분되지 않고 서로 중복될 수 있다.

(1) 구강기(oral stage: 0~18개월)

구강기에서 유아의 일차적 활동은 젖을 먹는 것에 집중되어 있으며, 이 시기 리비도는 입, 입술, 혀 등 빨고 마시고 깨무는 행동과 관련된 부위에 분포되어 있다. 구강기 초기에는 빠는 행위, 후기에는 깨무는 행위를 통해 만족감을 느낀다. 생존을 위해 타인에게 전적으로 의존하며 원초아가 지배적으로 기능하는 시기이다. 구강기의 욕구를 적절하게 충족시킨 경우 타인과 친밀한 관계를 형성할 수 있는 반면 이 시기 신체적 · 정서적으로 무시당하거나 박탈당한 아이는 성인이 된 후 충족되지 못한 보살핌에 대한 강한 갈망을 경험하기 쉬우며, 극도의 의존성을 보이거나 반대로 불신으로 인한 대인관계의 어려움을 겪을 수 있다.

(2) 항문기(anal stage: 18개월~3세)

항문기에는 에너지의 초점이 항문 영역에 집중되면서 배설 시 발생하는 자극으로부터 쾌감을 얻는다. 이 시기 유아는 대소변 가리기 훈련을 통해 배출 욕구에 대한 자기조절을 익히게 된다. 자신이 원할 때 즉각적으로 배변하려는 욕구와 배변훈련으로 이를 통제하려는 부모 사이에서 갈등을 경험하게 되는데, 이처럼 배변훈련 과정에서 부모의 현실적 요구에 적절히 대응하는 경험을 통해 자아가 발달하게 된다. 항문기의 성취경험은 구강기의 전적인 의존상태에서 벗어나 자기조절, 자립, 자존 등을 경험하고 배우는 계기이며, 이 과정에서 적절한 배변훈련은 창조성과 생산성의 기초가 된다.

(3) 남근기(phallic stage: 3~6세)

남근기는 성정체성의 기초를 형성하는 단계로 리비도의 관심이 성기에 집중되는 시기이다. 아동은 성적 관심이 높아지고 자신의 신체에 호기심을 지니며 이성과의 차이를 발견한다. 이 시기 아동은 이성의 부모에게는 애정을 가지는 반면 동성의 부모에게는 질투와 적개심을 가지게 된다고 설명하는데, 이를 남아의 경우 오이디푸스 콤플렉스(Oedipus complex), 여아의 경우 엘렉트라 콤플렉스(Electra complex)라 부른다. 오이디푸스 콤플렉스는 남아가 어머니를 성적으로 사랑하게 되면서 경험하는 딜레마이다. 남아는 아버지를 경쟁자로 생각하고 적대적인 감정을 가지면서, 동시에 아버지가 라이벌인 자신의 성기를 제거할지 모른다는 거세불안을 느끼게 된다. 이로 인해 남아는 어머니를 독점하려는 욕망을 포기하고 오히려 라이벌인 아버지의 행동을 동일시하는 전략을 채택함으로써 오이디푸스 갈등을 해결하게 된다. 여아의 경우 아버지를 성적으로 사랑하면서 어머니에게 적개심을 품게 되는데, 여기에는 유아기에 자신의 남근이 거세되었다고 믿으며 이에 대해 어머니를 비난하는 마음이 깔려 있다.

남근기는 초자아가 발달하는 시기이다. 아동은 억압이라는 방어기제를 통해 이성부모에 대한 사랑과 동성 부모에 대한 적개심을 억압하고, 반동형성이란 방어기제를 통해 동성 부모를 오히려 긍정적으로 인식하려 노력한다. 이 시기의 발달과업은 부모와의 동일시를 통해 성역할을 학습하고 사회적 규범과 도덕, 가치기준을 내면화하는 초자아를 발달시키는 것이다.

(4) 잠재기(latent stage: 6~12세)

잠재기에는 성적 에너지가 수면상태로 잠복하여 활동하지 않으며, 초자아가 강화되어 오이디푸스적 욕망을 억제한다. 리비도는 승화되어 지적 관심, 운동, 우정, 공부 등으로 표출된다. 동성인 또래와 어울림으로써 동성간 동일시와 자기주체성 확립 등 지속적인 사회화가 진행되며, 신체적 발육과 성장에 에너지가 집중되면서 성적 관심이 약해지는데, 과도한 성적 억압은 수치심, 도덕적 반동형성, 혐오감으로 이어질 수 있다고 설명된다.

(5) 생식기(genital stage: 사춘기 이후)

생식기에는 남근기에 나타났던 오이디푸스적 관심과 리비도적 관심이 되살아나면서 이것이 또래의 이성친구에게 옮겨가게 된다. 남녀 모두 2차성징이 나타나며, 이전 시기에 확립된 성적 주체성에 의해 성인으로 성장하면서 성역할 정체감이 발달한다.

❸ 주요 기술

정신역동모델은 기본적으로 모든 인간의 행동 이면에 숨겨진 목적이 존재하며 이를 해석할 수 있다고 보는 무의식적 동기와 신념의 이론에 기반을 두고 있다. 정신역동모델에 기초한 실천을 수행하기 위해 사회복지사는 클라이언트가 무의식적 동기와 신념에 의해 발생한 개인의 내적 사고와 갈등을 더 잘 이해하도록 도움으로써 개인의 자아개념과 대상관계 개념을 변화시키고 사회적 기능을 향상시키고자 한다.

정신역동모델에서 자아개념은 원초적인 충동과 외부 현실의 요구 및 사회적 규범 사이를 중재하는 다양한 인간 내부의 과정을 일컫는다. 자아는 인성 문제의 해결점이기도 하다. 대상관계 개념은 현재의 사고방식, 느낌, 행동이 어떻게 아동기의 타인, 특히 부모와의 관계를 반영하는지에 대해 설명한다. 자아개념의 통찰과 대상관계 개념의 변화는 내적인 감정과 갈등을 정화하여 표현하는 경험을 통해 현재의 문제를 야기한 이전의 경험과 생각, 느낌, 행동을 통찰하는 과정을 거치면서 일어나게 된다. 변화를 이끌어내기 위해 클라이언트는 안정적으로 사적인 생각과 느낌을 탐색하고 표현할 수 있어야 하며 사회복지사와 클라이언트 간 장기적이고 깊이 있는 치료적 관계가 형성되어야 한다(심수명, 2018).

1) 개입 대상

정신역동모델을 활용하기에 적절한 대상은 규칙적으로 짜인 일련의 상담기간에 적극적으로 참여하고자 하는 의지를 지니며 참여할 능력과 동기가 있고 언어능력이 갖추어진 클라이언트이다. 지적 능력이 제한되어 있거나 약물의존적 상태인 경우, 또는 당장 해결이 필요한 사회경제적 문제로 인해 지나친 부담을 가진 클라이언트의 경우에는 개입의 유용성이 떨어질 수 있다(장수미 외, 2018). 사회복지사는 개입을 시작하기 전에 클라이언트가 정신역동모델을 적용하기에 적합한지 평가한다. 클라이언트에게는 다섯 가지 능력이 요구되는데, 첫째, 치료동맹을 맺을 수 있는 능력, 둘째, 치료 작업에 몰입할 수 있을 정도의 시간적 · 경제적 능력, 셋째, 치료적인 퇴행을 견딜 수 있는 능력과 퇴행으로 인한 불안을 극복할 수 있는 능력, 넷째, 전이신경증을 형성할 수 있는 대상, 다섯째, 환상과 현실을 구분할 수 있는 능력이 그것이다.

2) 개입 목표

정신역동모델의 개입 목표는 무의식적 정신과정에 대한 의식적 통제력을 증진시키기 위해 자아를 강화시키는 것이다. '무의식의 의식화'를 통한 자기통찰(self-insight), 즉 클라이언트의 행동 패턴, 행동 의미, 행동 원인에 대해 해석해줌으로써 클라이언트가 과거의 경험을 통해 지니게 된 불안한 감정이나 무의식적인 갈등을 의식화하여 이러한 것들이 어떻게 현재 자신의 행동에 영향을 주고 있는지 통찰하도록 돕는다. 나아가 클라이언트로 하여금 무의식에 억압되어 있던 심리적 긴장과 불안을 똑바로 직면하게 하고 무의식적 갈등이나 불안을 표현하게 하여 그것을 자각하게 함으로써 클라이언트의 자아를 강화시키고 더불어 건강한 방향으로 성격이 수정되도록 유도한다.

정신역동모델을 사용한 사회복지실천 개입은 클라이언트의 무의식을 탐색하여 무의식적인 충동으로부터 의식적인 의지로 개인의 동기가 변화되도록 돕는 과정이다. 잘못된 심리성적 발달로 인해 생겨난 성격적 갈등을 제거하고 훈습을 통해 자아의 능력을 강화시키는 성격재구성 과정은 매우 광범위하며 장기적인 시간이 요구되기도 한다.

3) 개입 과정

정신역동모델에서의 개입 과정은 사회복지사와 클라이언트의 원조관계의 진행 정도에 따라 관계형성 단계, 동일시를 통한 자아구축 단계, 클라이언트가 녹립된 자아정체감을 형성하도록 원조히는 단계, 클라이언트의 자기이해를 원조하는 단계로 나누어 제시할 수 있다(장인협, 2005).

〈표 2-1〉 정신역동모델의 개입 과정

1단계	2단계	3단계	4단계
관계형성 단계	동일시를 위한 자아구축 단계	클라이언트가 독립된 자아정체감을 형성하도록 원조하는 단계	클라이언트의 자기이해를 원조하는 단계

(1) 관계형성 단계

본격적인 원조과정으로 들어가기 위해 상담자인 사회복지사와 클라이언트가 신뢰관계를 형성하는 단계이다. 불안에 직면해 있는 클라이언트에게 명확한 해석이나 통찰기법을 적용하는 것은 어려우므로, 신뢰관계를 우선 형성하여 클라이언트의 방어적 태도를 완화시키는 것에 중점을 둔다.

(2) 동일시를 위한 자아구축 단계

사회복지사와 클라이언트 사이에 친밀한 관계가 형성되는 단계이다. 클라이언트가 자신을 사회복지사와 동일시하기 시작하여 사회복지사의 생각과 태도 중 많은 부분을 받아들이기도 하고 자신의 갈등과 관련이 있는 과거의 중요한 인물에 대한 정서적인 반응을 사회복지사에게 옮기는 전이반응을 나타내기도 한다. 이러한 동일시와 전이 등의 심리기제들을 잘 파악하고 분석하여 클라이언트가 겪고 있는 갈등의 본질을 파악하여야 한다. 또한 사회복지사는 클라이언트에게 현실감을 부여함으로써 세상을 보다 현실적으로 바라볼 수 있도록 돕는다.

(3) 클라이언트가 독립된 자아정체감을 형성하도록 원조하는 단계

자신의 문제에 대한 클라이언트의 통찰이 깊어지는 단계이다. 클라이언트는 사회복지사의 전문적인 원조를 받은 이후 독립된 인격체로서 세상으로 나아가야 하기 때문에 독립된 정체감을 확립하는 것이 필요하다. 그러나 클라이언트가 독립된 정체감을 확립하려는 성장을 위한 투쟁과정에서 퇴행을 보일 수 있으므로, 사회복지사는 클라이언트를 이해해주는 강하고 공정하며 일관성 있는 부모의 모습을 지니고 클라이언트를 대할 필요가 있다.

(4) 클라이언트의 자기 이해를 원조하는 단계

클라이언트가 자신의 행동과 그 행동의 원인을 이해할 수 있도록 원조하는 단계로, 클라이언트의 무의식적 갈등과 미해결된 문제를 해결하게 된다. 사회복지사는 클라이언트가 자신의 방어기제에 대하여 의식하도록 하고, 부적합한 정서적 행동에 빠지지 않으면서 좌절이나 실패에 대응하는 방법을 찾을 수 있도록 원조한다. 자유연상 과정에서 클라이언트가 어떤 주제에 대해 이야기하는 것을 꺼리거나 방어기제를 사용하여 회피하는 현상을 보일 경우, 클라이언트의 저항과 방어기제에 대해 알아차리고 해석해 나가는 한편 사회복지사와 클라이언트 간의 관계 속에서 나타날 수 있는 전이과 역전이를 해석하고 클라이언트 스스로 이를 통찰하도록 돕는다.

4) 주요 기법[1)]

정신역동모델의 개입기법으로는 꿈의 분석, 자유연상, 자아방어기제 해석, 저항의 분석, 사회복지사와 클라이언트 간 상호작용 관계에서 발생하는 전이의 분석, 해석, 훈습 등이 있다.

(1) 꿈의 분석

프로이트는 꿈은 "무의식에 이르는 왕도"라고 표현했으며, 꿈의 내용이 종종 개인의 무의식과 관련된 일종의 단서를 제공한다고 주장하였다. 프로이트의 대표작 『꿈의 해석(The Interpretation of Dream)』(1900)은 꿈의 탐색을 통해 마음이 작동하는 법을 설명하려는 시도였다(Cabaniss, 2013). 잠재된 생각과 소망은 자아의 무의식적인 방어와 초자아의 무의식적인 검열을 통해 응축되고 전위되며 상징화되어 꿈으로 나타나게 된다. 수면 중에는 방어가 약화되므로 억압된 욕망과 감정이 의식의 표면으로 떠오르게 되는데, 무의식적인 성적 욕망과 관계된 상징들로 채워지는 경우가 많다(윤선오 · 김현진, 2016).

꿈의 분석은 꿈의 내용이 지니는 상징들을 탐구하여 숨겨져 있는 의미들을 파악하고 이를 통해 무의식적으로 억압되어 있는 욕구들을 찾아냄으로써 클라이언트로 하여금 미해결된 문제들에 대한 통찰력을 얻도록 하는 기법이다. 꿈은 분석되고 의식적으로 검토되어 현실생활에 통합됨으로써 클라이언트의 심리내적인 변화와 전환을 일으키는 데 기여한다. 클라이언트의 해결되지 못한 갈등에 대해 알고 있는 사회복지사는 클라이언트가 언급하는 꿈과 해결되지 못한 갈등의 관계에 대해 분석을 시도하여 답을 찾고자 노력한다(Werman, 1978).

---

1) 주요 기법 부분에 제시된 사례들은 '카바니스의 정신역동적 정신치료: 임상매뉴얼'(Deborah et al., 2021)과 '정신분석으로 상담하기'(장정은, 2021)에 수록되어 있는 사례들을 재구성하여 제시하였다.

사 례

부모에게 여전히 재정적으로 의존하고 있는 36세 남성 클라이언트가 아버지를 향한 분노를 의식적으로 인정하지 못하고 있다. 그는 한 젊은 변호사가 상사와 언성을 높이며 충돌하는 모습이 나오는 영화를 보았다. 그날 밤, 그는 상사를 연기한 배우와 싸우는 꿈을 꾸었다.

▸▸▸ 사회복지사는 꿈속에서의 인물과 상황에 대해 내담자와 이야기를 나누면서 꿈의 다양한 요소들을 연상해 가도록 도왔다. 상담을 통해 클라이언트는 전에는 의식적으로 인정하지 못하던 아버지에 대한 느낌과 꿈을 연결시켰다. 사회복지사는 클라이언트의 혼란스런 마음을 지지하는 한편 해석을 통해 클라이언트가 아버지에 대해 지니고 있는 억압된 분노를 통찰할 수 있도록 원조하였다.

(2) 자유연상

자유연상(free association)은 무의식을 탐구하기 위한 방법이자 정신역동모델의 주된 치료기법이다. 클라이언트의 의식에 떠오르는 감정, 생각, 기억, 환상, 꿈 등을 자유롭게 말하도록 하는 개입기술로, 방어기제의 작동 및 방어기제 뒤에 숨어 있는 것들이 나타나도록 한다. 대부분의 사람들은 일상적 대화에서 우리 자신 또는 대화를 나누는 상대를 보호하기 위해 의식적 또는 무의식적으로 대화의 내용을 편집한다. 클라이언트로 하여금 마음에 떠오르는 모든 것을 편집하지 않고 말하도록 하는 것은 상당히 어려운 요구일 수 있지만, 클라이언트의 무의식에 도달하여 그의 생각과 느낌이 어떻게 연결되어 있는지 이해하기 위한 최선의 방법이라 할 수 있다(Cabaniss, 2013). 사회복지사는 이러한 자유연상의 중요성을 클라이언트에게 설명함으로써 클라이언트가 마음에 떠오르는 생각이나 감정 등에 대해 비판하거나 취사선택하지 않고 고통스럽고 꺼림직하거나 부끄럽고 사소한 것일지라도 떠오르는 대로 남김없이 이야기할 수 있도록 하는 것이 중요하다. 이러한 과정을 통해 클라이언트는 과거를 회상하고 충격적 상황에서 느꼈던 여러 가지 감정을 발산할 수 있다.

사회복지사는 연상 내용의 계열이나 흐름을 살펴 무의식 속에 억압되어 있는 주요 자료를 찾아내고 클라이언트의 무의식적 동기나 원인이 되는 단서를 얻어내어 이를 클라이언트에게 설명해 줌으로써 무의식적 심리과정을 이해할 수 있도록 돕는다. 자유연상을 따라가는 것만큼 언제 클라이언트가 자유연상을 중단하는지 관찰하는 것도 중요하다. 자유연상의 끊김은 연상하기 어려운 내용과 그것을 인식하지 못하게 막는 방어가 존재함을 나타내는 것으로, 이를 다루는 것은 클라이언트의 무의식을 이해하는 중요한 단서가 된다.

사례

"선생님, 오늘은 기분이 너무 좋아요. 선생님께 오는 길에 활짝 핀 벚꽃이 참 좋았어요."

(사회복지사가 떠오르는 것에 대해 연상을 요청하자)

"제 대학시절 고향에도 벚꽃이 활짝 피곤했어요. 언젠가 공부하기가 너무 싫어서 중간고사 시험 기간이었는데도 무작정 기차를 타고 고향을 갔지요. 그 때 아버지가 저를 반갑게 맞아주셨던 기억이 나요. 저는 어려운 형편에 비싼 등록금 내고 학교 보내줬는데 공부 안 하고 왔다고 꾸중하실 줄 알았는데, 저를 맞아주시던 환한 미소가 생각이 나요."

▸▸▸ 자유연상을 통해 클라이언트의 마음속에 지금-여기 상담을 위해 사회복지사를 만나러 오는 것과 어린 시절 아버지의 따뜻함을 느낀 경험이 연결되고 있음이 드러난다.

(3) 자아방어기제 해석

방어기제란 인간 심리 내부의 평형상태가 깨졌을 때 다시 평형상태를 유지하기 위해 작용하는 심리적 기제를 의미한다. 인간은 본능적으로 심리적인 평온함을 찾고 갈등이나 불안을 해결하려는 경향을 지니는데, 사회적 도덕적으로 용납되지 못하는 성적 충동, 공격적 욕구, 미움, 원한 같은 갈등이나 불안이 일어날 경우 이를 처리하기 위해 방어기제를 활용하게 된다. 개인의 적절한 대처능력이 결핍되어 있거나, 자아의 기능이 너무 약하거나, 상황 자체가 합리적으로 해결할 수 없는 성질의 것이어서 불안을 제대로 처리할 수 없는 경우, 방어기제가 이를 처리할 수 있도록 도와주는 역할을 수행한다. 자아가 주관하고 무의식의 영역에서 이루어지는 것으로 본인은 의식하지 못한다. 방어기제를 사용하는 것 자체는 병리적인 것이라기보다는 정상적인 반응으로 어떤 방어기제는 매우 긍정적이고 유용하지만 어떤 것은 인간이 갈등에 직면하기보다 회피하도록 하는 부정적 측면이 있으며, 무분별하고 충동적으로 사용될 때에는 병리적이 된다(Gabbard, 2004).

방어기제의 병리성에 대하여 콜만(Coleman, 1993)은 "사람은 꽤 지속적으로 어떠한 방어기제를 구체적으로 사용하는 경향이 있다. 그들의 반응이 방어적인 기능을 하는 데 유용하게 쓰이기도 하지만, 보통 자기기만과 현실왜곡이 포함된다. 그리고 그것이 스트레스에 대처하기 위한 현저한 수단이 될 때 부적응적이 된다."라고 설명하였다(권량희 재인용, 2017). 방어기제의 병리성은 강도 및 균형, 연령, 철회 가능성 등으로 판단할 수 있는데, 한 가지 방어기제를 지속적으로 편향되게 사용하거나 연령에 적절하지 않은 방어기제를 사용하는 경우, 위험이 사라지고 나서도 방어기제 사용을 철회하지 않는 경우 병리적이라고 볼 수 있다.

대표적인 방어기제들은 다음 〈표 2-2〉와 같다.

〈표 2-2〉 대표적 방어기제

방어기제	특성
억압	자아가 위협적인 내용을 의식 밖으로 밀어내거나 의식하지 않으려 하는 적극적인 노력으로, 방어기제 중 일차적이고 원시적이며 가장 많이 사용된다. 죄책감, 수치심 또는 자존감을 상하게 하는 경험에 대해 억압의 방어기제를 사용하는 경우가 많으며, 억압을 통해 자아는 위협적인 충동, 감정, 소원, 환상, 기억 등 위험요소가 의식화되는 것을 피한다.

부정	현실에서 일어났던 위협적이거나 외상적인 사건을 받아들이지 않고 거절하는 것으로, 의식화하기에는 불쾌한 생각, 욕구, 충동, 현실 등을 무의식적으로 부정함으로써 불안으로부터 자신을 방어하는 것을 의미한다. 부정의 방어기제를 사용하는 사람은 어떤 현실을 무의식적으로 인정하지 않고 거부함으로써 현실을 차단한다.
투사	자신이 갖고 있는 좋지 않은 충동을 다른 사람의 짓인 양 문제를 타인의 탓으로 돌리는 것이다. 투사는 관계망상이나 피해망상 등을 불러일으키는 등 환각이나 착각, 망상 형성의 중요한 기제가 된다.
합리화	자신의 문제행동에 대해 그럴듯한 핑계를 사용하여 받아들여질 수 있게끔 재해석하는 것을 의미한다. 합리화의 방어기제를 사용하는 사람은 무의식 차원에서 문제행동에 대한 핑계를 합리적이고 이성적이며 자아가 받아들일 수 있는 내용으로 꾸민다. 합리화가 거짓말이나 변명과 다른 점은 전적으로 무의식 차원에서 의식적인 의도 없이 이루어진다는 점이다.
퇴행	심한 스트레스나 좌절을 겪었을 때 현재의 발달 단계보다 이전의 발달 단계로 후퇴하는 것으로, 요구사항이나 스트레스 인자가 거의 없는 상태로 현재의 위치나 성숙도 수준을 후퇴시키는 것이다. 두려움이나 고통이 많은 사람에게 자주 나타난다.
동일시	주로 부모, 형, 윗사람, 주위의 중요한 인물들의 태도와 행동을 닮는 것으로, 불안을 없애기 위해 오히려 불안의 원인이 되는 그 사람과 똑같이 되려 하는 것을 의미한다. 용서할 수 없는 충동 자체를 부정하고 그 충동을 가지고 있는 사람이나 그 사람의 일면과 동일화하여 받아들이는 과정이다.
전치	전체가 부분에 의해 표현되거나 부분이 전체로 표현되는 경우, 또는 어떤 생각이나 감정이 표현해도 덜 위험한 대상에게 옮겨지는 것을 의미한다. 적대감이나 다루기 힘든 정서, 폭력과 같은 공격적 행동을 덜 위협적이고 힘이 없는 사람이나 사물에게 이동시키는 형태로 나타난다.
지성화	고통스러운 감정과 충동을 억누르기 위해 그것을 직접 경험하는 대신 지성적으로 사고함으로써 회피하는 것이다. 정서적 고통으로 인해 자신의 자아에 거리를 두거나 감정을 피하는 수단으로 사용된다.
정서적 격리	바람직하지만 성과가 없을 것 같은 정서적 낭비를 억제하기 위해 사용하는 행동전략이다. 개인이 상실이나 이전의 고통과 실망을 되새기지 않고 자신을 보호하기 위해 방패를 만드는 것으로, 극도로 박탈된 상태에서 성장한 사람들에게 자주 사용된다. 오랜 기간 동안 좌절을 겪은 사람이 기대와 노력을 포기함으로써 재빨리 상실과 고통에서 벗어나려 하는 것으로 설명할 수 있다.

반동형성	무의식에서 받아들여질 수 없는 생각, 소원, 충동 등을 정반대 태도나 언행으로 표현하는 경우에 사용되는 방어기제이다. 반동형성의 방어기제를 사용하는 사람은 자신의 생각이나 감정이나 충동이 겉으로 드러내기에는 곤란한 것이기에 이를 방어하기 위해 그 생각이나 행동과는 정반대인 것에 지나치게 집착하게 된다.
승화	전치의 한 형태로 볼 수 있으며, 수용될 수 없는 충동이 사회적으로 받아들여질 수 있는 충동으로 대체되는 것을 말한다. 억압되었던 본능이 고도의 사회성, 예술성, 문화성을 지니고 표출되어 충족되는 경우 승화라고 부른다. 프로이트는 전치의 대치물이 높은 수준의 문화적인 목적을 가지고 있는 경우 이를 승화라고 하였으며, 이것이 인류 문명발달의 원동력이 되었다고 설명하였다.

클라이언트가 방어기제를 사용하는 데에는 이유가 있고 그것들은 종종 아주 깊은 곳에서 느끼는 놀라움이나 수치스러움으로 가득 찬 느낌을 막아준다. 때문에 사회복지사는 개입 시 클라이언트를 매우 존중하는 자세로 대하면서 그가 사용하는 방어들을 돌이켜 생각하고, 그가 자신을 방어하기에 더 적응적인 방식을 찾도록 도와주는 방식으로 개입하게 된다(최명민, 2010).

방어기제를 사정하고 반응하도록 돕는 과정에서는 몇 가지 유의할 점이 있다. 먼저 방어기제를 해석함에 있어서 방어기제 자체보다는 그 이면에 클라이언트가 방어기제에 의존하게 되는 원인인 충족되지 않은 욕구와 개인적 고통을 확인해야 한다. 다음으로 방어기제로 분류한 유형은 사람들이 행동하는 방식에서 추론한 가설적 개념 구성일 뿐이므로, 클라이언트의 행동을 특정 방어기제로 규정하거나 낙인찍어 해석하지 않도록 유의해야 한다.

사례

"늦어서 죄송합니다. 오늘 남편과의 결혼생활을 끝내기로 한 얘기를 선생님께 하려 했는데 어쩌다보니 늦게 되었어요. (중략) 잘 된 일이에요. 남편이 다른 여자를 만난다는 사실을 알게 되었거든요. 확실한 증거를 잡았어요. 잘 된 거죠. 전 편안해요. 정말 그래요. 이제라도 알게 됐으니 다행이라 생각해요. 휴, 우리 어머니에게 있었던 일을 생각하면 정말로요. 어머니는 아버지가 어떤 사람인지 너무 늦게 알게 되었거든요. 자식을 다 낳고 나서 말이죠. (중략) 또 배가 아프네요. 과민성 대장증후군 같은 거래요. 이게 심각한 병은 아닐까 걱정이 돼요. 아무튼 어젯밤에는 혼자 TV를 보는데 편하고 좋았어요."

"내리신 결정에 대해 괜찮다고 느끼신다니 다행입니다. 하지만 옳은 결정을 했다고 느낀다 해도 이별이란 힘든 일이죠. 아마 속이 불편한 이유도 이와 관련이 있을 것 같아요."

▸▸▸ 클라이언트에게서는 회피, 합리화, 신체화와 같은 방어기제가 나타나고 있다. 사회복지사는 최대한 클라이언트의 상황을 지지하면서 클라이언트가 나타내는 신체증상과 심리내적 갈등을 연관시켜 설명하고 있다.

(4) 저항의 분석과 해석

저항(resistance)이란 클라이언트가 치료의 목적에 상반되는 태도와 행동을 보이는 것으로, 클라이언트가 참을 수 없는 불안에 대항하여 자아를 방어하기 위해 사용하는 무의식적 역동이다. 침묵하거나 할 말이 없는 상태, 치료비용 지불을 잊는 행동, 치료와 관계없는 피상적인 이야기 늘어놓기, 치료 목표 설정을 거부하는 것, 약속 시간에 늦는 것, 치료자의 말을 잊는 것, 치료자의 개입을 조롱하는 것 등 주로 클라이언트가 사회복지사에게 협조하지 않는 형태로 나타난다. 이는 클라이언트의 무의식적 욕구가 표출되는 것을 막고 사회복지실천의 진전을 방해하지만, 사회복지사가 클라이언트의 민감한 문제를 다루었다는 신호가 되므로 긍정적으로 보기도 한다(Gabbard & Horowitz, 2009).

사회복지사는 이러한 클라이언트의 저항을 분석하여 클라이언트로 하여금 저항에 직면할 수 있도록 돕고 저항의 근본적인 원인이 어디에서 비롯되었는지 발견할 수 있도록 함으로써 클라이언트가 객관적인 입장에서 자기성찰을 할 수 있도록 개입해야 한다.

사례

쌍둥이를 양육하면서 지역사회 봉사에도 활발히 참여하고 있는 A부인은 남편이 가사에 전혀 도움을 주지 않아 힘들다며 결혼생활에 대한 불만을 토로하였다. 그녀는 남편이 매우 가부장적인 가치관을 가지고 있어 그녀가 집안일과 자녀양육을 전담하는 것을 당연하게 생각하며 퇴근 후에도 가사에 참여하지 않는다고 불평했다. 사회복지사는 면담을 통해 A부인이 자녀 양육과 집안일 모두를 매우 높은 기준에 맞춰 완벽하게 해내려 함을 알게 되었다. 사회복지사는 클라이언트가 남편에게 도움을 요청하여 가사에 참여하도록 하는 여러 가지 방안을 클라이언트에게 제안했지만 클라이언트는 매번 남편이 그 일을 제대로 해낼 수 없을 것이라며 시도하기를 거부하였다.

▸▸▸ 클라이언트는 상담자의 제안을 거절함으로써 치료에서의 진척이 이루어지는 것을 회피하는 저항을 보이고 있다. 이에 사회복지사는 "남편이 변화하면 좋겠다고 이야기하시면서도 제가 어떤 방법을 제안드릴 때마다 시도하지 않으려 하시는 것 같습니다. 혹시 이에 대해 알고 계시는지 궁금하네요."라고 직면을 시도하였다. 연관하여 클라이언트가 남편을 대하는 방식, 그리고 양육 및 가사에 대해 가지고 있는 클라이언트의 생각에 대해 좀 더 깊이 있게 탐색하였다.

(5) 전이의 분석과 해석

전이(transference)란 클라이언트가 과거 중요한 인물과 현재의 인물을 동일시하여 이전에 느꼈던 감정을 현재 상대에게 투사하는 것을 의미한다. 과거 의미 있는 대상과의 관계에서 일어났던 무의식적인 소망과 기대 혹은 좌절 등이 현재 대상과의 관계에서 반복되는 것으로, 클라이언트가 사회복지사를 자신의 부모처럼 여기며 그에 따른 무의식적인 감정을 사회복지사에게 투사하는 것이 그 예가 될 수 있다. 이때 사회복지사는 중립적이고 객관적이며 비교적 수동적인 자세를 취하면서 클라이언트가 사회복지사를 어떻게 대하는지, 어떤 감정을 느끼는지 등을 관찰하고 그 의미가 무엇인지 이해하여 클라이언트의 전이에 대해 분석한다(Bender & Messer, 2003).

전이의 분석을 통해 클라이언트는 전이의 원인을 통찰하고 전이 감정을 해소할 수 있다. 이로써 클라이언트는 과거 자신의 미해결된 문제가 현재 자신에게 어떻게 영향을 미치는지 성찰할 수 있고, 과거의 주요 정서적 갈등을 해결할 수 있을 뿐만 아니라 성찰된 미결사항을 적절히 해석하고 훈습함으로써 보다 성숙한 인간으로 스스로를 변화시킬 수 있는 기회를 가질 수 있다.

사례

불행한 결혼생활과 덫에 걸린 듯한 느낌을 호소하는 30대 여성 클라이언트가 상담에 성실하게 참여해 오던 중 좋은 조건의 일자리를 제안받았다. 클라이언트는 취업을 위해 상담 스케줄을 조정하려 하였으나 사회복지사의 시간이 여의치 않았다. 그러자 클라이언트는 굉장히 화를 내면서 사회복지사가 자신으로 하여금 좋은 일자리와 상담 사이에서 선택을 내리도록 강요하고 있으며, 사회복지사와의 관계 때문에 덫에 걸린 것처럼 느껴진다고 이야기하였다. "선생님이 아니었다면 저는 기쁜 마음으로 직장을 선택할 수 있었을 거예요. 그런데 지금은 상담 때문에 완벽한 일자리를 놓칠 수 있다는 생각이 드네요."

▸▸▸ 클라이언트는 사회복지사가 자신의 발전을 방해하는 것처럼 느끼고 있다. 이는 오이디푸스 콤플렉스의 모성전이, 즉 딸로 하여금 아버지의 사랑을 차지하지 못하도록 저지하는 어머니로 경험하는 것과 유사하다. 사회복지사는 이러한 상황에서 클라이언트가 느끼는 '덫에 걸린 느낌'이 무엇인지 확인하고, 그것이 '반드시 필요하지만 동시에 자신의 발전을 훼방 놓는 대상으로 경험하는 것'임을 설명해줄 수 있다. 나아가 이러한 느낌이 어린 시절 관계들과 어떻게 연관되어 있는지에 대해서도 탐색해 본다.

(6) 훈습

훈습(working through)은 전이현상이나 생활문제의 갈등, 과거 문제의 갈등 등에 대한 클라이언트의 이해 및 관점의 수준을 확장시켜 자신의 문제나 상황을 좀 더 통합적인 관점으로 이해하도록 돕는 것이다. 클라이언트가 자신의 내면적 문제나 갈등의 원인과 그 역동성을 통찰하도록 함으로써 현실 상황에서 그와 유사한 문제를 마주치게 될 때 이를 스스로 해결할 수 있도록 사회복지사가 클라이언트와 함께 상담 장면에서 해당 문제를 반복적으로 경험하도록 하는 과정을 거친다. 한 번의 깨달음만으로는 행동이 쉽게 변화하기 어렵고 통찰이 지적인 단계에 머물 경우 경험적 확신으로까지 도달하기 어렵기 때문에 클라이언트 스스로 통찰하고 변화할 수 있을 때까지 훈습은 반복적으로 이루어진다(심수명, 2018). 사회복지사는 클라이언트가 이해할 수 있는 방식으로 문제에 대해 조리 있는 설명을 반복적으로 전달함으로써 클라이언트의 문제에 대한 통찰이 발달하고 자아통합이 확대되도록 돕는다. 훈습을 통해 클라이언트의 불안은 최소화되고 적합한 방법으로 자신의 문제를 이해할 수 있는 능력을 기르게 된다. 훈습은 '문제 자체 혹은 문제의 원인에 대해 제한적으로 인식'하는 1단계, '문제 자체 혹은 문제의 원인에 대한 인식을 증진하고 새로운 방식으로 기능하도록 연습'하는 2단계, '생각과 행동 패턴에서 지속적으로 변화'해가는 3단계로 이루어진다.

사례

(아들과의 분리에 대해 심한 불안을 느꼈지만 훈습을 통해 많은 변화를 경험한 클라이언트)

"아들이 오늘 외국 학교로 떠났어요. 아들이 보고 싶어지겠지만 그래도 오늘은 괜찮았어요. 아들을 공항에 데려다주고 돌아와서 남편과 저녁식사를 했어요. 술 한 잔 하면서 남편은 아들이 2년 전 처음 집을 떠나던 날 제가 얼마나 힘들어했었는지 그 때를 떠올렸어요. 우습지요. 전 정말 아주 오래된 과거처럼 느껴져요. 이번 주말에는 남편과 여행을 다녀오려 해요. 예전 같으면 생각지도 못했을 일이지요."

❹ 평가

프로이트의 정신역동모델은 최초로 이상행동에 대해 과학적이고 경험적인 접근을 시도하였으며, 무의식, 전이, 역전이, 애착, 정서적 발달 등의 개념을 통해 인간의 행동을 이해하려 하였다는 점에서 의미가 크다.

정신역동모델과 이를 기초로 한 성격발달에 대한 설명들이 사회복지실천에 제공한 유용성은 다음과 같다. 첫째, 심리내적 상황에 대한 관심을 집중시켜 무의식의 존재와 무의식이 성격에 미치는 영향을 강조하였으며, 원초아, 자아, 초자아의 개념을 활용하여 성격의 구조 및 무의식과 성격의 상관관계를 이해하도록 하였다. 또한 자아와 방어기제의 역할 등에 대한 관심을 이끌어내었다. 둘째, 가족관계의 심리성적인 측면을 통해 클라이언트의 행동에 대한 이해를 시도하였고, 클라이언트와 가족의 상호 인간관계에 대한 주의를 환기시켰다. 특히 가족관계의 심리성적인 측면이 유아기 아동에게 미치는 영향을 강조하고, 유아기의 가족경험이 개인행동의 중요한 결정요인이 됨을 인식하도록 하였다. 셋째, 사회복지사의 자기인식과 클라이언트 간의 상호관계가 지니는 중요성을 강조하였다.

정신역동모델의 한계점은 인간과 환경 중 인간의 정신내적 현상을 지나치게 강조하고 결정론적이고 기계적인 인간관에 기반하고 있기 때문에 인간과 사회환경 간의 상호작용을 중시하는 사회복지실천 관점과 상반되는 견해를 나타낸다는 점이다. 또한 클라이언트의 문제를 진단하고 범주화하는 개입방식은 사회복지사의 권위와 우월성을 강조하고 클라이언트를 낙인화하는 문제를 지닌다(윤현숙, 2005). 정신역동모델 접근방법은 자기분석을 통해 성장을 이루고자 하는 의지가 높은 클라이언트에게 적용이 용이하다. 그러나 단기간에 궁극적인 해답을 얻기 원하는 클라이언트에게는 활용하기 어려우며, 통찰력이나 문제인식이 미약한 클라이언트에게는 저항감을 불러일으킬 수 있다는 문제점을 지닌다.

03

CHAPTER

동기강화모델

Skills for Social Work Practice ▸▸▸

03
CHAPTER

동기강화모델

1 개요

동기강화(Motivational Interviewing: MI)는 미국의 심리학자인 윌리엄 밀러(Williman R. Miller)가 알코올 중독 환자들과 공감적 경청에 기반한 상담을 진행하면서 개발되었다. 밀러가 상담을 하던 1970년대의 알코올 중독 치료는 알코올 중독자들이 자신의 음주 관련 문제들을 부정하거나 외면하고 있다는 가정을 기반으로 하였기 때문에 상담의 목적과 방향도 문제를 직면함으로써 변화와 회복의 과정으로 이끄는 데 초점을 두었다. 그러나 밀러는 알코올 중독자들의 이야기에 공감하고 경청하는 방식의 상담을 진행하였고, 그 결과 직면적 접근을 사용할 때보다 클라이언트들의 저항이 적었고, 음주행동의 변화가 더욱 크다는 것을 발견하였다(Hohman, 2014).

1989년에 밀러는 영국출신 심리학자인 스테판 롤닉(Stepehn Rollnick)을 만나 공동작업을 통해 동기강화(MI)에 대해 깊이 있는 연구를 하기로 결정하였고,

1991년 중독 행위를 변화시키는 데 초점을 맞춘 동기강화(MI) 저서 『Motivational Interviewing: Preparing People to Change Addictive Behavior』를 출간하였다. 이 책에서는 동기강화 접근의 핵심 태도와 신념인 정신과 구체적인 기술 및 전략들을 소개하였다. 2002년에 2판 『Motivational Interviewing: Preparing People for Change』를 출간하였는데, 이 책에서는 동기강화 접근을 물질남용 환자 외에도 보건의료 정신건강, 교정, 학교 세팅에서도 활용할 수 있도록 내용을 확장하였다. 3판 『Morivational Interviewing: Helping People Change』는 2013년에 출간되었고, 이 책에는 동기강화 접근의 확대와 관계형성(engaging), 초점(focusing), 유발(evoking), 계획(planning)의 4단계의 상담과정을 소개하였다.

동기강화 접근이 다른 영역으로까지 확대되면서 많은 실천가와 연구자들이 동기강화를 배우고자 하였고, 개념과 기법을 실제로 적용할 수 있도록 돕는 훈련에 대한 요구가 증가하였다. 이에 따라 밀러와 롤닉은 1997년 소그룹 훈련가들을 위한 동기강화 훈련가 네트워크(Motivational Interviewing Network of Trainer: MINT)를 창설하였고, 35개국에서 20개 이상의 언어로 훈련과정을 제공하고 있다.

2 이론적 배경

1) 주요 개념

동기강화는 "변화의 언어에 초점을 맞춘 협력적이고 목적 지향적인 의사소통"으로, 수용과 연민의 관계 속에서 변화를 위한 목적달성을 위해 개인의 동기를 강화시키고 몰입시키는 상담방법이다(Miller & Rollnick, 2013). 동기강화는 칼 로저스

(Carl Rogers)의 인간중심이론에 기초하여 개발되었는데, 인간의 존엄성을 근본으로 협력과 협동을 강조하고, 개인의 강점과 약점을 포괄하는 전인적 인간에 초점을 둔다(Manthley et al., 2011; Corcora, 2017 재인용).

동기강화모델의 토대가 되는 칼 로저스의 인간중심이론은 모든 인간은 건강하고 긍정적인 성장을 위해 노력한다고 가정한다. 또한 클라이언트는 자신의 삶을 가장 잘 알고 있는 전문가이기 때문에 특정한 행동의 맥락이나 이유를 가장 잘 이해한다고 가정한다(Roger, 1957; Hohman, 2014 재인용). 동기강화모델에서는 클라이언트를 결핍되었거나 병리적인 상태로 보지 않고, 책임감 있는 성인으로서 합리적인 결정과 올바른 선택을 할 수 있다고 가정하며, 사회복지사는 클라이언트의 관점에서 변화 동기를 촉진하고, 반영을 통해 협력적인 작업을 할 것을 강조한다(Hohman, 2014).

또한 동기강화모델은 클라이언트의 인식과 상황에 대해 탐색하고, 자신의 문제에 대한 결정과 선택을 할 수 있도록 자율성과 유능감을 지지한다. 이러한 실천은 인간은 긍정적인 성장을 위해 노력하고 자신의 자율성과 유능감, 타인과의 관계에서 만족할 때 긍정적으로 성장하고자 한다는 가정에 기반한다. 즉 개인은 자신의 내적인 동기뿐만 아니라 외부로부터 동기화될 때 특정 활동에 참여하게 되기 때문에 비록 비자발적인 클라이언트라도 자신의 자율성, 유능성, 관계성의 욕구가 충족되면 서비스 과정에 더욱 열심히 참여하게 된다는 것이다(Hohman, 2014).

동기강화모델에서 클라이언트가 자기가치를 인정받고 자기효능감을 경험하는 것은 상담에서의 개방성과 변화에 대한 중요성, 자신감을 높이는 데 중요한 요소이다. 사람들은 외부로부터 자기가치를 공격받을 경우 저항적이 되어 사회복자사에게 부정적으로 반응할 수 있다. 따라서 동기강화모델은 클라이언트에게 약물 중독, 아동 학대 가해 부모, 정신질환자와 같은 부정적인 진단명을 붙이지 않도록 조심할 것을 강조한다. 또한 자기효능감이 높은 클라이언트일수록 변화에 대한 자신감이 높아져서 변화를 위한 과업을 더욱 적극적으로 수행할 수 있다(이채원 외,

2014).

동기강화모델은 클라이언트의 양가감정을 탐색하고 해결하여 변화에 대한 내적 동기를 증진시키는 클라이언트 중심의 지시적인 의사소통방법이다(Miller & Rollnick, 2002; Hohman, 2014 재인용). 가장 최근 소개된 동기강화모델의 주요 특성은 다음과 같다(Miller & Rollnick, 2013).

- 동기강화모델은 따라가는 것(경청)과 지시하는 것(정보제공과 조언) 사이에 있는 안내하는(guilding) 유형의 의사소통이다.
- 동기강화모델은 클라이언트 자신의 의미와 중요성, 변화를 위한 능력을 이끌어 냄으로써 이들을 역량강화한다.
- 동기강화모델은 클라이언트에 대한 존경과 관심을 기반으로 변화의 자연스러운 과정을 촉진하고, 클라이언트의 자율성을 존중한다.

동기강화모델은 4가지 요소로 구성되는 '정신'에 기반을 두고 상담과 서비스를 제공한다.

① 협력관계(partnership): 동기강화 상담은 협동적인 과정이다. 이때 동기강화를 실천하는 사회복지사는 클라이언트가 변화하도록 돕는 전문가이고, 클라이언트는 자신의 삶의 전문가이다.

② 유발성(evocation): 변화 목표와 방법을 클라이언트의 사고와 생각에서 이끌어 내는 것을 의미한다. 클라이언트는 변화를 위해 필요한 자원과 기술들을 이미 내면에 가지고 있다. 따라서 동기강화 사회복지사는 변화의 동기를 탐색하고 성공을 지지하기 위해 클라이언트의 우선순위와 가치, 지혜를 이끌어 내는 것이다.

③ 수용(acceptatnce): 사회복지사는 비심판적인 태도를 유지하고, 클라이언트의

관점과 경험을 이해하기 위해 노력하며, 공감을 표현하고, 강점을 강조하며, 변화에 대해 정보에 기반한 의사결정을 할 권리가 있음을 존중해야 한다. 또한 클라이언트가 변화와 관련해서 사회복지사가 동의하지 않는 선택을 하더라도 이에 대해 위협하거나 경고하지 않고 선택에 대한 클라이언트의 자율성을 존중한다.

④ 연민(xompassion): 사회복지사는 이타적인 방법으로 클라이언트의 복지와 이익(well-being)을 위해 적극적으로 지원하고 우선적으로 실천해야 한다.

동기강화모델은 사회복지사가 클라이언트와 동등한 파트너로써 관계 맺기를 요구하고, 요청하지 않은 조언이나 직면, 충고, 지시 또는 경고 등을 자제할 것을 요구한다. 즉 이 모델은 "사람들을 변화시키거나", 상담과정에서 변화를 위한 기술들을 강제하지 않는다. 동기강화모델은 시간과 경험이 필요하고, 사회복지사의 자기인식과 훈련이 요구된다(Miller & Rollnick, 2009). 밀러(1989)는 동기강화모델이 다른 모델들과 다른 점을 〈표 3-1〉과 같이 소개하였다.

〈표 3-1〉 동기강화모델과 다른 모델들과의 차이

동기강화모델	부정-직면모델
• 라벨(labels)을 덜 강조함: '알코올 중독'이라는 꼬리표는 변화 동기에 불필요함을 인정함 • 앞으로의 알코올이나 다른 약물 사용에 있어서 개인의 선택을 강조함 • 상담가는 클라이언트의 관심과 염려를 이끌어 내면서 객관적인 평가를 수행함 • 저항은 상담가의 행동에 영향을 받은 개인관계적 행동 패턴으로 간주함 • 저항은 반영으로 대응함	• 클라이언트가 '알코올 중독'임을 인정하는 것에 주요 초점을 둠: 진단을 수용하는 것이 변화를 위해 필수임 • 개인의 선택과 통제는 감소시키고 알코올 중독 질병을 강조함 • 상담가는 클라이언트에게 진단을 이해시키면서 알코올 중독의 증거들을 확보함 • 저항은 '부정'의 증거로서 알코올 중독자들에게 나타나는 전형적인 특성이고 직면이 요구됨 • 저항은 논쟁과 수정으로 대응함

동기강화모델	인지행동모델
• 클라이언트의 동기를 형성하기 위해 특정한 원칙과 전략들을 도입함 • 클라이언트를 라벨링하거나 교정하지 않고 이들의 관점을 탐색하고 반영함 • 클라이언트와 중요한 사람으로부터 가능한 변화 전략들을 도출함 • 변화에 대한 책임은 클라이언트에게 맡김 • 클라이언트와 중요한 사람으로부터 자연스러운 문제해결 과정을 도출함	• 클라이언트는 동기되었다고 간주함: 변화를 위한 동기 형성의 직접적인 전략들이 없음 • 부적응적인 인지를 확인하고 수정하도록 노력함 • 특정한 대처전략들을 지시함 • 지시와 모델링, 지시적 실천, 피드백을 통해 대처 행동들을 교육함 • 특정한 문제해결 전략들을 교육함
동기강화모델	**비지시적 모델**
• 변화를 위한 동기강화의 방향으로 클라이언트를 체계적으로 인도함 • 필요하다면 상담가의 조언과 의견을 제공함 • 어떤 부분을 강화하기 위해 공감적 반영이 선택적으로 사용됨 • 변화를 위한 동기를 강화하기 위해 클라이언트의 불일치를 만들고 강화함	• 클라이언트가 상담의 내용과 방향을 결정하도록 허용함 • 상담가의 조언과 의견을 주입하는 것을 피함 • 공감적 반영은 주기적으로 사용됨 • 클라이언트의 현재의 갈등과 감정들을 탐색함

출처: Miller, Zweben, DiClemente & Rychtarik (1994). pp.9-11의 표 내용을 재정리함.

동기강화모델은 다양한 상황과 클라이언트에게 유용한 개입방법이지만 특히 다음과 같은 문제 상황에 놓여 있거나 문제를 가진 사람들에게 효과적이다(MINT, 2021).

- 변화에 대한 양가감정이 높은 사람들
- 변화를 위한 자신의 능력을 의심하는 자신감이 낮은 사람들
- 변화를 정말로 원하는지 확신하지 못하는 기대가 낮은 사람들
- 변화가 주는 이익과 현재 상황의 불이익 간의 차이를 잘 모르는 중요성이 낮은 사람들

동기강화모델은 초기에는 알코올 중독 치료의 대안으로 개발되었으나 이후 다양한 영역에서 건강 관련 문제들에 확장되어 적용되었다(Corcora, 2017; Hohman, 2014).

- 알코올 및 약물남용으로 치료받는 클라이언트
- HIV/AIDS 예방 및 감염자 치료
- 배우자 폭력 또는 가정폭력 문제
- 보호관찰 클라이언트
- 우울증 환자 치료

2) 주요 원칙

동기강화모델의 목표 중 하나는 클라이언트의 구체적인 행동들 변화시키는 것이다. 이러한 실천을 위해 동기강화모델은 4가지의 원리를 제시하고 있다(Miller & Rollnick, 2002; Hohman, 2014 재인용).

① 공감 표현하기: 공감은 클라이언트의 관점을 이해하고자 하는 열의를 가지고 존중하는 태도로 클라이언트의 말에 귀를 기울이는 것을 의미한다. 사회복지사가 전달하는 정확한 공감을 통해 클라이언트는 자신이 수용되고 있고, 클라이언트의 걱정이나 변화가 필요한 행동에 대해 사회복지사가 이해하고 있음을 파악할 수 있다. 공감을 표현하는 것이 반드시 클라이언트의 생각과 의견에 동의한다는 의미는 아니다. 그러나 사회복지사가 클라이언트의 생각과 의견, 가치를 주의 깊게 경청하고 비심판적으로 반영할 때 클라이언트는 수용되고 존중받고 있음을 느끼고, 이를 통해 스스로 행동을 변화시키려고 노력할

수 있다.

② 불일치감 만들기: 공감 표현을 통해 클라이언트와 신뢰관계를 형성하면서 사회복지사는 클라이언트의 동기나 목표, 가치를 이해하게 된다. 이 과정에서 클라이언트는 자신의 가치나 목표와 행동 간의 불일치감 또는 갈등을 인지하고 검토하기 시작한다. 사회복지사는 논의 또는 전략적 반영을 통해 클라이언트가 가지는 불일치감을 직면시킬 때 부정적이거나 수치심을 주는 방식이 아닌 클라이언트가 가지고 있는 양가감정을 스스로 인식하고 이해할 수 있도록 반영해야 한다.

③ 저항과 함께 구르기: 동기강화모델에서는 클라이언트의 저항을 다른 모델과는 조금 다른 방식으로 접근한다. 비자발적 클라이언트의 경우 사회복지사와의 상담에서 자신의 행동이 왜 변화할 필요가 없거나 변화할 수 없는지를 설명하려고 하고, 이때 사회복지사는 정보제공이나 설득, 경고를 통해 클라이언트를 변화시키고자 노력한다. 그러나 이러한 사회복지사의 행동이 오히려 클라이언트의 저항을 부추기는 원인이 될 수 있다. 동기강화모델에서는 저항을 보이는 클라이언트와 '씨름' 하는 대신, 클라이언트의 '저항과 함께 구르기'를 선택한다. 즉 저항하는 클라이언트와 논쟁하지 않고, 이들의 상태를 이해하기 위해 의견을 반영하고, 클라이언트가 변화해야 한다고 강요하지 않는다.

④ 자기효능감 지지하기: 자기효능감은 어떤 행동이나 결과를 성취할 수 있다는 자신에 대한 믿음으로, 사회복지사는 클라이언트의 강점이나 과거 성공 경험을 지지함으로써 클라이언트에게 자신감과 희망을 제공한다. 동기강화모델에서는 변화 여부와 변화의 방향에 대한 결정은 사회복지사가 아닌 클라이언트에게 달려 있음을 인식하고, 클라이언트의 자기효능감을 지지해 줄 것을 강조한다.

동기강화모델의 정신과 가치는 사회복지실천의 원칙 및 가치와 비슷한 부분이 많아서 사회복지현장에서도 유용하게 활용될 수 있다. 사회복지실천의 주요 원칙들은 클라이언트에 대한 존엄성과 존중, 개별화, 비전, 강점, 참여, 자기결정권, 역량강화 등이다. 이러한 원칙들은 동기강화모델의 4가지 정신인 협력관계, 유발성, 수용, 연민과 일치하는 부분들이 많다. 〈표 3-2〉는 사회복지실천 원칙과 동기강화모델의 유사한 부분들을 정리한 내용이다.

〈표 3-2〉 사회복지실천 원칙과 동기강하모델의 괸계

사회복지실천원칙	동기강화모델
클라이언트 존중	클라이언트와 동등한 파트너십을 형성하고, 병리적이 아닌 협력적으로 일하는 것을 포함함
클라이언트 개별화	문제에 대한 클라이언트의 고유한 관점과 생각으로부터 변화에 대한 동기를 유발시킴
클라이언트를 자신의 삶에 대한 전문가로 인정	클라이언트가 자신의 삶에 대해 가지고 있는 인식을 중요시하는 인간 중심 이론과 접근에 기반함
클라이언트에게 비전 제시	클라이언트의 강점을 인정하고, 스스로 선택한 변화에 대해 강조하면서 자기효능감을 지지함
클라이언트에 대한 강점관점	클라이언트가 자신의 강점이나 능력, 과거에 일어났던 긍정적인 변화에 대해 인식하도록 원조함
클라이언트의 참여 극대화	상담과정에서 클라이언트에게 이야기의 주도권을 허락하고, 클라이언트의 자율성을 지지하여 클라이언트의 욕구에 기반한 변화계획을 수립함
클라이언트의 자기결정권	클라이언트의 동의하에 조언하고, 다양한 선택안을 제공하며, 선택과정에서 클라이언트의 능력과 자율성을 강조함
클라이언트의 자기지시적인 문제해결 기술 습득	클라이언트가 문제해결 기술을 배우길 원하는 경우 다른 치료 모델이나 방법들과 통합하여 사용함
클라이언트의 역량강화 극대화	자기효능감과 자율성 지지를 통해 클라이언트의 역량강화를 도모하고 궁극적으로 자신의 삶에 대한 결정을 스스로 내릴 수 있도록 원조함

출처: Hohman (2014). pp.29-30의 표 내용을 일부 수정하여 재정리함.

3 주요 기술

1) 실천과정

(1) 동기강화 상담의 4단계 과정

동기강화에 기반한 상담은 4단계의 과정을 소개하고 있는데, 이는 관계 형성(engaging), 초점(focusing), 유발(evoking), 계획(planning)으로 구성된다.[1]

① 관계형성(engaging)

관계형성은 동기강화 상담의 첫 번째 단계로 사회복지사와 클라이언트가 상호 신뢰적이고 존중하는 원조관계를 형성하는 과정이다. 이 단계에서 사회복지사는 클라이언트에게 따뜻한 환영 인사를 전달하고, 음료를 제공하며, 잡담을 나누면서 관계를 형성할 수 있다. 또한 사회복지사는 클라이언트가 안전감을 느낄 수 있도록 분위기를 형성하고, 클라이언트를 케어하고 있음을 보여주며, 개인으로서 클라이언트를 알기를 원하고, 희망적인 태도를 보여주어야 한다.

관계형성 단계에서 활용되는 기법들은 개방형 질문하기, 클라이언트의 자기효능감과 희망, 변화에 대한 자신감을 인정하기, 반영적인 경험과 요약하기 등이다. 이때 사회복지사는 클라이언트가 변화에 준비되었다는 것을 충분히 확인하기 전에 섣불리 치료 목표를 설정하지 않도록 해야 한다. 대신 클라이언트가 느끼는 양가감정들을 다루는 것이 좋다. 관계형성 단계에서 사회복지사는 다음과 같이 상담을 시작할 수 있다.

1) 동기강화 상담의 4단계 실천과정은 SAMHSA (2019). Enhancing Motivation for Change in Substance Use Disorder Treatmenet, Ch. 3의 내용을 발췌하여 정리하였음.

• "만나서 반갑습니다. 주스나 차 드시겠어요?"
• "최근에 어떻게 지내세요?"

밀러와 롤닉(2013)은 관계형성 단계에서 사회복지사가 피해야 할 함정에 대해 경고하였다. 첫 번째는 "전문가 함정"으로 사람들은 문제에 대한 답을 얻고 중요한 의사결정을 하기 위해 전문가를 찾고 의지한다. 그러나 동기강화 상담에서는 전문가에게만 의존하는 관계를 동기강화 정신에 위배하는 것으로 간주하고, 사회복지사와 클라이언트 모두가 전문가임을 인지해야 한다. 특히 사회복지사는 클라이언트에게 바로 행동으로 실행하고, 특정한 변화를 위해 지시하는 것을 피해야 하고, 클라이언트와 논쟁하지 않아야 한다.

두 번째는 "낙인 찍기 함정"이다. '알코올 중독'과 같은 진단이나 라벨링은 클라이언트에게 수치심을 줄 수 있고, 사회복지사와의 관계 형성에도 부정적인 영향을 줄 수 있다.

세 번째 함정은 "질문과 대답"으로 사정 단계에서 사회복지사는 정보를 얻기 위해 클라이언트에게 질문하고 대답을 요청하게 되는데, 이때 클라이언트는 대화보다는 심문 당하는 느낌을 가질 수 있다. 사회복지사는 개방형 질문을 던지면서 클라이언트에게 반영적인 경청을 함으로써 이러한 함정을 피할 수 있다.

네 번째 함정은 "미성숙한 초점 함정"이다. 사회복지사는 클라이언트와 강한 원조관계를 형성하기 전에 문제해결 또는 변화를 위한 목표설정이나 의제에 집중함으로써 클라이언트와의 갈등을 경험할 수 있다. 사회복지사는 클라이언트가 변화를 위해 준비가 되었을 때 계획한 개입들을 실행해야 한다.

마지막으로 "비난하기 함정"으로 클라이언트는 종종 자신의 물질남용 문제에 대해 비난을 받는 치료적 상황을 직면하게 된다. 동기강화 상담에서 사회복지사는 클라이언트에게 누군가를 비난하는 것을 원하지 않고, 사회복지사의 역할은 클라이언트를 경정하는 것임을 확인시켜 주는 것이 필요하다.

② 초점(focusing)

초점 맞추기는 관계 형성의 다음 과정으로 클라이언트와 관계를 형성하면, 전체적인 상담의 방향과 과정들을 결정하는 과업을 수행하는 과정이다. 동기강화 전문가들은 초점 단계에서 사회복지사가 클라이언트와 의제에 대해 이야기하고 설정하도록 제안한다. 사회복지사는 클라이언트와 함께 변화를 촉진하기 위해 상호 합의한 의제를 발전시키고, 특정한 초점 행동들을 확인한다. 특히 비자발적 또는 의무적으로 상담을 받아야 하는 클라이언트의 경우 자신의 약물 또는 물질남용이나 치료에 방해가 되는 자녀양육, 관계, 재정, 법적 문제와 같은 여러 가지 이슈들이 문제가 아니라고 생각할 수 있다. 클라이언트가 복합적인 문제들을 가지고 있거나 상담의 방향에 대해 혼란 또는 명확하지 않을 때 사회복지사는 의제 설정을 위한 지도 그리기와 같은 방법을 활용하여 상담의 초점을 맞출 수 있다.

클라이언트와 의제의 방향을 설정하면, 특정한 행동 변화의 대상에 초점을 맞추어 상담을 진행한다. 이 과정에서 사회복지사와 클라이언트는 협력적인 분위기를 조성함으로써, 사회복지사가 클라이언트에게 할 일을 지시하지 않고 함께할 일을 언급할 수 있다.

아래의 사례는 클라이언트가 이야기하기 원하는 문제에 대해 사회복지사가 의제를 가지고 상담하는 과정에 대해 제시하고 있다.

사례

사회복지사: 메리 씨는 음주 문제에 대해서 이야기하고 있다고 했었죠? 음주와 관련해서 무엇이 염려되는지를 이야기해 주시겠어요?

클라이언트: 퇴근하고 집에 오면 너무 피곤해요. 그래서 잠들기 전까지 TV를 보고, 음식을 전자레인지에 요리하고, 술을 마시는 것 외에는 아무것도 하고 싶지 않아요. 그리고 아침에 일어나면 숙취 때문에 회사에 정시에 출근하는 것이 어려워요. 제 상사가 이미 저에게 경고를 했어요.

사회복지사: 지금 음주량이 수면과 정시 출근에 영향을 미치는 것에 대해 걱정하고 계시네요. 이러한 음주 문제를 해결하기 위해 무엇이 필요하다고 생각하세요?

클라이언트: 당분간 완전히 술을 끊고, 건강한 수면 패턴을 되찾는 게 필요해요.

사회복지사: 우리의 의제 지도에 당분간 술을 끊는 것을 포함할게요. 그럼 우리의 대화를 이 목표에 맞추어서 진행하도록 하죠.

출처: SAMHSA (2019). p.52의 일부 내용을 발췌함.

③ 유발(evoking)

유발은 동기강화 모델이 다른 상담 모델과의 차별성을 가장 잘 보여주는 개념이다. 유발하기 단계에서는 클라이언트가 변화를 위한 대화를 할 수 있도록 격려하는 상담을 진행한다. 사회복지사는 문제를 확인하고, 해결방법을 찾기보다는 클라이언트가 자신의 약물 또는 물질남용이 현재의 고통에 영향을 미치고 있고, 클라이언트는 이를 해결하고, 건강과 삶의 행복을 증가시키는 선택을 할 수 있다는 점을 인식하도록 원조해야 한다. 사회복지사와 클라이언트가 변화에 대한 대화를 시작할 때, 클라이언트가 변화에 대해 양가감정을 보이는 증상들이 줄어들 수 있다.

변화 대화를 유발하는 첫 번째 단계는 개방형으로 질문하는 것이다. 밀러와 롤닉은 클라이언트가 변화에 준비가 되었을 때 DARN이라는 머리글자를 딴 개방형 질문을 활용하도록 제안하였다.

〈표 3-3〉 DARN 개방형 질문 사례

DARN	변화 언어	개방형 질문
열망 (Desire)	저는 ~하고 싶어요. 제 소원은 ~예요. 저는 정말 ~원해요.	• 어떻게 변화하기를 원하나요? • 우리의 목표를 성취하기 위해 무엇을 희망하나요? • 지금 현재 상황에서 좋아하지 않는 것은 무엇인가요? • 1년 뒤에 당신의 삶이 어떻게 변화되기를 원하나요?
능력 (Ability)	저는 ~할 수 있을 것 같아요. 저는 ~해낼 수 있다고 생각해요.	• 만약 술을 끊기로 결심했다면 어떻게 해낼 수 있을까요? • 변화를 위해 무엇을 할 수 있을까요? • 변화하는데 용기를 주는 것은 무엇인가요?
이유 (Reasons)	제가 변한다면 기분이 좋아질 것 같아요.	• 변화를 결심하게 된 이유는 무엇인가요? • 현재 상황의 불리한 부분은 무엇인가요? • 술(약물)을 끊었을 때 장점은 무엇인가요?
필요 (Need)	저는 ~할 필요가 있어요. 반드시 ~해야 해요.	• 변화는 당신에게 얼마나 중요한가요? • 변화가 필요하다고 느끼게 한 요인은 무엇인가요? • 무엇이 변화되어야 한다고 생각하나요?

출처: Miller & Rollnick (2013). pp.171-173; 신성만 외 (2017). p.172의 표 내용들을 재정리함.

유발 단계에서 활용할 수 있는 또 다른 질문 전략은 척도질문으로 중요도 척도나 자신감 척도와 같은 질문을 활용하여 변화의 중요성에 있어서 클라이언트가 어떤 입장을 취하고 있고, 변화에 대해 얼마나 자신감이 있는지 평가할 수 있다(Corcora, 2017).

④ 계획(planning)

계획 단계에서 사회복지사의 과업은 클라이언트가 수용할 수 있고, 접근 가능하며, 적합한 변화 계획을 수립하도록 원조하는 것이다. 클라이언트가 변화를 결정하였다면, 이러한 변화를 어떻게 만들 것인지에 대해 이미 생각을 가지고 있을 수 있다. 따라서 사회복지사는 클라이언트의 계획을 지지하고 강화하면 된다.

모든 클라이언트가 변화 계획을 위해 구조화된 방법을 필요로 한다고 가정하지 말자. 많은 사람들은 공식적인 원조 없이도 중요한 삶의 변화를 만들 수 있고, 중독에서 회복될 수 있다. 변화 계획은 치료 계획과 비슷하지만 좀 더 광범위하다. 예를 들어, 중독 치료 프로그램에 참석하는 것도 변화 계획의 일부가 될 수 있고, 사회복지사가 아닌 클라이언트가 계획과정의 주도자이다(Miller & Rollnick, 2013).

변화 계획의 첫 번째 단계는 변화 목표를 확인하는 것이다. 예를 들어 사회복지사가 "지금 문제에 대해 무엇을 하기를 원하나요?"라고 질문을 했을 때 클라이언트가 "주말에는 술을 2잔 이하로 줄이고 싶어요"라고 응답했다. 이 경우 사회복지사는 클라이언트가 원하는 목표를 달성하도록 좀 더 구체적인 단계로 계획을 발전시킬 수 있다. 그러나 클라이언트가 "저는 제 음주 문제를 어떻게든 해결하고 싶어요"라고 대답할 경우 사회복지사는 클라이언트가 변화 목표를 명확히 파악하도록 도울 수 있다.

변화 목표가 확인되면, 클라이언트가 성취하고자 하는 구체적인 단계들을 탐색한다. 클라이언트가 변환계획을 수립하도록 도울 수 있는 몇 가지 전략들은 다음과 같다.

- **변화 목표 확인**: 사회복지사와 클라이언트는 클라이언트가 변화하기 원하는 문제 행동과 합의된 최종 목표가 무엇인지 명확히 한다. 이러한 목표는 클라이언트가 성취를 위해 나아갈수록 수정될 수 있다. 예를 들면, 음주 사용을 줄이기 원하는 클라이언트는 실행과정에서 완전히 금주하기로 결정할 수 있다.
- **변화방법에 대한 클라이언트의 의견 도출**: 원하는 목표를 달성하는 데 여러 가지 방법들이 있을 수 있다. 실천 개입을 세우기 전에 변화를 위한 전략과 관련해서 클라이언트의 의견을 확인해야 한다. 클라이언트 의견에 대한 장단점을 탐

색하고, 클라이언트에게 가장 적합하고 최선인 방법이 무엇인지를 결정한다.

- **선택 메뉴 제공:** 접근 가능한 치료 선택안들을 제공하고, 이러한 선택에 대한 정보를 제공하며, 선택에 대한 클라이언트의 의견과 수용 가능성을 확인하는 과정들을 수행한다.
- **변화계획 요약:** 사회복지사와 클라이언트가 명확한 계획을 수립하면, 계획과 구체적인 과정 및 방법들을 정리한다.
- **장애물 탐색:** 클라이언트가 변화 계획을 생활에 적용할 때 어쩔 수 없는 장애물들이 있을 수 있다. 따라서 계획을 실행하기 전에 예상되는 장애물들을 확인하고 클라이언트가 이러한 장애물에 대응할 것인지 탐색한다. 그리고 변화 계획을 다시 평가하고, 이전의 시도에서 성공적이었거나 그렇지 않았던 정보들을 활용하여 계획을 수정한다.

변화 계획이 수립되면 클라이언트는 실행을 통해 계획에 대한 헌신과 노력을 보여야 한다. 일반적으로 사람들은 변화를 위한 행동을 결심하기 전에 변화를 위한 의지를 표현한다. 이때 사회복지사는 "이번 주에는 무엇을 할 계획이세요?" 또는 "변화 계획의 구체적인 단계 중 무엇을 할 준비가 되었나요?"와 같은 질문으로 실행에 대한 클라이언트의 결심을 유발한다. 사회복지사는 클라이언트가 행동 실행과 변화 목표에 전념할 수 있도록 다음과 같은 전략들을 활용할 수 있다(Miller & Rollnick, 2013).

- 변화 목표나 변화 계획의 특정 요소에 대해 클라이언트가 가지는 양가감정 확인
- 반영적 경청을 통해 CAT, 즉 변화결심공약(commitment), 실행활성화 언어(activation), 변화를 향한 구체적 실천(taking steps)의 변화 대화를 강화한다.
- 클라이언트가 자신에게 중요한 사람들에게 헌신하는 것에 대해 이야기하도

록 한다.

- 변화 목표를 향한 과정들을 기록함으로써 클라이언트가 자기점검을 하도록 요청한다.

2) 주요 기법

동기강화모델에서는 클라이언트를 참여시키고, 클라이언트의 상황과 문제에 대한 생각을 이해하며, 4단계의 상담과정에서 클라이언트를 원조하기 위해 클라이언트 중심 기술을 활용한다. 이러한 중심 기술은 OARS라고도 하는데 개방형 질문하기(open questions), 인정하기(affirmations), 반영하기(reflecdtive listening), 요약하기(summarization), 변화대화 이끌어 내기 등을 포함한다.

(1) 개방형 질문하기

개방형 질문하기는 "예", "아니오" 또는 단순하게 대답할 수 없는 질문으로, 클라이언트의 대답과 이야기를 제한하지 않고, 다양한 답변을 이끌어낼 수 있다. 이를 통해 사회복지사는 정보를 수집하고, 클라이언트가 자신의 생각과 관심사를 탐색하고, 명확히 할 수 있도록 돕는다. "오늘 무슨 생각을 하시나요?", "이 시간을 어떻게 보내기를 원하십니까?"와 같은 개방형 질문은 클라이언트에게 원하는 이야기의 주제를 설정할 수 있는 기회를 주는 것이다. 이때 사회복지사는 클라이언트와 협력적인 방식으로 면접을 하면서 클라이언트와 공유해야 하는 주제가 있을 수 있다. 〈표 3-4〉에서는 질문하기의 지침 중 하지 말아야 할 질문과 해야 할 질문들을 소개하고 있다.

〈표 3-4〉 질문하기 사례

하지 말아야 할 질문	해야 할 질문
"왜"라는 질문 사용은 사람들이 평가되고 비난받는다는 느낌을 가지게 되고, 이로 인해 방어적이 되거나 불필요한 합리화를 할 수 있음	"어떻게" 또는 "무엇" 질문 사용
한번에 너무 많은 질문을 할 경우 클라이언트가 혼란스럽고 심문당하는 것으로 느껴짐	한 번에 한 가지 질문
일반적인 이야기를 묻는 질문	구체화하는 질문(예: "예를 들어주시겠어요?", "어떻게 그런 결론을 내리게 되었나요?"
"그것이 당신의 기분을 어떻게 했나요?"와 같은 질문	"기분이 어떠세요?" 질문
사회복지사의 레퍼토리가 지배적인 질문	질문1: 진술 3의 비율 유지

출처: Corcora (2017). pp.54-55 표의 내용을 재정리함.

(2) 인정하기

인정하기는 클라이언트의 변화를 지지하는 태도, 특성, 과거 행동에 대해 인정하는 말을 하는 기술로 동기강화의 핵심이다. 예를 들면 "당신은 진정한 생존자입니다. 당신이 어려운 상황임에도 불구하고 마음만 먹으면 그것을 할 수 있습니다" 등이 있다(Hohman, 2014). 인정하기는 행동 실행에 대한 클라이언트의 자신감을 강화시킬 수 있다.

클라이언트와의 대화에서 인정하기 기술을 사용하는 것은 클라이언트의 긍정적인 결과들을 지속적으로 도출할 수 있다. 인정하기 기술을 사용할 때는 클라이언트의 강점과 과거의 성공 경험, 변화를 위한 노력에 초점을 맞추도록 한다. 인정하기는 칭찬과는 다른 기술이며, 인정하는 대화를 할 때에는 솔직하고 진실된 진술을 해야 한다. 일반적으로 인정하기는 클라이언트가 누구인지, 무엇을 하였는지를 강조하는 "당신은…"으로 시작한다. "나는 당신이 자랑스럽습니다"라고 클라이언트의 가치를 인정하는 말을 클라이언트에게 하면, 클라이언트는 사회복지사에게 계속 집중하게 된다.

〈인정하기 기술의 예〉

- "오늘날 여기까지 오는데 큰 변화가 있었어요."
- "지난주에는 많이 의기소침해 있었는데도 AA 미팅에 꾸준히 참석을 했어요. 정말 잘 견뎌냈어요."
- "비록 당신이 원하는 대로 결과가 나오지 않았지만 당신은 열심히 노력했고, 이것은 의미가 있어요."
- "술을 마실 수 있는 유혹이 있는 상황들을 피하려는 노력은 정말 좋은 생각이에요."

출처: SAMHSA (2019). p.52의 일부 내용을 발췌함.

(3) 반영하기

반영하기는 클라이언트가 이야기한 내용을 사회복지사가 반복하고, 고쳐서 말하고, 바꾸어 말하는 것이다. 이러한 것을 단순 반영하기라고 한다. 반영하기는 우리가 생각하는 클라이언트의 의미를 다른 말을 사용하여 조금 더 상세히 이야기하는 것이다. 반영하기를 통해 클라이언트가 앞으로 어떻게 할 것인지를 예상하고 그것을 확인해 볼 수도 있다.

〈반영하기 기술의 예〉

성인이 된 말기 환자 딸을 돌보는 어머니가 사회복지사에게 어려움을 토로하는 상담을 하고 있다.

클라이언트: 나는 우리 딸을 잘 돌보고 돕기를 원해요. 하지만 때로는 아이가 무겁고, 나는 너무 힘이 없어서 제대로 들어 올릴 수가 없어요.

사회복지사: 지금이 도움을 받아야 되는 때인지 알고 싶으시군요. 당신은 딸을 사랑하고 딸을 돌보는 것이 중요하군요. 하지만 다른 한편으로는 당신이 딸을 돌보기 위해 해야만 하는 모든 것에 매우 지치고 압도되어 있어요.

출처: Hohman (2014). pp.55-56의 내용을 일부 수정하여 재정리함.

양면 반영 기술은 클라이언트의 양가감정을 반영하는 것으로 클라이언트는 자신의 양가감정을 인식하는 데 도움이 되기 때문에 중요한다. 일반적으로 사람들은 변화의 가능성을 탐색할 때 변화를 원하면서도 한편으로는 문제가 되었던 행동을 유지하기 원하는 양가감정을 경험한다. 동기강화의 목표는 양가감정을 해결함으로써 변화를 유도하는 것이다. 예를 들어 양극성 장애가 있는 클라이언트는 취업을 하고, 다른 사람들과 친밀한 대인관계를 유지하고 싶지만 이를 위해 약물복용을 해야 하는 것을 싫어할 수 있다. 양면적인 사고나 행동의 양 측면을 반영할 때 기술과 반영을 전략적으로 사용함으로써 클라이언트가 변화할 수 있도록 도울 수 있다(Hohman, 2014).

〈양면반영 기술의 예〉

사회복지사 K는 알코올 남용으로 금주 모임에 나갔으나 모임 구성원들과의 문제로 모임에 나가지 않은 클라이언트를 상담하고 있다.

클라이언트: 나는 지난 1년 동안 AA 프로그램에 나갔지만 참여하는 사람들이 마음에 들지 않고 나와 맞지 않아서 더 이상 그 모임에 나가지 않기로 했어요.

사회복지사: 당신은 AA 프로그램에서 관계 측면에서 어려움을 겪었군요. 그리고 AA는 상당한 기간 동안 당신에게 도움이 되었구요.

출처: Corcora (2017). p.76 사례의 내용을 일부 수정함.

(4) 요약하기

요약하기는 클라이언트가 진술한 내용들의 핵심을 찾아내고 사회복지사가 다시 클라이언트에게 이를 반영하는 것으로 반영적 경청의 한 유형이다. 요약하기 기술을 통해 사회복지사는 이전에 클라이언트가 이야기한 다양한 진술을 활용할 수 있기 때문에 중요하다. 요약하기를 전략적인 방법으로 활용하면 사회복지사가 클라이언트의 이야기를 잘 들었다는 것을 클라이언트에게 알려줄 뿐만 아니라 클라이언트와의 치료적 관계를 형성하는 데 도움을 줄 수 있다.

요약하기는 종합적인 요약, 연결 요약, 전환적 요약, 양가감정 요약, 개괄적 요약 등의 유형이 있다(SAMHSA, 2019).

- 종합적인 요약: 클라이언트의 관련된 진술들을 상기하여 내러티브 형태로 요약함
- 연결 요약: 클라이언트의 진술들을 반영하고, 이전의 진술들과 연결함
- 전환적 요약: 대화나 과업을 마무리하고, 클라이언트를 변화과정으로 이동시킴
- 양가감정 요약: 클라이언트가 유지하려는 대화와 변화하려는 대화 진술들을 수집하고, 이전의 상태를 유지하려는 대화를 인지하면서 변화 대화를 강조함
- 개괄적 요약: 많은 대화 속에서 나타난 변화 대화들을 수집하는 것으로 변화계획을 수립할 때 한 단계에서 다음 단계로 전환하는 과정에서 유용함

〈요약하기 기술의 예〉

딸을 돌보는 것에 대해 걱정하는 클라이언트와의 대화에서 사회복지사는 다음과 같이 요약한다.

사회복지사: 제가 이야기하는 내용이 어르신이 이야기한 것과 맞는지 들어보세요. 어르신은 오랫동안 딸을 돌보셨어요. 그러면서 건강도 나빠지셨구요. 딸을 들어 올리고, 화장실에서 돕는 게 많이 어려워졌다는 것을 알게 되었고요. 지금은 딸이 먹는 것을 도울 수 있지만, 이것 또한 점점 더 어려워지고요. 어르신은 다른 사람의 도움을 받아야 할지 말아야 할지에 대한 결정을 고민하고 있군요. 왜냐하면 엄마로서 딸을 사랑하고, 모든 것을 다해 주어야 한다고 생각하시니까요. 한편으로는 다른 사람에게 도움을 청함으로써 딸을 돌보는 것을 내려놓고 싶다고 느끼고 있고, 다른 한편으로는 이 많은 것을 혼자서 할 수 없다는 현실을 알고 있군요. 만약 도움을 받으려면, 서비스 비용이 저렴하고, 따님에게 친절한 사람이어야 하겠네요.

출처: Hohman (2014). p.57의 내용을 발췌함.

(5) 변화대화 이끌어 내기

때때로 우리는 요약하기를 제공하기 전에 변화대화를 이끌어낼 수도 있다. 변화대화는 인간중심모델로부터 만들어진 동기강화의 특정적인 부분이다. 동기강화에서 사회복지사는 클라이언트의 변화에 대한 바람, 능력, 이유 또는 필요성에 대해 듣게 된다. 앞의 대화에서 어머니는 더 이상 혼자서 딸을 돌볼 수 없다고 이야기하였다(능력 부족). 그리고 그녀 자신도 매우 지쳤다고 한다(이유). 아마 사회복지사가 "만약 도움이 필요하다면 어떠한 도움을 원합니까?"라고 질문을 한다면 클라이언트는 서비스 비용이 저렴하고 그녀의 딸에게 친절한 사람이 도와주는 것을 원한다고 이야기할 수도 있다(바람). 우리는 변화대화를 듣게 될 때, 반영하고, 인정하고, 유발적 질문을 함으로써 변화대화를 강화한다. "따님이 좋아하는 사람은 어떤 사람입니까?" 클라이언트의 대답에 사회복지사가 반영을 할 때, 사회복지사는 클라이언트에게 이것이 얼마나 중요한지를 공감하면서 설명을 한다. 이러한 도움은 낯선 사람이 집에 와서 클라이언트의 딸을 돌보는 것에 대한 클라이언트의 양가감정을 줄이는 데 도움이 된다(Hohman, 2014).

4 평가

동기강화모델은 알코올 중독자를 대상으로 진행한 상담 효과성 연구를 시작으로 알코올, 약물, 흡연과 같은 물질 중독 영역뿐만 아니라, 건강관리영역, 우울, 불안과 같은 심리정서적 문제 영역, 가정폭력, 교정 영역에서 모델의 효과성이 검증되면서 여러 영역으로 확대되어 왔다. 또한 사회복지실천 영역에서도 사회복지실천의 원칙과 동기강화의 주요 정신 간의 유사점이 많다는 이유로 동기강화모델을 활용하고 있다. 특히 동기강화모델의 주요 이론적 배경이 되는 인간중심이론은 클라이언트를 자신의 삶의 전문가로 간주하고, 사회복지사의 역할을 클라이언트 문제와 문제해결에 대해 협력적으로 접근하는 것으로 보는 관점이 사회복지실천의 존엄성, 존중, 클라이언트 강점과 참여, 자기결정권과 같은 원칙과 부합하고 있어, 사회복지실천 영역에서도 유용한 모델이라 할 수 있다.

동기강화는 1991년 초판이 출간된 이후 다양한 문화권에서 동기강화모델의 실천 효과를 지지하는 연구들이 발표되면서 전 세계 여러 나라에서 다양한 언어로 번역되어 사용되고 있다. 특히 동기강화모델이 클라이언트의 가치와 목표, 전략을 인식하고 활용하며, 클라이언트의 자율성을 존중하는 데 초점을 두고 있기 때문에 다양한 문화에서 활용할 수 있는 의사소통방법 또는 상담방법으로 인정받고 있다

(Hohman, 2014).

반면에 동기강화모델은 '환경 속의 인간' 관점을 적용하지 않고 있기 때문에 클라이언트의 일상생활에서의 상호작용하는 다양한 체계들을 이해하는 데는 한계가 있다. 즉, 문제를 가진 클라이언트를 대상으로 동기강화를 통해 긍정적인 방향으로의 변화를 도울 수 있지만 이들이 직면하는 환경적인 문제들에 있어서는 구체적인 도움을 제공하기 어려운 점이 있다. 또한 동기강화모델을 활용하는 데 있어서 과도한 업무로 힘들어하는 사회복지사나 클라이언트 중심의 접근을 지지하지 않는 기관의 경우 동기강화모델을 적용하기가 어려울 수 있다(Hohman, 2014).

04

CHAPTER

인지행동모델

Skills for Social Work Practice ▶▶▶

04 CHAPTER 인지행동모델

Skills for Social Work Practice

1 개요

인지행동모델(cognitive behavior model)은 인간이 생각하고 정보를 처리하는 과정에 대한 인지이론과 행동주의 및 사회학습이론의 개념들이 통합 적용된 모델이다(전희수 외, 2017). 이 모델은 인간이 생각하고 느끼고 행동하는 것이 상호 관련된다는 전제하에 인지이론과 행동이론을 절충적으로 활용한 접근으로, 클라이언트의 생각하는 방식과 행동을 변화시키는 데에 개입의 초점을 두고 있다.

인지행동모델을 이해하기 위해서는 인지이론과 행동이론 각각에 대한 이해가 필요하다. 인지이론에서는 인간이 환경에서 발생하는 일에 수동적으로 반응하는 것이 아니라 스스로 세상에 대해 의미를 부여하고 구성해가는 방식을 강조한다. 즉 인간의 환경에 대한 사고 · 인식 · 해석이 정서와 행동의 결정요인이라는 전제하에 왜곡된 인식이나 해석으로 인해 인간의 문제가 발생한다고 보면서, 클라이언트의 부적응적인 사고유형을 파악하고 이를 직면하여 변화시킬 수 있도록 개입한다. 반면 행동이론에서는 행동을 유발하는 원인이 인간 내부가 아닌 외부 환경에 있으며, 클라이언트가 잘못된 혹은 부정적인 행동을 모방 학습한 결과 역기능적 행동을 나타내는 것이라고 간주하므로 행동수정을 통해 문제행동의 변화를 시도한다(Payne, 2001; Sutton, 2007). 이러한 관점을 통합한 인지행동모델은 사회복지실천의 이중적 관심을 포괄하는 새로운 대안적 관점으로 인간의 행동이 개인과 환경 간 상호작용의 결과라고 본다. 인간이 심리적 특성에 의해서만 좌우되는 것도, 전적으로 환경의 영향에 의해서만 행동하는 것도 아니며, 인지적 · 환경적 영향 사이의 끊임없는 상호작용으로부터 영향을 받는다고 인식하는 것이다. 환경은 끊임없이 인간에게 경험과 정보를 제공하고 이러한 환경의 영향은 인지적 과정에 의해 중재된다. 중재과정은 대체로 인간의 초기 경험을 통해 학습되며, 이러한 학습의 결과는 정보의 선택적 처리과정을 통해 강화되는 경향이 있다. 인지행동모델은 인지이론이 행동치료 속으로 흡수되는 동시에 인지치료에서 행동주의 기법을 강조하는 과정을 겪으며 발전하였다(김정진, 2014).

1950년대 미국 심리학에 가장 크게 영향을 미친 이론은 행동주의이론이었으나, 인간의 신념, 동기, 의지, 사고, 감정과 같은 내면적인 요소들을 설명해주지 못함으로써 인간행동을 이해하는 데 한계를 지닌다는 비판이 일었다. 사회가 복잡해지고 클라이언트의 문제 양상이 다양해짐에 따라 이러한 문제들에 복합적으로 적용할 수 있는 통합이론의 필요성이 높아졌다. 또한 클라이언트와 환경 간의 상호작용에 대해 포괄적으로 이해할 수 있는 이론 및 모델의 필요성이 증가함에 따라 인지행동적 접근의 발달이 촉진되었다. 인지행동모델은 클라이언트의 역기능적 문제가 클라이언트 자신과 환경에 대한 왜곡된 인지체계에서 출발한다고 가정하고 왜곡된 인지를 재구성하기 위해 인지적 기법뿐만 아니라 다양한 행동주의적 기법을 병행하여 사용한다. 즉 인지, 정서, 행동이 서로 어떻게 상호작용하여 클라이언트에게 영향을 미치는지 개입과정을 통해 클라이언트가 자각하도록 함으로써 기능적으로 행동하고 느끼며 생각할 수 있도록 돕는다.

인지행동모델은 개인의 내면에서 일어나는 인지과정이 행동변화를 중재한다는 이론적 입장을 취하는 여러 치료접근법들을 포함하고 있다.[1] 이 모델에 포함되는 접근방법으로는 합리정서치료, 행동치료, 인지치료, 현실치료, 인지행동치료, 문제해결치료 등과 불안관리훈련, 스트레스 개선훈련 등 다양한 치료모델들을 들 수 있다. 다양한 유형으로 발달한 인지행동모델과 기본가정을 요약하면 〈표 4-1〉과 같다(권량희, 2017).

〈표 4-1〉 인지행동 모델의 유형과 기본 가정

모델명	대표학자	기본가정
합리적 정서적 치료 (REBT)	Ellis	비합리적인 신념에 의해 부정적 감정이나 심리적 증상들이 초래됨
인지치료	Beck	감정이나 행동의 결과는 사건이나 상황 자체 때문이 아니라, 그것에 대한 주관적 해석이나 평가에 의함
자기지시 훈련(SIT)	Meichenbaum	자기지시(내적대화)는 행동을 통제할 수 있음
문제해결 치료	O'Zurilla & Goldfried	문제해결 절차나 기술을 훈련하고 연습하면 생활 속에 대면하는 문제들에 대한 해결 능력을 효과적으로 향상시킬 수 있음
스트레스 관리 훈련	Meichenbaum	경미한 스트레스에 적응하는 방법을 훈련함으로써 경미한 스트레스뿐만 아니라 극심한 스트레스도 극복할 수 있는 스트레스 면역력을 갖게 됨

1) 인지행동모델 개입은 매우 광범위한 경험적 지지를 지니는 심리치료이론들의 집합체로서 단일한 치료이론이라기보다는 여러 세대에 걸친 다양한 이론과 근거에 기반한 접근들을 통칭한다. 1세대는 명확히 관찰할 수 있는 행동에 대하여 조건화 학습원리를 활용한 행동치료에 인지매개가설을 결합한 행동치료와 인지치료의 결합 시기 이론들이며, 2세대는 내담자의 감정과 행동의 이면에 존재하는 부적응적 사고패턴을 감지하여 변화시키는 형태의 인지행동치료방법들을 의미한다. 3세대 이론에는 사고와 감정의 내용 자체보다도 그러한 부정적 생각과 감정이 일어나는 심리적 맥락을 강조하는 마음챙김 기반 인지치료, 메타인지치료 등의 치료이론들이 포함되며, 이들 모두를 인지행동모델이라는 용어로 포괄하여 정의내릴 수 있다(Hayes & Hofmann, 2017).

인지행동모델은 구조화된 접근과 체계적인 개입과정으로 인해 클라이언트와 사회복지사 모두에게 비교적 쉽게 받아들여지는 모델이며, 사례 적용 가능성이 높기 때문에 사회복지사에게 유용한 실천기술을 제공한다. 사회복지사는 인지행동적 접근을 통해 개입의 효과를 비교적 단기간에 알 수 있을 뿐만 아니라 단일사례설계방법 등을 이용하여 개입의 효과에 대한 객관적 평가도 가능하다. 따라서 인지행동모델은 최근 사회복지사에게 중요한 개념으로 부각되고 있는 증거기반 실천(Evidence Based Practice: EBT) 방법의 하나로서 유용하다(장수미 외, 2010). 이러한 실용적이고 실천중심적인 특성으로 인해 인지행동모델은 주요 정신장애를 위한 심리상담에 널리 활용되고 있으며, 초기에는 주로 우울과 불안장애 상담에 활용되었으나 최근에는 성격장애, 섭식장애, 물질남용 같은 다른 여러 상황에도 적용되고 있다(Wright, 2006).

인지행동모델의 특성은 다음과 같이 정리할 수 있다(황인옥, 2018).

첫째, 클라이언트의 주관적 경험의 독특성을 중시한다. 클라이언트의 주관적 경험, 문제 및 관련 상황에 대해 느끼는 주관적인 의미를 중요시한다. 클라이언트의 경험이나 의미를 사회복지사의의 관점에서 해석하고 이해하는 것이 아니라 클라이언트가 경험하고 느끼고 해석하는 방식, 신념체계 등을 존중하고 이해한다.

둘째, 지금-여기에 초점을 둔다. 단기적인 접근방법이기 때문에 클라이언트가 호소하는 문제를 중심으로 하여 목표지향적으로 접근한다. 문제해결과 원인탐색을 위해 과거의 경험이나 무의식을 탐색하지 않으며 현재에 초점을 둔다.

셋째, 구조화되고 체계적인 개입과정으로 이루어진다. 개입은 구조화된 절차를 가진다. 사전에 구성된 내용과 양식, 개입과정이 갖추어져 있으며, 일정한 방향성을 가지고 문제해결을 수행한다.

넷째, 사회복지사와 클라이언트의 협력적 관계를 중시한다. 클라이언트와 사회복지사의 협조적 노력이 요구되고, 더 나아가 사회복지사의 적극적 역할 수행이 필요하다. 클라이언트는 문제에 대한 통제력이 자신에게 있음을 인식하고 인지를 변화시키기 위해 적극적으로 노력할 필요가 있으며, 자기 자신, 다른 사람들, 세계를 보는 시각 등을 사회복지사에게 제공하도록 한다. 사회복지사는 문제, 사정, 개입전략, 도구 등에 대한 정보를 클라이언트와 공유함으로써 상담에서 중요한 요소인 신뢰관계를 형성한다.

다섯째, 클라이언트의 능동적인 참여를 중시한다. 클라이언트는 사회복지사로부터 치료를 받는 수동적 존재가 아니라 능동적으로 문제해결에 참여해야 한다. 개입 전략 형성 이후에 클라이언트는 상담 상황에서 뿐만 아니라 일상생활에서도 변화를 위해 노력해야 하며 이를 위해 과업을 수행한다. 사회복지사의 개입이 없는 상황에서도 클라이언트는 스스로 문제의 재발을 방지하고 문제해결능력을 기르기 위해 노력해야 한다.

여섯째, 교육적 접근이 이루어진다. 대체적 사고와 행동을 학습하는 교육적 접근을 강조한다. 사회복지사는 클라이언트의 왜곡된 인지를 대체하는 적응적 인지를 제시하고 행동의 변화를 유도하는 인지행동모델 원리를 교육한다. 클라이언트가 자신의 문제에 대해 이해하고 인지행동모델 개입의 원리를 이해하여 참여하는 것은 개입의 성공을 위해 매우 중요하다.

일곱째, 시간제한적인 단기개입모델로, 기본적으로 3~4개월, 길어야 6개월간 단기적으로 개입이 수행된다.

② 이론적 배경

인지행동모델의 발달을 이끈 대표적 개입이론으로 엘리스(Ellis)의 합리적 정서행동모델, 벡(Beck)의 인지치료모델, 스키너(Skinner)의 행동주의모델을 들 수

있다.[2]

1) 엘리스(Ellis)의 합리적 정서행동모델

엘리스의 합리적 정서행동모델은 정신역동모델에 대한 거부로 등장하였으며, 과거가 아닌 현재의 문제 상황에서 해결책을 발견할 수 있다는 관점을 가진다.

(1) 기본 가정

합리적 정서행동모델에서는 인간이 합리적인 동시에 비합리적인 존재이며, 정서적 혹은 심리적인 장애와 신경증적 행동은 비합리적이고 비논리적인 사고의 결과라 보았다. 이러한 비합리적인 사고는 생물학적 경향성과 동시에 부모의 양육방식과 문화적인 환경 속에서 경험한 비논리적 학습에 의해 획득되는 것으로, 이를 해결하기 위해서는 부정적 · 자기패배적인 사고와 정서를 버리고 논리적 · 이성적으로 사고할 수 있도록 사고와 지각을 재구성해야 한다. 이처럼 생각이 바뀌면 역기능이 해소될 수 있으므로 클라이언트의 비합리적인 신념을 밝히고 재구조화하여 합리적인 신념으로 바꾸어주는 것을 개입의 중심에 두고 있다.

(2) 비합리적인 신념

비합리적인 신념은 '반드시 ○○해야 한다', '절대로', '모든', '완전히', '전혀' 등과 같이 당위적 사고 형태를 띤다. 엘리스는 인간의 사고와 감정은 서로 연관되어 있

2) 역사적 순서로 볼 때에는 스키너의 행동주의 이론이 가장 앞서지만, 본문에서는 인지행동이론에 영향을 미친 중요성에 따라 인지이론을 먼저 제시하였다.

으며, 부정적 감정과 심리적 증상들은 비합리적인 신념에서 비롯된다고 보았다. 그가 제시한 비합리적인 신념들은 다음과 같다.

① 인정의 욕구: 모든 사람으로부터 사랑과 인정을 받아야 한다는 생각
② 과도한 자기기대감: 자기 자신이 가치 있는 사람이 되기 위해서는 모든 영역에서 완벽하게 잘 해내서 반드시 성공해야 한다는 생각
③ 비난 성향: 자신에게 해를 끼치거나 악행을 저지르는 사람은 나쁘므로 이들은 반드시 비난과 처벌을 받아야 한다는 생각
④ 정서적 무책임: 인간의 불행은 외부 환경에서 비롯되므로 그것을 통제할 수 없다는 믿음
⑤ 좌절적인 반응: 일이 뜻대로 되지 않을 때 인생은 아무런 가치가 없으며 끔찍하다는 믿음
⑥ 문제 회피: 어려움은 직면하는 것보다 회피하는 것이 더 쉽다는 믿음
⑦ 의존성: 사람은 다른 사람에게 의존해야 하며, 자신이 의존할 수 있는 강한 누군가가 필요하다는 믿음
⑧ 무력감: 사람의 행동은 과거에 의해 결정되므로 과거의 영향으로부터 벗어날 수 없다는 생각
⑨ 과도한 불안: 위험하고 두려운 일은 항상 신경 써야 하고, 일어날 수 있는 가능성을 염두에 두어야 한다는 믿음
⑩ 지나치게 다른 사람을 염려하기: 다른 사람의 문제나 어려움에 대해 지나치게 신경 쓰고 염려해야 한다는 생각
⑪ 완벽주의: 모든 문제에는 완전한 해결책이 있으며, 그 해결책을 찾지 못하면 파멸이라는 믿음

(3) ABCDEF 모델을 통한 개입

엘리스의 ABCDEF 모델은 인간이 비합리적인 신념으로 인해 부적응적인 정서와 행동에 고착되는 현상을 설명해 준다.

- A (Anticidident event, 선행사건): 개인에게 정서적 혼란을 야기하는 어떤 사건
- B (Belief, 신념체계): 선행사건에 대해 가지고 있는 신념, 생각, 특히 비합리적인 신념
- C (Consequence, 결과): 신념으로 인해 나타나는 정서적 행동적 결과
- D (Dispute, 논박): 개입을 통해 이루어지는 비합리적인 신념체계에 대한 논박
- E (Effect, 효과): 논박을 통해 합리적인 신념으로 재구조화된 뒤 갖게 되는 태도와 감정의 결과
- F (Feeling, 감정): 논박을 통해 바뀐 효과적이고 합리적 신념에서 비롯되는 새로운 감정

사회복지사는 클라이언트에게 선행사건(A)-비합리적인 신념(B)-결과(C)의 관계에 대해 설명하고, 비합리적인 신념(B)을 논박(D)을 통해 재구조화(E)하는 방식으로 개입한다. 이를 통해 새로운 감정(F)이 생성된다.

2) 벡(Beck)의 인지치료

인지치료는 개인이 정보를 수용하여 처리하고 반응하기 위한 지적인 능력을 개발시키는 방법이다. 인지치료는 클라이언트의 역기능적이고 자동적인 사고, 역기능적인 도식과 신념이 일상생활이나 대인관계에 미치는 영향력을 중요시하였다. 벡은 개인이 지닌 왜곡된 사고를 문제의 핵심으로 보았다(Beck, 2017).

(1) 주요 개념

벡은 사고과정을 도식, 자동적 사고, 인지적 오류의 세 가지 개념으로 정리하였다.

① 도식

도식은 정보를 받아들이고 조직화하는 인지구조이자 개인이 세계를 바라보는 특유의 방식으로, 치료의 핵심이 된다. 도식은 유지된 기간과 믿음 수준에 따라 핵심믿음체계와 중간믿음체계로 구분된다.

핵심믿음체계는 클라이언트의 경험을 조직하는 인지구조의 기초로서 개인의 왜곡이나 편견을 형성하는 근간을 이룬다. 아주 근원적이고 깊은 수준의 믿음이기 때문에 자신도 인식하지 못하는 경우가 많다. 중간믿음체계는 핵심믿음체계와 자동적 사고 사이에 존재하며 가정, 태도, 규칙들로 구성되어 있다. 핵심믿음체계에 의해 영향을 받고, 자동적 사고에 영향을 미친다.

② 자동적 사고

자동적 사고는 어떤 상황을 접했을 때 자동적으로 떠오르는 생각을 의미한다. 대부분 부정적인 내용이며 역기능적으로 작용한다. 스스로 의식하기는 힘들며 자동적 사고의 작용을 인식하기 위해서는 사회복지사의 도움이 필요하다. [그림 4-1]은 자동적 사고의 작동을 나타낸 예시이다.

벡은 클라이언트가 가지고 있는 부정적 사고를 확인하고, 인지 · 정서 · 행동의 관계에 대해 인식하도록 하며, 자동적 사고의 타당성을 검토하고 합리적인 사고를 연습시키는 방식으로 인지치료를 진행하였다.

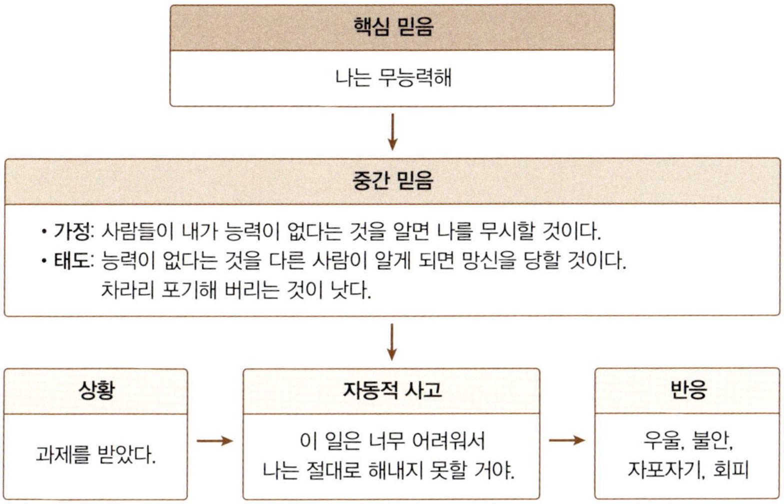

[그림 4-1] 자동적 사고의 작용

(2) 인지적 오류

① 임의적 추론(arbitrary inference)

충분하고 적절한 증거가 없거나 배치됨에도 어떤 결론을 이끌어내는 것을 말한다. 기대하는 어떤 것이 이루어지지 않을 때 그것을 파멸로 생각하거나 최악의 상황을 예측한다.

"선생님은 나를 미워하시니까 성적도 나쁘게 줄 거야."

② 선택적 추상화(selective abstraction)

전체적인 상황이나 맥락을 무시하고 부분에만 초점을 두어 결론을 내리는 것을 말한다.

"어제 나한테 전화를 안 한 걸 보면 나에 대한 사랑이 식은 것이 분명해."

③ 과잉 일반화(over generalization)

특정 사건에 기초하여 극단적인 신념을 그것과 유사하지 않은 사건이나 장면까지 광범위하게 적용하는 것을 말한다.

"남자 친구가 나를 떠났어. 나는 앞으로 연애도 못하고 평생 혼자 살게 될거야."

④ 극대화와 극소화(과장과 축소, magnification & minimization)

어떤 상황을 실제보다 더 확대하거나 축소해서 왜곡하는 것을 의미한다. 불완전한 점을 극대화하고 좋은 점을 극소화하기 때문에 자신을 열등하다고 느끼며 우울감을 느끼게 된다.

"이번 시험에 떨어지면 내 인생은 끝난 거야. 지난 시험을 잘 본 것은 단지 운이 좋아서일 뿐이야."

⑤ 개인화(personalization)

자신과 관계없는 외부 사건을 자신의 탓으로 여기는 경우이다.

"내가 아버지 곁에 있었다면 아버지가 심장마비를 일으키지 않았을 거예요."

⑥ 이분법적 사고(dichonomous thinking)

실패나 성공 등 모든 경험을 양극단 범주 중 하나로 평가하는 경향을 말한다.

"최고가 아니면 모두 실패자야."

3) 스키너(Skinner)의 행동주의모델

스키너의 행동주의모델에서는 인간의 행동이 학습된 것이며 학습조건의 변화와 조작에 따라 수정 가능하다고 본다. 또한 의식, 생각과 같은 심리내적인 측면보다는 관찰 가능한 행동에 초점을 두고 학습이나 재학습 경험을 통해 행동을 변화시키고자 한다. 행동변화를 가져오는 것은 조작적 조건화에 의한 학습이다. 어떤 행동을 했을 때, 행동의 결과로 칭찬과 인정 같은 긍정적 반응이 나타나면 행동은 반복되는 경향이 있고, 반대로 부정적 반응이 나타나면 행동의 반복 가능성은 줄어든다. 이처럼 행동이 그 결과에 의해 통제된다는 것이 조작적 조건화의 기본 전제이다.

조작적 조건화의 주요 기법은 행동반응을 증가시키는 강화와 행동반응을 감소시키는 벌을 활용하는 것이다. 강화에는 정적 강화와 부적 강화가 있는데, 숙제하기 행동을 강화시키기 위해 칭찬이나 선물 같은 보상을 제공하는 것은 정적 강화이며, 지나친 잔소리 줄이기, 청소 면제와 같이 대상이 싫어하는 결과반응을 줄여주는 것은 부적 강화의 활용이다. 벌은 어떤 행동의 빈도를 감소시키고자 하는 것으로, 숙제를 안 해오는 문제행동을 감소시키기 위해 체벌이라는 혐오자극을 제공하거나, 대상이 좋아하는 게임을 금지시키는 방법 등을 사용할 수 있다.

행동의 유지나 새로운 행동의 학습은 강화 스케줄에 따라 달라진다. 연속강화 스케줄은 개인이 특정 행동을 할 때마다 매번 강화하는 것이고, 간헐강화 스케줄은 어떤 때는 강화하지만 어떤 때는 강화하지 않는 것이다. 일반적으로 행동수정 초기 단계에서는 연속강화를 통해 특정 행동이 자리잡도록 하는 것이 필요하지만, 목표점에 도달한 뒤에 그 행동이 지속되도록 유도할 때에는 간헐강화가 보다 효과적인 것으로 알려져 있다.

❸ 주요 기술

1) 개입 목표 및 대상

인지행동모델을 통한 사회복지실천의 목표는 클라이언트가 당면한 문제를 해결하고, 자신의 생활경험을 보다 현실적이고 긍정적으로 인식 · 사고 · 해석하는 방법을 학습하도록 지지하여, 궁극적으로 클라이언트의 사회적 기능을 향상시키는 데에 있다. 클라이언트는 자신의 잘못된 사고유형을 확인하고, 모니터링하고, 재평가하고, 수정하여 합리적인 사고를 할 수 있도록 원조받는다. 따라서 클라이언트에게는 자신의 사고방식을 분석하고 모니터링할 수 있는 지적 능력과 시간을 투자하여 장기간에 걸쳐 습관화된 사고방식을 바꾸려는 노력이 요구된다. 인지행동모델은 새로운 시도에 대한 의지가 강하고, 과제수행에 대한 책임감과 융통성 있는 사고를 지닌 클라이언트에게 적합하고 효과적이다. 반면 망상, 사고장애, 치매 등을 가진 사람, 지나친 분노를 가지고 있는 사람, 사고의 융통성이 부족한 사람은 인지행동적 접근이 적절하지 않을 수 있다.

인지행동모델 개입을 통해 클라이언트는 인지에 깊숙이 자리잡혀 있던 비합리적인 신념과 자기패배적 사고를 수정하고 삶에 대한 보다 현실적이고 합리적인 가치관을 갖출 수 있으며, 개입이 끝난 후에도 자신을 모니터할 수 있는 역량이 증가될 수 있다. 인지행동모델은 특히 우울증, ADHD, 강박장애, 약물의존, 학습문제, 낮은 자존감과 자아가 고갈된 사고와 행동을 가진 클라이언트에게 효과적인 것으로 보고된다(Cooper & Leser, 2008).

2) 개입과정에 따른 주요 개입 전략

인지행동모델은 다양한 치료모델들로 구성되어 있기 때문에 보편적이고 일반적인 내용으로 실천과정을 나타내면 초기 단계, 개입 단계, 종결 단계로 구분할 수 있다.

(1) 초기 단계

① 치료적 관계 조성

초기 단계에 사회복지사가 수행해야 하는 첫 번째 과업은 클라이언트와 치료적 관계를 조성하는 것이다. 단기 개입모델인 만큼 클라이언트가 상담과정에 적극적으로 참여하도록 돕는 것이 중요하며, 좋은 관계를 맺는 것이 필수적이다. 클라이언트 입장에서는 사회복지사를 만난 초기에 그가 믿을 만한 사람인지, 자신의 문제를 제대로 이해하고 해결해줄 수 있을지 저울질하기 마련이므로, 사회복지사는 클라이언트의 말을 공감적으로 경청하는 동시에 신뢰감을 줄 수 있어야 한다. 사회복지사는 클라이언트와 충분한 라포(rapport)가 형성될 수 있도록 클라이언트가 호소하는 어려움을 있는 그대로 받아들이면서 이해하도록 노력한다.

② 초기 평가

클라이언트가 호소하는 문제 및 문제에 대한 부가적인 정보를 파악한다. 클라이언트로 하여금 상담을 받으러 오게 만든 주요 문제가 무엇인지 클라이언트가 이야기하는 그대로 따옴표를 붙여 적어보는 것이 좋다. 특히 클라이언트가 왜 '지금 이 시점'에 상담을 받으러 오게 되었는지 파악하는 것은 클라이언트가 중요하게 생각하는 것이 무엇이며, 상담을 통해 얻고자 하는 것이 무엇인지 파악하는 데에 도움이 된다. 클라이언트가 호소하는 문제에 대해 관련된 최근 상황을 한 가지 정해 문제가 구체적으로 어떻게 전개되었는지 설명을 요청함으로써 문제 상황에서 클라이언트의 생각, 기분, 행동이 어떻게 영향을 주고받으며 전개되었는지, 문제행동을 촉발하는 선행요인과 결과가 무엇인지 살펴볼 수 있다. 문제행동의 발생빈도, 정도나 강도, 지속기간 등에 관한 정보와 더불어 클라이언트의 기능 수준, 발달사와 가족 및 대인관계, 클라이언트가 지닌 강점 등에 대해서도 정보를 수집한다.

③ 인지행동모델에 대한 오리엔테이션

본격적인 개입에 앞서 상담에 대한 클라이언트의 이해를 돕고 협력을 이끌어내기 위해 인지행동모델에 대한 오리엔테이션을 실시한다. 인지체계의 재구성 원리와 절차, 그리고 개입의 구조화에 대해 설명한다. 인지행동모델은 클라이언트의 사고와 감정과 행동이 어떻게 서로 영향을 미쳐 문제를 일으키는지 살펴보고, 문제를 해결하는 구체적인 방법을 찾아 그 방법을 실제로 적용해 보는 개입임을 이해시킨다. 사건 그 자체보다도 우리가 그 사건을 어떻게 생각하는지가 중요하며, 우리의 생각에 따라 감정과 행동이 달라질 수 있음을 설명한다. 사회복지사의 일방적인 설명보다는 구체적인 예를 들어 대화를 나누는 가운데 클라이언트가 인지행동모델 개입의 원리를 이해할 수 있도록 하는 것이 좋으며, 이를 통해 개입에 대한 긍정적인 기대를 높일 수 있다.

사 례

사회복지사: 아는 사람을 우연히 봤는데, 그 사람이 ○○씨를 아는 척 하지 않고 지나갔다면 어떨까요?

클라이언트: 날 무시한 거잖아요. 기분 나쁠 거 같아요.

사회복지사: 혹시 다른 이유는 없을까요? 진짜 못 봤거나 그럴 수도 있구요.

클라이언트: 하긴 그렇겠네요. 바빠서 못 보고 지나쳤을 수도 있겠지요.

사회복지사: 그럴 땐 어떻겠어요?

클라이언트: 그렇다면 그렇게 기분이 나쁘지 않을 거 같아요.

사회복지사: 그렇지요. 같은 상황이지만, ○○씨가 어떻게 생각하느냐에 따라 기분이 나쁠 수도 있고 그렇지 않을 수도 있는 거네요.

④ 부정적 인지와 사고체계 탐색 및 사례개념화

문제 속에 내재하는 역기능적 믿음, 사고체계, 인식체계 등을 찾아본다. 어떤 상황 속에서 클라이언트가 자신에게 하는 대화, 그로 인해 갖게 된 감정, 자신이 보인 행동, 그 행동에 대한 타인의 반응 등의 상호관계에 대해 클라이언트가 인식하도록 함으로써 잘못된 신념체계를 확인하고 이를 기반으로 사례를 개념화한다. 사례개념화는 클라이언트의 문제를 명확하고 간결하게 설명하면서 개입의 방향성을 잡아주는 상담의 설계도와 같은 것이다. 문제가 무엇이며, 왜 일어났는지, 어떻게 변화시킬 것인지 방향성을 제시하며, 개입의 초점을 잡아 회기를 구조화할 수 있게 해준다.

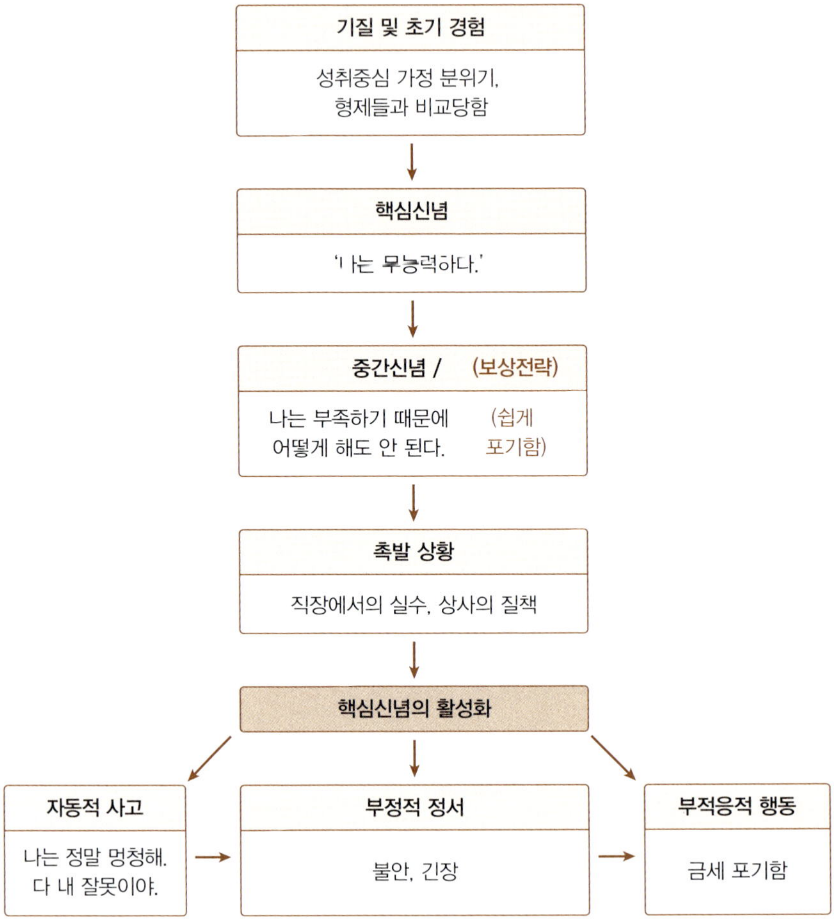

[그림 4-2] 사례 개념화의 예

(2) 중간 단계

중간 단계에서의 개입은 개인의 대처능력을 증대시키고 긴장을 감소시키는 방향으로 이루어진다. 다양한 인지기법과 행동기법을 활용하여 변화를 모색한다. 사회복지사는 클라이언트의 문제를 해결하기 위해 가장 적합한 기법을 고안하여 적절한 타이밍에 적절한 정도를 적용할 수 있어야 한다. 중간 단계에서는 지속적인 자기모니터링을 통해 클라이언트의 사고, 감정, 행동을 관찰해 가도록 하는 가운데, 클라이언트의 자동적 사고, 핵심신념을 다루는 다양한 인지전략들과 적응적 행동을 증가시키고 부적응적 행동을 감소시키는 행동전략들을 활용한다.

① 자기모니터링을 통한 사고 · 감정 · 행동 관찰

자기모니터링(self-monitoring)이란 클라이언트가 자신의 생각, 감정, 행동 등을 꾸준히 관찰하고 기록하는 것을 말한다. 특정 증상의 촉발요인, 빈도, 강도 등에 대해 정확한 정보를 수집하고 이를 기반으로 적절한 개입방법을 선택할 수 있으며 개입의 효과성에 대해서도 확인할 수 있기 때문에 자기모니터링은 인지행동모델 수행에 있어 매우 중요한 도구이다. 그러나 클라이언트가 이를 꾸준히 기록하는 것은 쉽지 않은 일이기 때문에 사회복지사는 자기모니터링의 필요성에 대해 클라이언트가 인식할 수 있도록 설명하고, 클라이언트 수준에 맞는 과제를 설정하여 제시하며, 자기모니터링 결과에 대해 꼼꼼하게 피드백함으로써 클라이언트의 과제수행을 격려하고 지지하도록 한다.

② 자동적 사고기록지 활용

인지행동모델에서는 부적응적인 행동이 어떤 사건의 직접적 결과라기보다는 그 사건을 바라보는 클라이언트의 인지적 평가가 작용한 결과라고 가정한다. 따라서 클라이언트의 문제행동을 이해하는 데 있어 가장 중요한 열쇠는 문제행동과 관련되어 있는 그의 생각을 파악하는 것이다. 자동적 사고는 가장 쉽게 접근할 수 있는 사고 형태로 특정상황에 처했을 때 마음속에 자동적이고 불수의적으로 떠오르는 생각을 말한다. 자동적 사고는 핵심신념에 비해 관찰이 쉽고 타당성 검토가 비교적 용이하기 때문에 우선적으로 다루어 수정을 시도하게 된다. 자동적 사고를 관찰하고 기록하기 위해 자동적 사고기록지를 활용한다. 상황, 기분, 자동적 사고, 인지적 오류, 자동적 사고를 지지 혹은 반박하는 증거, 대안적 사고와 그로 인해 얻게 된 결과를 적어 보는 것이다. 자동적 사고기록지 양식의 예는 〈표 4-2〉와 같다.

〈표 4-2〉 자동적 사고기록지 양식

상황	감정 (강도)	자동적 사고	인지적 오류	대안적 사고	결과 (기분 행동 변화)
3/1 친구 결혼식에 참석했다	울적하다. (7)	나는 좋은 배우자를 만나지 못할 거야.	재앙적 사고	미리 단정지을 필요 없다.	처음보다는 기분이 덜 울적해짐
3/3 서류작업에서 오타를 내어, 상사로부터 지적 당했다.	창피하다. (4) 실망스럽다. (6)	나는 제대로 하는 것이 하나도 없다. 내 자신이 한심하다.	과잉 일반화	누구나 실수를 할 수 있다. 다음부터는 실수하지 않도록 하자.	실수를 줄이기 위해 노력함

③ 소크라테스식 질문법 사용

소크라테스식 질문하기는 인지행동모델에서 클라이언트의 사고를 변화시키기 위해 사용되는 주된 기법으로, 클라이언트와 사회복지사 간의 상호작용 속에서 클라이언트가 스스로를 평가하고 관찰하도록 상담과정에 참여시키는 질문법이다(Kazantzis et al., 2018). 자동적 사고를 검토하는 데 있어 사회복지사가 맞다 - 틀리다라는 틀을 강조하기보다는 클라이언트가 스스로 자신의 자동적 사고의 타당성에 대해 생각해 보고 다양한 대안적 사고에 대해 검토해 보도록 하는 것이 바람직하다. 소크라테스식 질문법을 사용함으로써 클라이언트가 고정되고 경직된 사고틀에서 벗어나 보다 유연하게 사고하도록 하고, 기존과 다른 대안적 사고들을 찾아내어 이들이 보다 타당함을 체험하게 함으로써 잘못된 사고의 영향력에서 벗어나도록 유도한다(박기환, 2020).

사례

공황장애를 가지고 있는 클라이언트

클라이언트: 얼마 전 마트 안에서 장을 보는 중에 공황발작이 올 것 같은 불안감을 느꼈어요.

사회복지사: 실제 공황발작이 오면 어떤 생각이 들까요?

클라이언트: '내가 이러다 죽는구나'라는 생각….

사회복지사: '죽는다'라는 생각을 지지하는 증거가 있을까요?

클라이언트: 숨이 막히고 심장이 터질 것같이 뛰니까요.

사회복지사: '죽는다'라는 생각에 반대되는 증거도 있을까요?

클라이언트: (웃으며) 사실 여러 번 공황발작 경험을 했는데도 아직 살아 있긴 해요. 죽을 것 같은 거지 실제 죽지는 않더라구요.

사회복지사: 그렇지요. 그럼 공황발작이 오는 상황에서 최악의 결과는 무엇일까요?

클라이언트: 죽는 거요. 아니 좀 전에 말한 거랑 안 맞네요. 죽지는 않고요, 거의 죽을 것처럼 숨이 막혀서 쓰러지겠지요.

사회복지사: 공황발작이 올 때 가장 최상의 결과는요?

클라이언트: 발작이 금방 지나가고 회복이 되는 거지요.

사회복지사: 가장 현실적인 결과를 예상해 본다면 어떨까요?

클라이언트: 힘들긴 하겠지만. 예전에 그랬던 것처럼 마트를 빨리 빠져나와서 사람이 없는 골목에 앉아서 잠시 쉬면 어느 정도 진정이 될 거예요.

사회복지사: 잘 말씀해 주셨어요. 공황발작이 오더라도 처음에 두려워했던 최악의 결과가 오는 것은 아니라는 것, 공황발작은 끔찍하고 힘든 경험이지만 큰일 났다고 너무 흥분하지만 않는다면 조금씩 가라앉게 된다는 것을 잘 이해하고 계시네요.

④ 사고를 유연하게 하는 기법

클라이언트가 가지고 있는 사고를 전반적으로 좀 더 유연하게 만들고 관점을 바꿔주기 위해 기준점 점검하기, 연속선상에 놓고 생각하기, 파이차트 기법 등을 사용할 수 있다(권정혜, 2020).

'기준점 점검하기'란 클라이언트가 당연하게 인식하며 막연히 가지고 있는 평가의 기준점을 명확하게 표현해 보고 그 근거가 합리적인지를 판단하여 보다 합리적인 새로운 기준점을 사용하도록 하는 것이다. 지나치게 높거나 비현실적인 기준을 적용하여 자신의 능력을 비하하는 클라이언트들에게 도움이 될 수 있다.

'연속선상에 놓고 생각하기'는 완벽주의적이고 양극화된 사고를 하는 클라이언트에게 유용하게 사용할 수 있다. 성공의 정도에 대해 완전한 성공은 10점, 완전한 실패는 0점으로 놓아 설정한 뒤 연속선상에서 자신의 상황은 어느 지점에 놓이는지 위치를 설정하게 함으로써 너무 극단에 치우치는 사고 성향을 수정할 수 있다.

'파이차트기법'은 어떤 일에 대해 원인이나 책임을 과도하게 지각하는 클라이언트에게 유용하게 활용할 수 있다. 어떤 일에 영향을 미친 요인들을 열거하도록 한 뒤, 각각의 요인이 기여한 부분을 퍼센티지로 나타내어 원 안에 그려보도록 함으로써 자신이 미친 영향은 일부임을 깨닫고 과도한 책임감 및 죄책감에서 벗어나도록 할 수 있다.

⑤ 사고 중지

역기능적 사고들은 자동적으로 마음에 떠올라 클라이언트의 머릿속에 머물면서 감정과 행동을 지배하게 된다. 꼬리에 꼬리를 물면서 생각들이 끊이지 않고 연결되기 때문에 연결고리를 끊지 못하면 계속되는 역기능적인 사고로 인해 자신의 자동적 사고를 다루기가 쉽지 않다. 이런 경우 생각의 흐름을 일시적으로 끊음으로써 내담자의 역기능적 사고를 통제하고 상황 자체를 전환시키는 기회를 가질 수 있다. 클라이언트는 역기능적 생각에 압도당할 때 '그만(stop)!'이라고 속으로 외치면서 생각을 중단시킨 후 역기능적 사고가 되풀이되기 전에 보다 긍정적인 생각으로 전환시키는 방법을 연습한다. 큰 소리나 자극과 연결시키거나 멈춤 표지판 같은 심상을 떠올리도록 하는 것도 효과적이다(구자경 · 김영경, 2021).

⑥ 목소리의 외현화

사회복지사와 클라이언트가 비합리적인 자동적 사고와 합리적인 대안적 사고의 역할을 맡아 목소리를 냄으로써 자동적 사고를 반박하고 적응적 반응을 옹호하는 훈련이다. 이성적 역할연기, 옹호 반박, 악마의 대변자 역할연기 등으로 불리기도 한다(박기환, 2020). 훈련 초기에는 자동적 사고에 익숙한 클라이언트가 자동적 사고 역할을 맡고 사회복지사가 합리적 사고 역할을 맡음으로써 클라이언트가 사회복지사의 행동을 모델링하도록 하고, 그 뒤에는 역할을 바꾸어 사회복지사가 자동적 사고의 내용을 표현하고 클라이언트가 합리적 사고 역할을 수행해 보도록 한다. 사회복지사는 클라이언트의 마음속에 있는 부정적 사고의 소리를 대변하고, 클라이언트가 이에 반박하여 완전한 승리를 얻을 때까지 역할연기를 수행한다.

사례

역할 수행: 사회복지사-부정적 사고 대변, 클라이언트-적응적 사고 대변

사회복지사: ○○씨는 회사에 지원을 해봤자 떨어질 거야.

클라이언트: 왜 그렇게 생각해? 해 보지도 않고 어떻게 알아?

사회복지사: 보나마나 안 되지. 지난번 회사에 붙은 것도 실력이 아니라 순전히 운이잖아.

클라이언트: 아니야. 내가 운으로 붙었다면 직장에서 그 정도로 잘 버텨낼 수 없었을 거야.

사회복지사: 잘 한 게 뭐가 있지? ○○씨 정도로 일하는 거는 기본 아닌가?

클라이언트: 아니야. 나 지난번에 회사에서 성실하다고 인정받았었어. 사람들하고도 잘 지냈고…. (중략)

⑦ 행동 실험

인지적 변화를 유도할 수 있는 강력한 행동적 기법이다. '백문이 불여일견'이라는 말처럼 자신이 가지고 있는 생각과 다른 경험을 실제로 체험해봄으로써 자연스럽게 인지적 변화가 일어나도록 유도한다. 클라이언트가 가지고 있는 생각이 맞는지 타당성을 검증하는 '가설검증적 행동실험'과, 기존의 생각과 다른 새로운 행동을 시도했을 때 어떠한 결과가 일어나는지 관찰하는 '발견적 행동실험'을 수행해볼 수 있다. 행동실험이 효과를 얻기 위해서는 사회복지사와 클라이언트 간 굳건한 치료관계 위에서 실험을 구체적으로 구상하고 준비해야 한다. 행동실험은 클라이언트가 이제까지 회피해왔던 행동을 시작하도록 하는 데에 효과적이며, 생각뿐만 아니라 행동까지 변화시킬 수 있기 때문에 파급효과가 크다(Wright et al., 2006).

⑧ 체계적 둔감화

불안을 일으키는 자극을 가장 약한 정도에서 가장 강한 자극으로 옮겨가며 점차 자극에 대한 반응강도를 감소시켜 나가는 기법이다. 전통적인 조건화 원칙에 근거하여 불안자극과 불안반응 간의 연결이 없어질 때까지 불안을 일으키는 자극들을 반복적으로 이완상태와 짝짓는 방식을 사용한다. 클라이언트는 위협적인 상황이 높아질수록 더 많은 불안을 느끼지만, 궁극적으로는 이에 상응하는 이완훈련을 통해 위협적 상황에 둔감해져 실제 위협적인 상황에 부딪힐 때 불안을 경험하지 않을 수 있게 된다. 체계적 둔감화 기법은 객관적 위협이나 위험이 없는데도 심한 불안을 느끼는 클라이언트를 대상으로 활용된다. 각종 불안증, 공포증, 말더듬증, 성적 불안증, 다양한 신경증적 증상을 가진 클라이언트에게 활용될 수 있다(장수미 외, 2010).

⑨ 자기주장훈련

자기주장이 부족한 사람들은 대개 자기주장을 하게 되면 다른 사람들이 부정적으로 반응할 것이라고 생각하여 참고 억누르는 경우가 많기 때문에 이러한 부정적인 생각을 다루어 주는 것이 중요하다. 그러나 자기주장이 부족한 사람들 중의 다수는 자기주장 행동을 해본 적이 별로 없어 연습을 통해 자기주장 기술을 향상시킬 필요성이 있다. 자기주장 훈련을 통해 클라이언트가 두려워하는 부정적인 결과가 실제로 나타나는지 알아보고, 만일 부정적 결과가 나타난다면 클라이언트가 할 수 있는 대처행동은 무엇인지 등을 살펴봄으로써 인지적 변화와 행동적 변화를 함께 추구할 수 있다. 클라이언트가 회기 중 사회복지사와의 역할연기를 통해 자기주장행동을 연습하고, 과제 형태로 실제 생활에서 자기주장 행동을 해본 후 결과에 대해 다음 회기에서 사회복지사와 함께 논의하고 다루는 방식으로 이루어진다(박기환, 2020).

⑩ 이완훈련

클라이언트의 불안을 감소시키고 불안에 대한 통제감을 회복하도록 하기 위해 이완훈련을 활용한다. 클라이언트가 겪을 수 있는 스트레스 상황에 적절히 대처할 수 있도록 돕는다. 만성적으로 긴장되어 있거나 불안한 클라이언트, 위기 상황에 부딪힌 클라이언트, 앞으로 있을 사건이나 상황 때문에 불안해하는 클라이언트, 두통이나 편두통, 답답함, 불면증, 분노 및 우울 등을 느끼는 클라이언트에게 효과적이다. 클라이언트에게 특정 근육을 수축시켰다 이완시키기를 반복하면서 이완의 느낌을 훈련시키는 기술, 횡격막을 사용하여 깊고 규칙적으로 호흡하는 연습, 불안을 야기하는 자극보다는 즐거운 사고나 심상을 떠올리도록 하는 훈련 등을 통해 일상생활에서 유발되는 스트레스에 대처할 수 있도록 가르친다(구자경 · 김영경, 2021).

(3) 종결 단계

개입을 종결하는 단계에서는 개입의 효과성, 목표달성의 정도를 평가하고 문제가 되었던 역기능적 인지체계나 사고체계가 어느 정도 합리적 대안체계로 변화되었는지 확인한다. 역기능적 문제를 유발했던 상황 속에서 역기능적 사고의 빈도, 강도, 지속시기 등이 어느 정도 변화되었는지 확인하고 평가하며, 이러한 인지 사고체계의 변화로 인해 이전에 경험하던 사회심리적 문제가 현실 생활 속에서 어느 정도 해결되었는지에 대해 살펴본다.

4 평가

인지행동모델은 환경결정론과 정신내적결정론의 양극단을 피하고 환경 속의 인간이라는 사회복지적 관점에 기반을 두고 있다. 인지이론과 행동주의이론 두 가지 접근을 통합시킴으로써 각각의 접근이 지니는 장점을 통해 서로의 약점을 보완하였다. 인지행동모델은 최근 몇 년간 급속한 성장을 거듭하면서 가장 대중적인 상담기술 중 하나로 주목받고 있는데, 이는 다음과 같은 강점 때문이다. 첫째, 단기적이며 현재에 초점을 맞추지만 과거를 무시하지 않는다. 둘째, 사회복지사와 클라이언트가 함께 작업한다. 셋째, 효과성이 입증되었고 구조화되어 있으며 목표지향적이어서 상담이 용이하다(전희수 외, 2018). 인지치료는 정서장애, 불안장애, 스트레스장애, 부부간 문제, 불면증, 약물남용 등 다양한 정서적 장애와 문제행동 치료에 효과적인 것으로 나타나고 있다.

하지만 인지행동모델이 지닌 한계점도 있다. 우선 클라이언트가 자신의 인지구조와 불합리한 신념을 분석해야 하기 때문에 지적 수준이 낮거나 현실감이 떨어지는 클라이언트 또는 사고가 지나치게 경직되어 있는 클라이언트에게는 효과를 기대하기 어렵다. 둘째, 치료방법이 지시적이고 교육적인 경향이 있으므로 자칫 사회복지사의 가치와 철학을 클라이언트에게 강요할 수 있어 사회복지사의 윤리원칙과의 갈등을 초래할 수 있다. 셋째, 인지와 신념에 대한 강조로 인해 사건 자체의 중요성을 간과할 수 있고 인지와 신념의 영향력만으로 다룰 수 없는 한계가 존재한다. 예를 들어, 신체적 질병이나 유전적 요인에 대한 것은 인지나 신념으로 설명할 수 없다. 넷째, 지금 여기에만 집중할 경우 과거의 상처와 억압된 분노, 적개심을 과소평가하게 될 수 있다. 다섯째, 사회복지사의 접근이 지나치게 해결중심적이 될 수 있으며, 자칫하면 의미 없는 지적 훈련으로 끝날 수 있다. 여섯째, 특정 개입기술을 적용할 때 윤리적 문제가 발생할 수 있다. 예를 들어, 체계적둔감화 기술을 사용하여 공포증을 지닌 클라이언트의 문제를 다룰 경우 공포 상황에의 지속적 노출이 오히려 클라이언트의 문제를 악화시킬 가능성이 있다. 인지행동모델을 사용하는 사회복지사는 클라이언트의 교육 및 인지수준을 고려하여 개입기술의 목적과 방법 그리고 윤리적 문제에 대해 충분히 고지된 동의와 이해를 구한 상황에서 이들 기술들을 적극적으로 적용해야 할 것이다.

05

CHAPTER

해결중심모델

1. 개요
2. 이론적 배경
3. 주요 기술
4. 평가

05 CHAPTER

해결중심모델

Skills for Social Work Practice

1 개요

해결중심모델은 스티브 드쉐이저(Steve de Shazer), 인수 김 버그(Insoo Kim Berg)와 동료들에 의해 만들어졌다. 드쉐이저와 인수는 위스콘신주 밀워키에 있는 단기가족치료센터에서 개인, 부부, 가족을 대상으로 해결중심모델을 활용하여 실천하였고, 전 세계의 많은 전문가들에게 훈련시켰다.

드쉐이저와 인수는 1970년대 한 지역사회 기관에서 일하면서 일면경(one-way mirror)를 설치하여 실천가가 어떻게 하는 것이 클라이언트에게 가장 도움이 되는지 관찰하고 싶어했다. 그러나 그 기관에서는 일면경이 불편하다고 치우라고 요구했다. 이들은 1970년대 중반, 그들이 하는 일을 이해하는 데 반드시 필요하다고 생각한 일면경 설치를 포기하는 대신, 자신들이 원하는 대로 실천환경을 만들 수 있는 새 기관을 만들어 자신들의 면접과정을 관찰하기 시작하였다. 이것이 해결중심모델이 발전하게 된 시초였다.

이처럼 해결중심모델은 그 시작부터, 클라이언트에게 무엇이 가장 도움이 되는지에 초점을 두었다. 즉 기존 이론에 따른 가정이나 선입견에 따르는 연역적 방식이 아닌 개별면접을 관찰하면서 귀납적 방식으로 클라이언트를 바라본 것이다. 이러한 치료과정의 유용성이 점차 증명되면서 해결중심모델로 발전하게 되었다. 드쉐이저가 1982년에 어떤 한 가족을 상담하면서 어떻게 오게 되었는지를 물었을 때 그들이 이야기한 문제는 27가지나 되었다. 만약 문제중심으로 이들에게 접근했다면 이들에게 어디서부터 어떻게 개입해야 될지 매우 혼란스러운 상황이었겠지만, '어떤 일이 일어났으면 좋겠는지'에 초점을 두고 스스로 관찰하도록 한 결과 2주 후 가족은 모든 것이 잘돼 가고 있고 문제도 해결된 것 같다고 말했다. 이 경험은 '문제중심'에서 '해결중심'으로 전환하는 계기가 되었다(de Jong & Insoo, 2017: 13-15).

드쉐이저는 1982년 저서『단기가족치료의 유형(Patterns of Brief Family Therapy)』을 집필하였고, 1985년 저서『단기치료에서 해결로 가는 열쇠(Keys to solution in brief therapy)』에서부터 해결에 초점을 둔 실천방법을 강조하기 시작하였다. 이후 드쉐이저와 인수를 비롯한 관련 연구자들의 수많은 저서를 통해 해결중심모델은 계속 발전하고 있다.

해결중심모델이 지향하는 '단기'적 개입에서 '단기'가 의미하는 것이 무엇인지에 대해서는 구체적으로 지정된 바가 없다. 어떤 경우에는 4회기, 6회기, 8회기까지의 고정된 회기를 단기로 보기도 하고, 장시간 진행되는 단회기 상담도 단기에 포함된다. 드쉐이저가 주장한 "필요한 만큼만 치료 회기를 제공하고 (더 할 필요 없이) 종결하라."(1990년 발표에서 언급)는 '단기'의 정의가 가장 많이 인용된다. 이 정의에서 그는 종결의 시점을 결정하는 것도 클라이언트임을 강조하였다. 연구결과에 따르면, 해결중심모델을 적용한 단기치료는 평균 4회기 미만으로 이루어졌고, 최근 이 수치는 줄어들고 있다(Rather et al., 2021: 59-60).

❷ 이론적 배경

1) 가정

해결중심모델의 가정은 다음과 같다(Milner & Myers, 2019: 25-27).

① 문제에 대한 가정

- 문제가 문제가 아니다. 클라이언트가 문제가 아니다.
- 문제가 반드시 개인적인 결핍을 나타내는 것은 아니다.
- 문제는 사람들의 내면보다 오히려 사람들 간의 상호작용에서 발생한다.
- 문제는 항상 있는 것이 아니다. 예외가 발생한다.
- 복잡한 문제라고 해서 언제나 복잡한 해결책이 필요한 것은 아니다.

② 과거에 대한 가정

- 사건은 그냥 일어난다. 과거에 대한 탐색은 비난으로 이끄는 반면, 목표는 미래를 위한 책임감을 발달시킨다.
- 문제가 없는 미래에 대한 탐색은 과거에 대해 곱씹거나 원인을 이해해야만 하는 것을 막아 준다.
- 진단이 미래를 결정할 필요는 없다.

③ 변화에 대한 기정

- 변화는 항상 일어난다. 변하지 않고 그대로인 것은 아무것도 없다.

- 작아 보이는 변화라도 엄청나게 의미가 있을 수 있다.
- 변화는 대화를 통해 구성될 수 있다.

④ 대화에 대한 가정

- 클라이언트가 반드시 말하고 싶어 하는 것을 듣는 것은 중요하다.
- 사회복지사는 섣부르게 내세우는 평가와 판단을 줄이는 '알지 못함(Not knowing posture)'의 자세를 취한다.
- 심층을 보기보다 대화의 표면에 머무른다. 의미에 대한 어떠한 탐색도 사회복지사의 해석일 수 있다.
- 사람들은 다른 방식으로 경험하고 세상에 대해 인식한다. 그들의 현실은 당신의 현실과 다를지 모른다.

⑤ 해결에 대한 가정

- 잘못되고 있는 것보다 잘되고 있는 것을 확인한다.
- 클라이언트는 문제에 대한 해결책을 갖고 있다. 이를 발견하도록 클라이언트를 돕는다.
- 클라이언트가 만들어낸 해결책은 좀 더 의미 있고, 성취 가능하고, 성공적이다.
- 다른 사람들에게 효과적인 것이 항상 특정 개인에게도 효과적인 것은 아니다. 각자에게 효과적인 것을 찾는다.
- 클라이언트의 선택을 증가시키는 것은 행동 변화를 가능하게 할 것이다.
- 목표가 성공적이기 위해서는 클라이언트에게 의미 있는 것이어야 하지만, 또한 합법적이고 도덕적이어야 한다.

2) 원리

해결중심모델의 원리는 다음과 같다(정문자 외, 2017: 62-65).

① 병리적인 것 대신 건강한 것에 초점을 둔다.

해결중심모델에서는 병리적인 것 대신 성공한 것과 성공하게 된 구체적인 방법을 발견하는 데 관심을 둔다. 클라이언트가 자기 문제를 다루는 데 있어서 내담자의 경험, 강점과 자원, 능력에 1차적인 초점을 두며, 결함이나 장애는 되도록 다루지 않는다.

② 클라이언트의 강점, 자원, 심지어 증상까지도 발견하여 상담에 활용한다.

클라이언트의 잘못이나 과거의 실패를 고치려고 노력하기보다는 성공이나 장점을 찾아내어 그것을 활용하고 확대시킨다. 클라이언트가 갖고 있는 자원, 지식, 믿음, 행동, 사회적 관계망, 개인과 환경적 특성은 물론 증상까지도 활용한다. 증상의 활용은 쉽지 않지만 청결 상태에 대한 강박증상을 갖고 있는 클라이언트가 위생관리업무를 담당하도록 돕는 경우 등이 해당된다.

③ 탈이론적, 비규범적이며, 내담자의 견해를 존중한다.

해결중심모델은 이론을 강조하지 않는다. 경직된 사고의 틀과 이론을 고수하기보다는 클라이언트가 경험하는 문제에 대해 어떤 가정이나 해석 없이 그대로 바라보려고 노력한다. 이론에 얽매이지 않는 학생들이 해결중심모델에 따른 상담을 더 잘 배우는 경향을 보이는 것도 이 때문이다(Berg & Miller, 1992).

④ 간단하고 단순한 방법을 먼저 사용한다.

해결중심모델은 상담목표를 달성하기 위해 상담방법의 경제성을 추구한다. 문제가 복잡하기 때문에 해결방법도 복잡해야 한다는 생각은 잘못된 것으로 본다. 클라이언트의 작은 변화가 또 다른 변화를 가져오며, 더 나아가서는 더 큰 변화를 가져올 수 있다. 따라서 클라이언트가 달성할 수 있는 작은 것을 목표로 정해 가장 단순하고 최소한으로 개입한다.

⑤ 변화는 불가피하다.

누구에게나 변화는 삶의 일부이기 때문에 변화를 막을 수는 없다. 변화가 발생하지 않을 때도 있지만, 그것은 큰 변화의 과정 중에서 일어나는 일시적인 멈춤이다. 문제해결모델에서는 클라이언트의 삶에서 자연스럽게 일어나는 변화를 확인하고 그 변화를 해결책으로 활용한다.

⑥ 현재에 초점을 맞추며 미래지향적이다.

문제해결모델에서는 과거를 깊이 파고들어 결손되었거나 병리적인 면을 찾기보다는 클라이언트로 하여금 현재의 상황에 적응하며 변화의 가능성이 있는 미래에 관심을 두게 한다. 문제가 되었던 과거에서 벗어나 현재와 미래에 초점을 두며, 특히 미래의 모습을 시각화 · 구체화시키고 해결책을 찾는다.

⑦ 클라이언트와의 협력관계를 중요시한다.

문제해결모델은 클라이언트와 라포를 형성하며 해결방안을 발견하고 구축하는 과정에서 클라이언트와의 협력을 중요하게 생각한다. 진정한 협력은 클라이언트가 사회복지사에게 협력할 때뿐만 아니라 사회복지사도 클라이언트에게 협력할 때 이루어진다고 믿는다.

3) 관점

해결중심모델의 관점은 클라이언트의 저항, 클라이언트의 문제나 불평, 문제해결에 대해 전통적인 모델과 차이가 있다(한국단기가족치료연구소, 2010: 15).

① 저항에 대한 관점

클라이언트의 저항에 대해 바라보는 전통적인 관점은 클라이언트가 변화를 거부하거나 원하지 않는다고 보는 것이다. 그러나 해결중심모델에서는 이러한 관점은 사회복지사의 입장을 반영한 것이라고 본다. 사회복지사는 클라이언트와 협력하는 과정에서 나타나는 클라이언트의 다양한 반응을 잘 관찰하여 실천과정에 활용할 필요가 있다.

② 문제와 불평에 대한 관점

해결중심모델에서 문제란 어려움을 해결하기 위해 이루어진 성공적이지 못한 시도로 보기 때문에, 문제의 원인에 대한 탐색보다는 이전에 해결 방안과는 다른 것을 고안하여 실천에 옮기도록 한다. 문제나 사람에 대한 불평은 습관화되고 점점 가속화되는 경향이 있으므로, 불평의 내용을 깊이 알려고 하기보다는 불평이 적거나 없는 상황을 탐색하여 벗어나는 데 초점을 둔다.

③ 문제해결에 대한 관점

해결중심모델에서는 문제해결을 위하여 문제에 대해 많이 알 필요는 없다고 본다. 문제가 항상 일어나는 것은 아니며, 클라이언트나 가족들이 문제에 덜 예민할 때가 있으므로 문제가 없는 동안에 클라이언트와 가족들이 어떤 다른 행동을 하는지를 탐색하는 것이 중요하다.

3 주요 기술

1) 개입과정

해결중심모델의 개입과정은 문제중심 접근이 아닌 해결중심 접근의 관점에서 진행된다. 그동안 문제중심으로만 자신의 이야기를 해 온 클라이언트의 입장에서도 해결중심 접근은 낯설고 어색할 수 있다. 해결중심모델은 첫 회기 상담에서부터 클라이언트의 진술을 듣고 자료를 수집하는 데 그치지 않고, 해결책을 모색하기 위한 질문과 탐색을 시작한다.

(1) 첫 회기 상담과정

다음은 해결중심모델의 첫 회기 상담에서 이루어지는 과업들이다(정문자 외, 2017: 89-95, 김춘경 외, 2016: 495-496).

① 상담구조와 절차 소개

해결중심모델은 일면경이나 인터폰을 사용한 상담실을 사용한다. 상담과정은 사회복지사와 클라이언트가 40~45분 정도 대화를 나누고, 5~10분 정도 휴식을 취하게 한다. 이때 사회복지사는 상담실에서 나와 동료팀과 함께 치료적 메시지를 작성한다. 휴식 후 사회복지사가 클라이언트에게 이 메시지를 전달한다. 이러한 상담의 구조와 절차에 대해 소개하고 녹화에 관해 허락을 구한다.[1)]

② 문제 진술

사회복지사는 클라이언트가 가져온 문제나 어려움에 대해 간단히 질문하고 답을 듣는다. 이때 질문은 문제를 깊이 탐색하려는 의도가 아니고, 문제와 관련된 도움을 주기 위한 것이다. 클라이언트가 제시한 문제를 상세하게 파악하여 문제를 구체화시키고, 맞춤식 상담을 진행한다. 문제에 관여된 사람, 문제가 발생하는 빈도, 문제가 여러 개일 때는 가장 우선적으로 다루고 싶은 문제 등을 질문한다.

③ 예외 탐색

클라이언트에게 문제가 일어나지 않았을 때, 즉 예외상황을 찾는다. 문제로 인해 고통당하지 않았을 때, 문제에 잘 대처했던 때, 문제 상황에서 효과적으로 반응할 수 있었던 때를 탐색해 봄으로써 문제해결의 가능성을 찾고 해결을 위한 개입 계획을 세운다.

1) 한국에서는 일면경 상담실 대신 밀폐된 상담실을 사용하거나, 녹화 대신 녹음을 사용하는 경우가 많다. 상담환경에 따라 상담 구조 안내의 내용은 달라질 수 있다. 메시지 전달은 이루어지지만 상담팀 없이 사회복지사가 따로 정리하는 시간으로 활용하는 경우가 많다.

④ 상담 목표 설정

협동적 목표 설정이 없다면 해결중심모델이 불가능하다고 할 정도로 공동 계획을 중요하게 간주한다. 목표는 구체적이며 명확하고 행동적인 목표를 설정하는 것이 좋으며, 부정적인 행동을 없애기보다는 긍정적인 행동을 하도록 하는 데 초점을 둔다. 문제가 해소된 결과보다는 문제해결을 위한 시도를 하는 것이 목표가 될 수 있으며, 목표는 단숨에 달성되는 것이 아니라 노력이 수반되어야 한다는 것을 클라이언트도 인식하도록 한다.

⑤ 해결책 정의

클라이언트와 함께 설정한 목표를 달성하기 위해 본격적으로 "문제가 해결되면 뭐가 어떻게 달라질까요?", "목표를 달성하면 어떤 일이 일어날까요?" 등 문제해결과 관련된 질문을 집중적으로 한다. 미래에 대한 대안과 해결책이 많을수록 클라이언트의 기대는 커질 것이고, 변화는 가능하고 불가피하다는 생각을 하게 된다.

⑥ 메시지 작성

40~45분의 상담 이후 휴식 시간을 가질 때 상담팀이 있다면 상담팀의 자문을 받아서, 상담팀 없이 혼자 상담한 경우에는 지금까지 상담한 내용을 정리하여 메시지를 작성한다. 메시지에는 클라이언트가 가진 자원과 장점에 관한 칭찬과 클라이언트의 문제해결능력을 계속 이끌어내고 유지할 수 있는 과제가 포함된다.

⑦ 메시지 전달

휴식시간이 끝난 후, 사회복지사가 5분 이내의 짧은 시간 동안 클라이언트에게 메시지의 내용을 전달한다. 휴식시간 동안 기다렸기 때문에 클라이언트의 관심은 클 것이다. 이때 사회복지사는 '지금부터 다음 상담 때까지 당신이 삶에서 변화한 것, 지속적으로 찾고자 하는 것들에 주목하고, 다음 시간에 그에 대해 이야기해 달라'고 요청한다.

(2) 첫 회기 이후 상담과정

첫 회기 이후의 상담에서는 첫 회기 상담 후에 일어난 변화를 계속 유지시키고 강화하고 확대해 나간다. 클라이언트에게 생긴 변화의 흔적들을 찾아내서 그 변화의 가능성을 확장시켜 나가는 것이 2회기 이후의 주요 과제가 된다. 이러한 작업을 'EARS(Eliciting, Amplifying, Reinforcing, Start again)'로 표현하기도 한다(김춘경 외, 2016: 496-497).

① 이끌어내기(Eliciting)

지난번 상담 이후에 변한 것들에 대해서 질문한다.

- "지난번 만남 이후 아주 작은 부분이라도 나아진 것이 있다면 무엇인가요?"
- "배우자나 당신 가족은 당신에게서 무엇이 좋아졌다고 말할까요?"

② 확장하기(Amplifying)

예외를 확대하기 위해서 긍정적인 변화에 대해 자세하고 구체적으로 질문한다. 척도질문을 활용할 수 있다.

- 언제: 언제 그런 변화가 일어났나요?
- 누가: 누가 변한 것을 알았나요? 사람들은 어떻게 반응했나요?

- 어디서: 학교, 직장, 집에서 달라진 점이 있었나요?
- 어떻게: 어떻게 그렇게 하였나요?
  그렇게 하면 된다는 것을 어떻게 알았나요?
  그렇게 한 것이 어떻게 도움이 되었나요?
  점수로 표현한다면 몇 점 정도 될까요?

③ 강화하기(Reinforcing)

긍정적으로 변화된 성공과 클라이언트의 강점을 언어적 · 비언어적으로 강화한다. 강화는 예외를 신중히 탐색하거나 칭찬을 함으로써 이루어진다.

- 비언어적 표현: 몸을 앞으로 숙이고, 펜을 집어 들어 기록하고, 놀란 표정을 짓는다.
- 확인: "방금 말씀하신 것을 다시 말해 주실래요?", "무엇을 했다고요?"와 같이 다시 확인하는 질문을 던진다.
- 칭찬: 긍정적인 변화와 클라이언트의 노력에 대해 칭찬한다. "그런 변화가 있었다니 저도 놀랍고 기쁩니다.", "어떻게 그런 노력을 하셨어요. 당신은 변화를 위해 최선을 다하셨네요."

④ 다시 시작하기(Start again)

클라이언트가 긍정적인 변화에 대해 충분히 말했다고 판단될 때까지 질문을 던지고("또 좋아진 것은 없을까요?"), 변화에 대한 확신, 희망 등을 척도로 질문하여 실현 가능성을 파악한다. "우리가 만난 이후로 무엇이 좋아졌나요?"라는 사회복지사의 질문에 클라이언트가 "크게 달라진 건 없는데요"라고 대답했을 때, 클라이언트가 "전혀 달라진 게 없다"라고 말하지 않았다는 데 주목할 필요가 있다.

(3) 최종 종결 시 유의사항[2)]

상담이나 치료에 관한 많은 접근법에서는 '종결' 과정을 여러 회기에 걸쳐서 완료해야 하는 것으로 매우 중요하게 본다. 그러나 해결중심모델에서는 이러한 세심한 주의가 필요하다고 보지 않으며, 대부분의 종결은 비교적 비공식적으로 이루어진다. 클라이언트가 더 이상 만남이 필요하지는 않지만, 다시 필요해지면 연락을 하겠다는 것으로 최종 종결이 되기 때문이다.

해결중심모델에서는 반드시 1주일에 1번씩 만남을 가질 것을 원칙으로 하지 않기 때문에, 4회기를 진행했다 해도 10주 이상이 걸렸을 수도 있다. 사회복지사는 변화의 공로를 클라이언트에게 돌리고, 클라이언트도 스스로 그것을 인정할 때 변화는 더 잘 유지될 수 있다. 만약 클라이언트가 종결을 쉽게 결정하지 못하는 상황이라면 다음과 같은 질문을 던져볼 수 있다. "당신이 오늘 아침에 일어났고, 우리가 다시 만날 필요가 없다는 것을 깨닫게 되었다고 상상해 봅시다. 더 이상 상담이 필요치 않다는 것을 뭘 보면 알 수 있을까요?"

상담을 지속해도 진전이 없다고 클라이언트가 말한다면, 다음과 같은 조치들을 취할 수 있다.

- 목표 재조정하기: 척도질문을 활용하여 지금의 목표에 대해 달성 가능성이나 중요도를 판단해 보고 계획을 다시 세울 수 있다.
- 회기 구성 변경하기: 가족과 함께 만나거나, 다른 사람을 데려오도록 할 수 있다.
- 상담구조 변경하기: 만나는 시간을 변경하거나, 다른 장소에서 만난다.
- 상담자 바꾸기: 다른 상담자로 바꾸어 진행한다.
- 클라이언트와 평가하기: 클라이언트와 함께 부족한 점을 평가하고 클라이언트의 조언을 구한다.

2) Rather, George, & Iveson (2021). pp.243-248 참고.

• 동료 슈퍼비전: 동료에게 실시간 슈퍼비전을 해줄 것을 요청할 수 있다.

이런 조치들을 취했음에도 아무 변화가 없는 클라이언트와 계속 만남을 이어가는 것은 클라이언트에게 오히려 혼란을 줄 수 있다. 이 경우 지금은 클라이언트의 삶을 변화시키기에 적절한 시기가 아니며, 다음 단계로 넘어갈 준비가 되었을 때 다시 사회복지사에게 돌아오도록 제안할 수 있다.

2) 사회복지사의 역할

'알지 못함의 자세(not-knowing posture)'는 앤더슨과 굴리시안(Anderson & Goolishian, 1992)이 처음 사용한 것으로, 사회복지사는 절대 전문가의 준거틀로 클라이언트의 경험과 행동이 나타내는 의미를 미리 알 수 없다는 것을 뜻한다. 그 의미를 알기 위해서 사회복지사는 클라이언트의 인식과 설명에 의지해야 하는데, 그렇게 하는 가장 좋은 방법이 바로 '알지 못함의 자세'를 취하는 것이다(de Jong & Insoo, 2017: 27).

'알지 못함의 자세'를 취하는 사회복지사는 풍부하고 진실한 호기심을 가지고, 클라이언트가 변화되어야 한다고 생각하는 견해나 기대보다는 클라이언트의 행동과 말에 대해 더 많이 알고 싶어하는 태도를 보인다. 사회복지사는 클라이언트로부터 항상 '더 많은 정보를 얻고자 하는' 자세를 취하는 것이 중요하다.

'알지 못함의 자세'를 가지고 클라이언트를 대할 때 도움이 되는 의사소통 기술들이 있다(한국단기가족치료연구소, 2010: 6-10). 이 기술들 중 일부는 단지 해결중심모델에서뿐만 아니라 일반적인 사회복지실천과정에서도 유용한 기술들이지만, 해결중심모델에서 특히 강조하거나 다른 시각으로 활용하는 기술들도 있다. 예를 들어, 경청 기술은 대표적인 의사소통기술 중 하나이지만, 해결중심모델에서는 클라이언트의 이야기를 주의 깊게 듣고, 클라이언트가 중요하게 여기는 것, 원하는 것이 무엇인지를 중요하게 생각하기 때문에 특히 강조되는 실천기술이다. 여기서는 일반적으로 많이 활용되는 의사소통 기술(경청, 요약, 환언, 침묵의 사용, 공감 기술) 외에 해결중심모델에서 특히 주목하는 의사소통 기술들을 중심으로 살펴보도록 한다.

(1) 사회복지사의 비언어적 행동에 주의

클라이언트는 사회복지사가 자신의 말을 진지하고 주의깊게 들으며, 자신을 존중하는 태도를 취하는지에 매우 민감하다. 클라이언트는 사회복지사의 언어적 반응뿐만 아니라 비언어적 행동을 통해 사회복지사가 자신에게 집중하고 있는지 판단한다.

(2) 클라이언트의 비언어적 행동에 주목

클라이언트도 사회복지사와 마찬가지로 비언어적 의사소통을 사용하기 때문에, 사회복지사는 클라이언트의 다양한 행동, 예를 들어 미소, 눈동자를 굴리는 행동, 허공을 쳐다보는 행동, 의자에 축 늘어져 앉는 행동, 팔과 다리를 꼬는 행동, 깊은 한숨, 어조의 변화, 침묵에 빠지는 행동과 그 밖의 여러 행동 변화에 주의를 기울여야 한다.

(3) 클라이언트가 사용하는 핵심 용어 반복

클라이언트가 사용하는 용어는 클라이언트의 준거틀을 알 수 있게 할 뿐만 아니라 해결책 구축에도 결정적인 역할을 한다. 클라이언트의 용어를 주의깊게 듣고, 이를 대화에 사용하는 것은 클라이언트에 대한 존중을 표현하는 매우 유용한 방법이기도 하다. 클라이언트가 사용하는 핵심 용어를 사회복지사가 임의로 해석하거나 전문 용어로 바꾸어 말하는 것은 클라이언트의 자신감을 약화시키는 행동이 될 수도 있다.

클라이언트: 모든 것이 엉망진창이에요.

사회복지사: 엉망진창이라고 하셨는데, 어떤 의미인가요? (○)
사회복지사: 요즘 일이 잘 안 풀리시는 건가요? (×)

(4) 개방형 질문의 활용

질문의 유형에는 개방형 질문과 폐쇄형 질문, 간접질문이 있다(7장 참조). 개방형 질문은 클라이언트가 본인이 겪고 있는 문제와 해결방안에 대해 스스로 생각하고 답할 기회를 제공한다. 또 평소 의식하지 않았던 주제에 대해서라도 질문에 답하면서 자신의 생각을 확장해 나갈 수 있다. 사회복지사의 준거틀이 아닌 클라이언트의 준거틀을 반영하는 것을 강조하는 해결중심모델에서는 폐쇄형 질문보다는 개방형 질문을 더 많이 사용하는 경향이 있다.

(5) 사회복지사의 자기 개방

자기 개방은 사회복지사의 개인적 관찰, 경험, 견해, 생각들을 클라이언트에게 이야기하는 것이다. 해결중심모델에서는 클라이언트에게 사회복지사가 자신의 경험을 이야기하는 것을 권장하지 않는다. 해결책을 찾는 데 가능한 한 클라이언트의 준거틀과 클라이언트의 경험을 알아보는 것이 중요하다고 보기 때문이다. 그러나 클라이언트가 상담을 어떻게 경험하고 있는지를 이해하고, 자기 삶에 대한 클라이언트의 지각을 명료화하는 데 도움이 된다고 판단되면, 사회복지사의 견해나 경험을 클라이언트에게 공유하는 자기 개방이 필요할 수 있다.

(6) '과정'에 주목

사회복지사는 클라이언트와의 대화에서 대화의 내용과 과정 모두를 이해하려고 노력해야 한다. 내용이란 클라이언트의 고통, 중요한 사건이나 사람에 관한 정보이다. 과정이란 클라이언트가 정보를 표출하는 방법으로 클라이언트가 이야기할 때 보여주는 감정이나 표정 등을 말한다. 클라이언트가 말하는 내용과 과정이 일치하지 않는 경우가 있는데, 이 경우 사회복지사는 요약, 사회복지사의 자기 개방, 불일치 직면(예: '나는 지금 편안합니다'라고 말하면서 손을 꼬집고 몸을 뒤트는 클라이언트에게 "말로는 편안하다고 하시는데, 몸은 불편해 보입니다."라고 말해주는 것) 등의 방법을 통해 드러내거나, 적절한 시기에 언급할 수 있도록 기억해 둘 수도 있다.

(7) 칭찬

칭찬은 상담의 목표를 달성하기 위해 클라이언트의 강점과 과거의 성공한 경험을 중심으로 사회복지사가 클라이언트에게 제공하는 찬사와 지지를 말한다. 칭찬은 단지 친절함을 나타내기 위한 수단이 아니라, 클라이언트를 북돋워 클라이언트 스스로 해결과정에 깊이 관여하도록 하기 위해서 하는 것이다. 칭찬은 클라이언트가 언급한 '내용'이나 사회복지사가 관찰한 '과정'에서 발견된 구체적인 사실에 근거하여 이루어져야 한다.

〈올바른 칭찬의 예〉

- "당신은 참 좋은 사람입니다." (×)
- "그렇게 힘든 상황에서도 아이들을 위해서 일을 포기하지 않으셨다니, 당신은 아이들에게 정말 최선을 다하셨네요." (○)

(8) 클라이언트의 지각에 대한 확인

지각이란 한 개인이 자신과 삶의 여러 양상에 대해 종합적으로 갖고 있는 인식을 말한다. 지각은 오감을 통한 감각, 생각, 느낌, 이해, 깨달음, 직관 등 개인의 사고, 감정, 경험을 모두 포함한다. 사회복지사는 문제의 성격, 문제해결을 위해 시도한 노력, 달라지기를 원하는 것, 문제해결에 효과가 있었던 것과 없었던 것 등을 포함한 많은 것들에 대해 클라이언트가 갖고 있는 '지각'에 대해 탐색한다.

(9) 클라이언트에게 초점 돌리기: '해결중심적 대화'로의 전환

해결중심적 대화(solution talk)란 사회복지사와 클라이언트가 클라이언트의 생활에서 달라지기 원하는 것과 그러한 일을 일어나게 할 가능성에 역점을 두는 것이다. 클라이언트는 종종 자신의 문제에 대해 무기력하게 느끼고 다른 사람에 의해 문제가 해결될 수 있다고 생각한다. 사회복지사는 클라이언트가 자신의 상황이나 외부에 대해 가지고 있는 불평에서 벗어나 '무엇이 달라지기를 원하는지', '나는 무엇을 할 수 있는지'에 대한 생각을 하도록 이끌어주어야 한다. 드쉐이저는 이러한 과정을 '문제중심적 대화에서 해결중심적 대화로의 전환'이라고 표현하였다.

〈문제중심적 대화의 예〉

사회복지사: 요즘 많이 힘들다고 하셨는데 당신을 가장 힘들 게 하는 건 어떤 건가요?

클라이언트: 난 엉망진창이에요. 아이들은 내 말을 듣지도 않고, 남편은 술만 마시면 날 때리려고 해요. 누군가 날 좀 도와주면 좋겠어요. 그러지 않고는 난 이 상황을 벗어날 수 없을 거예요.

〈해결중심적 대화의 예〉

사회복지사: 당신의 힘든 상황이 조금이라도 나아지고 있다면, 뭘 보면 그걸 알 수 있을까요?

클라이언트: 글쎄요. 아이들이 아침에 깨우면 잘 일어나고 내가 밥 먹으러 오라고 하면 바로 식탁에 앉게 된다면, 그것만이라도 된다면 조금은 나아진 거라는 생각이 들 것 같아요.

사회복지사: 그렇군요. 당신이 말한 그런 모습을 예전에 본 적이 있었나요?

(10) '해결중심적 대화'의 확대

해결중심적 대화를 확대하기 위해서는 상담 초기에 클라이언트의 문제가 무엇인지, 클라이언트가 원하는 것 혹은 달라지기를 바라는 것은 무엇인지, 그런 일이 일어난 적이 있는지(예외 탐색), 그러한 일이 일어날 가능성이 얼마나 있는가에 대해 자세하게 이야기한다. 이런 해결중심적 대화를 계속함으로써 클라이언트는 더욱 더 희망을 가지게 되고, 문제해결 가능성에 대해 자신감을 갖게 된다.

3) 개입 기술

여기서는 해결중심모델의 개입 단계에서 주로 사용되는 질문 기술들과 효과적인 메시지 작성 기법을 소개한다.

(1) 상담 전 변화에 대한 질문

상담 전 변화에 대한 질문은 해결중심모델에서 사용하는 핵심 기술 중 하나이다. 새로운 클라이언트와 첫 약속을 잡을 때, "지금부터 다음에 우리가 만날 때까지 어떤 변화라도 있으면 알려주세요"라고 당부한다. 상담 전 변화에 대한 질문은 클라이언트로 하여금 상담에 대한 기대감을 가지게 하고, 스스로 변화에 대해 인식하도록 한다. 또 변화가 있는 경우, 클라이언트는 이미 문제해결에 한 발짝 다가선 것으로 보고 이것을 강화하고 확대하도록 격려할 수 있다.

(2) 기적질문

기적질문은 세파에 시달려 힘들어 보이는 한 여성에 대한 면접에서 우연히 발견되었다. 인수(Insoo)는 "문제가 너무 많아요. 기적만이 도움이 될 거 같은데, 그건 너무 많은 걸 기대하는 거겠죠"라고 말하는 클라이언트에게 우연히 "좋아요. 기적이 일어났어요. 그래서 당신을 이곳에 오게 한 문제가 다 해결됐어요. 당신의 생활은 어떻게 달라질까요?"라고 물었다. 일반적으로 기적이라고 하면 비현실적인 모습을 떠올리지만, 클라이언트에게 기적이 일어난 후 생활은 여느 가족에게서 흔히 볼 수 있는 현실적인 모습이었다.

기적질문은 두 가지 점에서 유용하다. 첫째, 클라이언트에게 변화 가능성을 마음껏 생각하게 한다. 현실에 부딪혀 결코 이루어질 수 없을 것이라는 걱정에서 벗어나 해결방법으로 초점을 옮겨갈 수 있게 해준다. 둘째, 기적질문은 미래에 초점을 두고 있다. 클라이언트의 초점을 현재 문제에서 만족스러운 미래로 자연스럽게 이동시킨다. 기적질문을 사용한 예는 다음과 같다(de Jong & Insoo, 2017: 109).

〈기적질문의 예〉

자, 이제 이상한 질문을 하나 하겠습니다. 오늘밤 당신이 집에 돌아간 후 밤이 되어 잠이 들었어요. 그런데 자는 동안에 기적이 일어났어요. 기적이 일어난 결과는 오늘 여기서 이야기한 모든 문제가 다 해결된 거예요. 하지만 자고 있었기 때문에 기적이 일어났다는 걸 모르죠. 자! 내일 아침에 일어났을 때 어떤 걸 보면 "와! 밤새 기적이 일어났구나!"라고 알 수 있을까요?

출처: de Shazer (1988). p.5.

(3) 척도질문

척도질문은 클라이언트에게 자신의 문제나 기대를 0에서 10까지의 숫자로 평가하도록 질문하는 것이다. 척도질문 역시 클라이언트와의 대화에서 우연히 발견되었다. 드쉐이저는 기분이 좋아졌다고 말한 클라이언트에게 "얼마나 좋아졌나요?" 라고 물었고, 클라이언트는 "10까지라면 1에서 7까지 올라갔어요."라고 답했다. 그 이후로 이 질문은 해결중심 작업에서 거의 매 회기 사용하는 대표 질문이 되었다(de Jong & Insoo, 2017: 137-138).

척도질문은 첫 면접 전 변화를 물어볼 때, 변화하고 싶은 정도, 자신감, 변화를 위해 노력할 의지, 해결할 문제의 우선순위, 나아진 정도에 대한 평가 등 다양하게 활용될 수 있다(Berg, 1994: 102-103). 척도질문은 클라이언트가 자신의 상태를 쉽고 정확하게 표현할 수 있도록 도와주고, 변화를 좀 더 민감하게 알아채도록 하는 데 효과적이다.

클라이언트 중 2/3는 사회복지사와 전화로 약속을 정한 때와 실제로 처음 만난 때 사이에 이미 긍정적인 변화가 있었다고 보고한다. 그러한 변화를 '첫 면접 전 변화(pre-session change)'라고 말한다. 다음은 척도질문을 첫 면접 전 변화에 대한 질문으로 사용한 예이다.

〈척도질문의 예〉

이제 좀 다른 질문을 해볼게요. 0부터 10까지의 숫자가 있습니다. 0은 처음 저와 만날 약속을 정했을 때처럼 불안감이 가장 심한 상태를 의미하고, 10은 기적이 일어나 모든 문제가 다 해결된 상태를 말합니다. 지금은 어디쯤이라 할 수 있을까요?

클라이언트는 5나 6이라는 숫자로 답할 수도 있고, 1이나 2라는 숫자로 답할 수도 있다. 클라이언트가 말한 숫자를 통해 클라이언트에게 일어난 큰 변화와 작은 변화에 대해 이야기를 진전시킬 수 있다. 이를 통해 클라이언트가 의미를 부여하는 대상과 행동에 대한 정보를 얻고 그 다음 단계로 자연스럽게 나아갈 수 있다.

사회복지사: 지금은 10점 중에 3점이라고 하셨는데요. '이 정도면 괜찮다'라는 생각이 들려면 몇 점 정도가 되어야 할까요?

클라이언트: 적어도 6점이나 7점은 되어야죠.

사회복지사: 그렇군요. 우리가 함께 노력해서 3점 이상 점수를 높일 수 있다면 좋겠습니다. 당신에게 점수가 1점 상승한 것은 무엇을 보면 알 수 있을까요?

클라이언트가 척도질문에 대하여 '0점'이라고 답하면 어떻게 대응해야 할지 사회복지사는 막막해질 것이다. 클라이언트가 0점이라고 이야기하는 것은 자신의 상황이 얼마나 힘든지 이야기하고자 하는 것이며, 사회복지사가 그것을 생생하게 받아들인다는 것을 전달할 필요가 있다. "당신의 상황이 정말 힘들다는 것을 보여주네요. 저는 오늘 당신이 어떻게 용케 상담에 올 수 있었는지 궁금해요." 클라이언트의 어려움을 수용한 이후에는 "그렇다면 어떻게 -1점은 아닌 거죠?"와 같은 질문을 통해 더 나빠질 수 있었는지, 더 나빠지지 않기 위해 어떤 일들을 했는지 탐색해 볼 수 있다(Rather et al., 2021: 192-194).

(4) 대처질문

대처질문은 클라이언트가 어려움과 위기를 어떻게 극복하고 생존해 왔는지 그리고 어떻게 희망을 버리지 않고 유지해 올 수 있었는지에 관하여 질문하는 동시에 클라이언트의 생존 능력을 인정하고 간접적으로 칭찬하는 것이다(de Jong & Insoo, 2017: 121). 자신의 삶이 절망적이고 아무런 희망이 없다고 말하는 클라이언트, 삶에서 트라우마라고 할 수 있는 큰 사건을 경험한 클라이언트에게 주로 사용된다.

사회복지사는 대처질문을 통해 클라이언트의 무력감에 대항하는 동시에, 클라이언트가 어려운 상황에서도 나름대로 성공을 거두어왔다는 것을 깨닫게 할 수 있다. 또, 어려운 상황을 견뎌냈을 뿐 아니라 더 나빠지지 않았던 것을 강조하고, 위기에서 살아남기 위해 나름대로 대처해온 클라이언트만의 방법을 발견하도록 돕고, 그렇게 할 수 있었던 클라이언트의 강점과 자원을 인식하도록 격려해 준다.

대부분의 클라이언트는 역경을 극복한 것에 큰 의미를 부여하지 않고 있으며, 생존하기 위해 무의식적으로 행동하였기 때문에 대처질문을 할 경우 그 반응은 매우 크고 긍정적이다. 가정폭력 피해자의 경우 해결중심모델에서 대처질문을 받았을 때 그 반응이 가장 크게 나타나며, 이 질문을 통해 '생존자(survivor)'로써 자신을 발견하게 되었다고 답했다(송성자 외, 2013).

〈대처질문의 예〉

- 그렇게 힘든 상황에서도 자녀들이 건강하게 성장할 수 있도록 잘 돌보았는데 어떻게 그렇게 할 수 있었나요?
- 어떻게 모든 것을 포기하지 않고 이렇게 지탱해 올 수 있었나요?
- 당신은 극한 상황에서도 대처할 수 있는 의지와 지혜가 있습니다. 이런 것은 누구에게서 배우셨나요?
- 오늘 아침 어떻게 일어날 수 있었나요? (자살을 생각했다는 클라이언트)

(5) 예외질문

예외란 클라이언트의 과거 생활에 일어났던 경험으로, 문제가 당연히 발생하리라 예상했지만 발생하지 않았던 상황을 말한다(드쉐이저, 1985). 예외는 정도의 문제일 수도 있다. 심하게 반항하는 아이가 고민인 엄마에게 예외는 반항을 하지 않는 것일 수도 있지만, 반항의 정도가 심하지 않은 경험도 예외가 될 수 있다(de Jong & Insoo, 2017: 132).

어떠한 문제에도 예외는 있기 마련이며, 사회복지사는 예외를 탐색하는 질문을 통해 한두 번의 중요한 예외를 찾아내어 그것을 계속 강조하면서 클라이언트의 성공을 확대하고 강화시킨다. 예외는 의도적으로 발생할 수도 있고 우연히 발생할 수도 있다. 의도한 예외인 경우에는 예외가 발생하기 전 클라이언트가 기울인 노력에 대해 탐색하고, 그 노력이 성공한 경험에 대해 이야기하고 격려할 수 있다. 우연한 예외인 경우에는 왜 그런 일이 일어났는지 클라이언트 스스로 깨달을 수 있도록 예외가 발생하기 전 상황에 대해 좀 더 깊이 탐색하는 것이 좋다.

〈예외질문의 예〉

- "문제가 없었던 적은 언제였나요?"
- "문제가 덜 심각했던 적은 언제였나요?"
- "문제가 일어난 상황과 일어나지 않은 상황에는 어떤 차이가 있을까요?"
- "문제가 일어나지 않았을 때 당신은 무얼 하고 계셨나요?"
- "당신의 가장 친한 친구에게 당신이 좀 나아 보였던 날이 언제였는지 물어본다면, 그 친구는 뭐라고 이야기할까요?" (본인이 답하기 어려워하는 경우)

클라이언트는 예외질문을 통해 자신이 원하는 변화와 관련하여 현재 혹은 과거에 성공한 경험에 대해 더 잘 알아가게 된다. 예외 상황을 찾으면 찾을수록 사회복지사와 클라이언트는 클라이언트의 생활에 좋은 일이 일어나고 있다는 사실을 알게 되고, 미래에 대해 좀 더 희망을 품게 된다.

예외를 알아보는 과정에서 클라이언트의 강점도 구체적으로 드러날 수 있다. 사회복지사는 클라이언트의 강점을 칭찬해줌으로써, 클라이언트의 문제해결능력을 강화할 수 있다(아침에 아이가 나갈 때 다정하게 인사를 건넨 날, 아이가 집으로 돌아온 후 화를 내지 않았다고 답한 클라이언트에게 "그렇게 하는 게 도움이 되리라는 것을 어떻게 아셨나요?", "○○의 마음을 잘 헤아려 주셨네요"와 같이 칭찬하는 것). 예외질문은 일반적으로 첫 면접에서는 목표 설정에 사용되고, 두 번째 면접부터는 '지난 번 만난 이후로 상황이 좋아진 적이 있나요?"와 같이 상담 후 변화를 알아보는 데 사용될 수 있다.

(6) 효과적인 메시지 전달 기법[3)]

해결중심모델에서는 매 회기 상담을 종료하고 5~10분 휴식시간을 가진 후 상담

3) 김춘경 외 (2016). pp.504-505 참고.

에 대한 피드백을 '메시지' 형태로 전달한다. 이 메시지의 목적은 다음과 같다(한국단기가족치료연구소, 2011: 11).

- 클라이언트가 자신의 장점과 성공적 경험에 대해 확신하도록 돕는다.
- 클라이언트가 상담 목표를 확실히 하도록 돕는다.
- 클라이언트로 하여금 누가 무엇을 하여 예외상황이 일어나게 하는지를 발견하게 한다. 특히 클라이언트 자신이 무엇을 어떻게 하는지에 주목하게 한다.
- 과제를 통해 클라이언트가 생활 속에서 긍정적인 목표에 관심을 갖게 하며 목표 달성의 방법을 알게 한다.

메시지는 칭찬(compliment), 연결문(bridge), 과제(task)로 구성된다. 칭찬은 클라이언트의 성공적인 변화를 위한 노력과 그러한 성공을 통해 나타나는 클라이언트의 강점을 지지하는 것이다. 칭찬은 긍정적 분위기 조성, 최근 변화과정의 조명, 판단에 대한 두려움의 완화, 변화에 대한 두려움의 완화, 책임감 증진 등의 기능을 한다. 상담 동안 나왔던 말이나 단어를 구체적으로 언급하는 것이 좋다.

연결문은 칭찬과 과제를 연결시키는 문장으로, 사회복지사가 제안하는 과제에 대한 근거를 제공한다. 클라이언트의 목표, 예외, 강점, 성공과 연결하여 과제 수행에 대한 동기를 부여하고 격려하는 역할을 한다. 과제는 상담 외의 일상생활에서 클라이언트의 변화를 이끌어내기 위해 사회복지사가 제안하는 것이다. 과제는 관찰과제와 행동과제로 나누어진다. 관찰과제는 사회복지사가 보기에 해결 구축에 유용한 것을 주의깊게 관찰하도록 하는 것이고, 행동과제는 잘하고 있는 것을 계속하도록 하거나 새로운 것을 시도하도록 제안하는 것이다.

과제는 클라이언트의 유형에 따라서 다르게 작성될 수 있다. 방문형의 클라이언트는 자발적인 동기에 의해서 상담에 온 것이 아니라 일반적으로 주위 가족이나 교사 등의 요구나 명령으로 의뢰된 경우가 많다. 방문형의 클라이언트에게는 어려운 상황에서도 자신에게 도움이 되기 위해 상담을 받으러 온 것에 대해 칭찬하고 다음에 다시 한 번 상담에 오라는 초청을 과제로 줄 수 있다. 불평형의 클라이언트는 자신에게는 문제가 없는데 다른 사람 때문에 본인이 힘들다고 불평하는 사람이다. 이들에게는 예외상황을 발견하도록 요구하는 관찰과제를 줌으로써 스스로 문제 해결의 주체임을 인식하도록 한다. 고객형의 클라이언트는 자신이 문제가 있다는 것을 알고 자발적으로 도움을 요청한 사람으로, 이들에게는 주로 행동과제를 제안한다. 본인이 찾은 작은 예외가 계속될 수 있도록 관련된 긍정적 행동을 계속하거나, '기적'이 일어났다고 가정하고 행동해볼 것을 과제로 제시할 수 있다.

〈방문형 과제의 예〉

저는 ○○씨를 다음에 다시 만나서 앞으로 어떻게 하면 좋을지 함께 좀 더 생각해 보면 좋겠습니다. 그럼 2주 후에 다시 뵙도록 하겠습니다.

〈불평형 과제의 예〉

다음 시간 우리가 만날 때까지, 당신의 ~~~(가족, 인생, 결혼, 학교, 직장, 인간관계 등)에서 계속 일어나길 바라는 것 중에 어떤 일들이 일어나는지 잘 관찰하시고, 다음 시간에 저에게 말씀해 주시기 바랍니다.

〈고객형 과제의 예〉

우리가 다음 시간에 만날 때까지 남은 날 중에 하루를 선택해서 그날 마치 기적이 일어난 것처럼 살아보세요. 그러고 나서 다음에 만날 때 그날 무엇이 달라졌는지, 어떤 느낌이었는지에 대해 함께 이야기해 보도록 하지요.

위의 과제 예시에 칭찬과 연결문을 추가하여 메시지를 만들어 보면 다음과 같다.

〈방문형 메시지의 예〉

이렇게 오는 게 쉽지 않으셨을 텐데, 와주셔서 함께 이야기를 나눌 수 있어서 저도 감사했습니다. 여기에 오시기 전에도 많이 고민을 하셨을 것이고, 또 오셔서도 자신의 어려움을 드러내어 이야기하는 게 쉬운 일은 아니었을 것입니다.

저는 ○○씨를 만나 이야기하면서, 지금 ○○씨가 겪고 있는 일들이 결코 쉽게 견뎌 내거나 해결할 수 없는 일들이라는 것을 알게 되었습니다. 또, ○○씨는 남이 뭐라 하는 대로 따라가기보다는 스스로 결정하고 행동하기를 원한다는 것을 알 수 있었습니다. ○○씨가 원하는 변화를 이끌어내기 위해서, 저는 ○○씨를 다음에 다시 만나서 앞으로 어떻게 하면 좋을지 함께 좀 더 생각해 보면 좋겠습니다. 그럼 2주 후에 다시 뵙도록 하겠습니다.

4) 사례

다음은 첫 만남 이후 두 번째 만남을 시작하면서 해결중심적 대화를 이어가는 사례 예시이다. 사례에서 사회복지사는 첫 만남 이후의 변화를 확인하고, 변화를 가져온 행동과 생각, 그날의 감정, 주변 사람들의 인식에 대해 클라이언트가 스스로 탐구하여 이야기하도록 촉진하였다. 또 앞으로 변화가 지속될 가능성에 대해 척도질문을 활용하여 질문하였다.

사 례

사회복지사: **우리가 만난 이후로 무엇이 달라졌나요?**

클라이언트: 잘 모르겠어요….

사회복지사: 그렇군요. **우리가 만난 이후로 당신 생활에서 예전과 다르게 행동한 적이 있었나요?**

클라이언트: 음, 여기 오기 전에는 집에서 거의 나온 적이 없었는데, 여기 온 다음에는 집에서 몇 번 더 나왔던 것 같아요. 너무 힘들어서 금방 다시 들어갔지만요.

사회복지사: 그랬군요. 집에서 나오는 데 엄청난 용기가 필요했을 텐데 **어떻게 스스로 집에서 나올 생각을 하셨나요?**

클라이언트: 음. 저번에 선생님께서 말씀하셨죠. 매번 다른 사람의 도움을 받아 집 밖으로 나갈 순 없다고요. 그래서 저 자신에게 계속 이야기했던 것 같아요. 혼자 나가봐야 한다고요. 그래서 한번 해본 거예요. 비록 금방 다시 들어오긴 했지만요.

사회복지사: 와, 쉽지 않았을 텐데 정말 대단한 일을 하셨네요. **밖으로 나간 날은 뭐가 좀 달랐나요?**

클라이언트: 글쎄요. 기분이 좀 이상하긴 했어요. 그래도 나쁘진 않았던 것 같아요.

사회복지사: 기분이 나쁘지 않았다는 건 뭘 보고 알 수 있었나요?

클라이언트: 음, 나갔다 왔을 때 엄마가 집에 있었는데 화를 내지 않았어요. 그랬네요. 예전 같으면 화를 냈을 텐데 화가 안 났던 것 같아요.

사회복지사: **어머님은 그날 당신에게 어떤 게 변했다고 말씀하셨나요?**

클라이언트: 엄마도 제가 화를 안 내서 좀 놀라신 것 같아요. 별 말씀은 안 하셨지만 제가 선생님을 만나고 나서 달라진 거라고 생각하는 건지. 오늘 올 때도 먼저 준비해서 기다리고 계셨어요. 그래서 평소보다 더 빨리 온 것 같아요.

사회복지사: 그랬군요. 어머님도 당신이 달라졌다는 걸 알고 계신 것 같네요. 앞으로 당신이 그렇게 용기를 내어보는 것을 계속할 수 있으리라고 얼마나 확신하세요? **만약 10을 완전히 확신하는 상태로 가정한다면 몇 점 정도로 말할 수 있을까요?**

클라이언트: 글쎄요. 그렇게 크게 확신은 안 드는데… 6이나 7 정도요?

사회복지사: 10점 중에 5점이라면 반신반의하는 것으로 볼 수 있을 텐데 5점 이상을 주신 거네요. 7점이나 8점 정도가 되려면 뭐가 더 달라져야 할까요?

❹ 평가

해결중심모델은 학교, 병원, 교정시설, 상담기관 등 다양한 사회복지현장뿐 아니라 개인, 가족, 집단 등 다양한 대상에 활용되고 있다. 해결중심모델의 장점은 첫째, 단기에 끝나기 때문에 비용이나 시간적인 부분에서 경제적이라는 점이다. 둘째, 상담과정이 비교적 간단하고, 척도질문, 기적질문, 예외질문 등의 핵심 상담기술이 구체적이어서 습득이 용이하다. 셋째, 클라이언트가 문제해결을 위한 능력, 자원, 성공경험 등을 이미 가지고 있다고 보고, 그것을 확장시키고 강화시킬 수 있도록 돕는다는 점에서 현대 사회복지실천모델이 기반하는 강점관점, 임파워먼트 실천과 맥이 닿아 있다.

반면, 해결중심모델의 한계는 첫째, 클라이언트의 주도적 참여를 필요로 하기 때문에 질문을 잘 이해하지 못하거나 답하기 힘들어하는 클라이언트에게는 적용하기에 어려움이 있다. 둘째, 핵심 상담기술이 일반인들도 이해할 만큼 쉽다는 것은 그만큼 전문가들이 그들이 가진 전문성을 인정받고 발휘하기 어렵다는 것을 의미한다. 셋째, 사회복지현장에서 만나는 많은 클라이언트들이 비자발적 클라이언트이고, 따라서 해결중심모델에서 추구하는 상담의 효과를 단기간에 거두기가 쉽지 않다. 넷째, 사회구조적 요인으로 인해 어려움을 겪고 있는 대상(예, 코로나로 인해 경제적 · 정서적 어려움에 처한 경우)에게는 적용하기 어렵다.

이러한 한계에도 불구하고, 해결중심모델의 가정과 원리, 핵심 질문 기술 등은 비단 해결중심모델에 따른 상담뿐만 아니라 다양한 유형의 상담 장면에서 적용되고 있다는 점에서 사회복지현장에서 매우 유용한 실천모델인 것은 분명하다. 또한 클라이언트의 과거와 문제를 깊이 탐색하기보다는 현재와 미래의 해결책을 지향한다는 점에서 정신분석적 전통에 기초한 심리상담과는 구분되며, 클라이언트와 협력하여 어려움을 해결해 나가고자 한다는 점에서 사회복지상담이 추구하는 방향과 일치한다.

06

CHAPTER

과제중심모델과 위기개입모델

1. 과제중심모델
2. 위기개입모델

과제중심모델과 위기개입모델

1 과제중심모델

1) 개요: 개념과 원칙

과제중심모델(task-centered model)은 1972년에 시카고 대학교의 리드(William Reid)와 엡스타인(Laura Epstein)이 『Task-Centered Casework』(1972)을 발표하면서 소개된 이론이자 실천모델이다(Pierson & Thomas, 2002). 여기서 과제(task)는 표적 문제를 감소시키고 치료 목표를 달성하기 위해 클라이언트가 수행해야 하는 구체적인 행동을 의미한다(윤현숙 외, 2002). 과제중심실천(task-centered work)에서는 일련의 작은 과제들을 완수하기 위해 클라이언트가 중요하다고 생각하는 문제에 주안점을 두고 클라이언트의 자기결정권에 강조점을 둔다. 이러한 과제중심실천의 클라이언트중심실천의 특징은 "클라이언트가 있는 데서 출발하고 클라이언트가 문제해결을 해야 한다고 느낄 때까지 그곳에 머물라"는 사회복지의 뿌리와 일치하는 것이다(Blakely & Dziadosz, 2014). 또 사회복지사와 클라이언트가 함께 해결해야 할 과제를 결정하게 되면 그것을 실천하고 적용하는 것은 일상의 장이기 때문에 클라이언트의 환경과 일상생활도 문제해결의 주요한 현장으로 이해한다. 왜냐하면, 클라이언트가 겪는 어려움의 원인이 환경적 자원이나 일상생활의 문제해결 기술 부족과 관련되기 때문이다(윤현숙 외, 2002).

이런 관점에서 과제중심모델을 적용할 때는 다음의 3가지 핵심 원칙에 기반하여야 한다. 첫째, 과제중심모델에서 이론의 적용과 실천에서 클라이언트의 명확한 동의가 가장 중요하다. 따라서 실천에서도 클라이언트가 가장 중요하다고 규정한 문제, 제한된 목표를 사회복지사와 이용자가 함께 해결하기 위해 노력한다. 둘째, 과제중심모델에서는 클라이언트의 문제와 욕구에 따른 과제를 설정한다(신원우, 2001). 과제로 규정된 것은 클라이언트가 수행할 수 있는 것이어야 하므로 일련의 작은 과제나 단계를 통해 해결된다. 셋째, 과제의 실천은 단기적이며 보통 4개월 이내에 완수된다(Pierson & Thomas, 2002: 469).

이와 함께 과제중심의 실천에서는 사회복지사와 클라이언트간의 파트너십(partnership)이 매우 중요하다. 사회복지실천에서 파트너십에 대한 요구가 증가하고 있는 가운데, 특히 과제중심의 실천에서는 클라이언트가 해결하기를 원하는 것을 결정하도록 독려하고 동기를 부여하며, 책임감과 문제해결 역량을 고양시키는데 중점을 두기 때문이다.

2) 이론적 배경

과제중심모델은 1960년대 초 장기적인 개별사회복지가 시간 소모적이고 비효과적이라는 비판이 증가하면서 단기의 정신역동적 모델에서 유래하였다(Pierson & Thomas, 2002). 당시 여러 실험을 통해 장기치료가 반드시 단기치료보다 우세하지는 않으며, 사람들이 과거의 상처를 되풀이하지 않고 갈등해소와 현재의 문제해결에 집중할 수 있다는 점, 작업과정이 활동적이고 방향성이 있게 진행될 수 있다는 점이 밝혀지면서(Reid, 1992), 단기치료에 대한 관심이 고조되고 보다 집중적이고 구조화된 개입 형태에 대한 기대가 높아졌다. 또 대부분의 클라이언트들이 단기 혹은 몇 달 동안 최대 도움을 받은 후에 상대적으로 느린 개선을 보이기 때문에 정신역동적 치료를 포기한다는 연구결과들이 나타나면서 이러한 문제점에 대한 대안 요구에 부응하여 단기치료가 등장하게 되었다(Nash et al., 2005; 신원우, 2001 재인용).

단기치료는 현재의 갈등에 초점을 두고 단기간 개입하는 방식으로, 신속하게 개입하고 시간 제한적이며, 문제를 초기에 규명하는 데 중점을 둔다. 또 선택된 초점을 전 과정에 걸쳐 유지하고, 문제해결을 체계적으로 진행하며, 목표가 구체적이고, 초점화된 면접과 현재 중심적인 특징이 있다. 단기치료는 면접방식이 직접적이고 활동적이며, 초기에 빠른 사정을 하고, 융통성 있는 실천과 감정표출의 허용, 긍정적 치료관계의 속성을 갖는다(Reid, 1992; 신원우, 2001 재인용).

이러한 단기치료에 속하는 과제중심모델의 이론 개발에는 펄만(Perlman)이 개발한 문제해결중심 방법론에 행동주의 이론과 스터트(Studt)의 클라이언트 과제에 대한 개념을 접목하는 등 다양한 이론들과 임상에서의 실천 경험이 통합되었다(윤현숙 외, 2002). 구체적으로, 심리적 장애에 대해서는 정신역동이론과 인지이론이, 그리고 과제수행에 관해서는 강화와 모델링 등의 사회학습이론을 근거로 하며, 의사소통이론과 소규모 사회체계 내 개인의 상호작용을 고려하는 소집단이론도 활용된다(Reid, 1992; 신원우, 2001 재인용).

과제중심모델은 다양한 이론과 모델을 통합적으로 활용하면서 문제해결, 단기전략, 경험적 실천, 다양한 문제에의 접근 등 몇 가지 중점적 원리를 활용하는데, 이를 요약하면 〈표 6-1〉과 같다.

〈표 6-1〉 과제중심모델의 기본적 특성과 원리

특성	원리
경험적 지향	• 경험적 연구에 의해 지지되는 검증된 이론과 기법을 선호함 • 클라이언트 체계에 관한 가설과 개념은 사례의 자료를 기초로 함 • 사정과 과정, 산출자료에 대해 단계별 · 체계적 자료수집을 함 • 모델의 지속적 개선을 위해 개발연구(development research)를 수행함
통합적 입장	• 다양한 접근방법으로부터 경험적으로 이끌어진 이론과 기법을 선택적으로 활용함
클라이언트가 인정한 문제에 초점	• 클라이언트가 관심사로 인정한 구체적 문제에 초점을 둠
체계와 상황	• 문제가 복합체계의 상황 혹은 맥락에서 발생하며, 해결과 예방을 위해 상황 변화가 필요하다고 보며, 문제해결이 상황에 긍정적 영향을 미칠 수 있다고 이해함
계획된 간결성	• 4개월 이내에 6~12회 주별 모임으로 단기 설계함
협력적 관계	• 클라이언트와의 관계는 보호가 아닌 협력적이고 협조적임 • 사정 정보를 공유하고 함께 작업함
구조	• 치료 세션(treatment sessions)을 포함하여 개입 프로그램을 잘 규정된 활동의 연속으로 봄
문제해결활동 (과제)	• 변화는 클라이언트가 치료 회기 안팎에서 수행하는 문제해결 활동을 통해 발생 • 환경 속 클라이언트 행동을 강조함 • 사회복지사의 과제는 환경적 변화에 영향을 미치는 수단을 제공함

출처: Reid (1992); 신원우 (2001) 재인용.

이렇게 다양한 이론과 모델을 통합적으로 활용하는 과제중심모델은 클라이언트가 자신의 인식에 따라 자신의 개별 문제를 분류하고, 우선순위를 지정하도록 동기를 부여한다(Naleppa & Reid, 1998). 그리고 사회복지사와 클라이언트가 문제해결이라는 결과를 위해 이슈를 확인하고, 목표를 정하며, 행동계획을 개발하고 결과를 평가하기 위해 함께 협력하여 작업한다(Hepworth et al., 2002). 즉, 내담자의 문제를 정의하는 데서부터 과제수행까지 내담자의 참여를 적극 유도함으로써 내담자의 자존감을 높이고 문제해결 기술과 능력을 강화시키는 목적을 갖고 있다(Reid, 1978; 허남순, 1998 재인용). 이러한 과제중심모델을 적용하는 실천과정과 주요 기법을 살펴보면 다음과 같다.

3) 실천과정과 주요 기법

(1) 실천과정과 기법

과제중심모델을 적용하여 실천할 때 초점을 맞추는 대상 혹은 문제와 목표를 명확히 하는 데서부터 출발한다. 먼저 클라이언트가 겪고 있는 문제 유형을 살펴보면, 대부분 특정한 사람 혹은 사람들과의 관계에서 발생하는 대인관계 문제와 지위에 적합한 역할 수행 및 성과의 문제, 생활이나 역할의 변화나 생애주기 전환에서 오는 적응 문제, 특정 사건에 대한 정서적 어려움, 의사결정의 문제, 환경적 지원이나 자원이 부족하거나 부적절한 문제 등으로 요약할 수 있다.

이러한 다양한 문제해결을 위한 과제중심의 사회복지실천은 보통 4개월 이내의 짧은 기간 동안 6~12회 정도로 진행되는 것이 특징이다. 내담자의 문제를 정의하는 데서부터 과제수행까지 내담자의 참여를 적극 유도하여 자존감을 높이고 문제해결 기술과 능력을 강화하는 목적을 갖는다(Reid, 1996: 623; 허남순, 1998: 399 재인용).

과제중심모델을 적용하는 과정은 다섯 단계로 이루어진다. 시작하기, 표적문제 규정, 계약하기, 실행, 종결 단계이다 이러한 단계는 보통 개입이 이루어지는 순서이기는 하나 필요에 따라 중복되거나 이전 단계로 돌아가는 등 유연하게 변형되어 적용된다(김혜란, 1996).

먼저 초기 단계인 시작하기(starting up) 단계에서는 내담자가 자발적인 내담자인지 혹은 의뢰된 내담자인지를 구분한다. 전자인 경우는 바로 문제를 규정하는 단계를 진행하고, 후자인 경우는 내담자와의 관계(working relationship)을 잘 형성하는 것이 중요하다. 만약 이전 사회복지사와 신뢰관계를 형성하지 못한 경험이 있거나 혹은 비자발적인 내담자의 경우는 내담자의 참여를 이끌어내기 어렵다. 따라서 관계를 형성하도록 진정한 관심을 갖고 다가가야 한다(김혜란, 1996).

그 다음 문제를 규정하는데, 이것은 사회복지사와 이용자가 함께 이용자가 직면하고 있는 문제를 충분히 사정평가하여 목록화한다. 목록에는 클라이언트가 확인하고 사회복지사가 협조하여 최대 세 개의 가장 중요한 문제에 대해 서로 동의하는 것을 포함한다(김혜란, 1996; Kelly, 2013). 여기서 과제 혹은 표적문제는 바람직한 목적을 향해 움직이기 위해 이용자, 실천가, 혹은 두 사람이 수행하는 작은 단계들을 의미한다. 이것은 때로 뻔한 일상의 활동들이 될 수도 있지만, 반면 작고 성취가능하며 서로 연관되어 있어 일련의 연속적인 것의 한 부분이라는 점에서 강점이 있다(Pierson & Thomas, 2002: 470). 이러한 과제 혹은 표적문제는 구체적으로 설정되어야 하며 과제를 수행하는 일정에 대한 계획도 수반되어야 한다. 하지만 사회복지사들이 과제중심모델의 유용성을 잘 알면서도 실천에서 적절하게 적용하거나 기대된 효과를 거두지 못하고 실패하는 것은 표적문제를 구체적으로 설정하는 데 어려움을 겪기 때문이다. 따라서 슈퍼바이저는 초기 단계부터 이를 인지하고 지원해야 하는데, 예를 들면 '내담자의 경제적인 문제를 해결하기'와 같이 기술하기보다는 '국민기초생활보호 대상자로 선정되도록 하기', '후원자 연결' 등과 같이 성취 여부를 평가할 수 있도록 과제를 설정하는 것이 중요하다(허남순, 1998).

표적문제와 목표, 과제 등이 명확해진 다음에는 계약 단계(contracting)로 이행된다. 계약할 때는 우선적인 표적문제와 클라이언트의 구체적인 목적, 클라이언트와 사회복지사의 일반 과제들, 개입 기간, 면접과 개입 계획, 참여자 등에 관한 사항이 포함되도록 한다(김혜란, 1996; Kelly, 2013). 이 과정이 완료되면 표적문제를 해결하기 위한 대안을 생각하고, 다양한 개입 기술을 적용하는 실행 단계를 수행한다. 이 과정에서 과제수행을 방해하는 심리사회적 차원의 다양한 장애요인을 확인하고 개선방안을 찾아야 한다. 모든 세션은 이전 단계에서 설정한 과제가 달성되었는지를 점검하고 다시 요청하거나 완수하도록 요청하게 된다. 또 필요하다면 재협의를 하여 새로운 목표를 설정하기도 한다. 이러한 점검과정은 매우 중요하며 반드시 수행해야 하는 중요한 일이다. 이를 통해 표적문제가 해결되고 클라이언트가 문제를 해결하고자 하는 의지를 갖게 될 수 있다. 법률이나 법정 명령, 공식적 기관의 요건 해당하는 경우는 종결(Termination) 단계로 넘어간다. 종결 단계에서는 사회복지 개입이 얼마나 효과적이었는지, 또 다른 목적 설정과정이 필요하지 않은지 등을 점검하고 종결하게 된다. 과제중심모델의 실천과정을 요약하면 다음과 같다.

〈표 6-2〉 과제중심모델의 실천과정

단계	활동	세부내용
초기 단계	• 의뢰 이유 토의 • 클라이언트가 인지하고 있는 문제와 상황에 대한 탐색과 사정 • 제시된 문제와 목적, 치료방법 설명, 기간 제한에 대한 동의를 포함한 서비스 계약 • 초기과제 결정 및 이행	계약 시 고려할 사항 우선순의 주요 문제 3가지 • 구체적 목표 • 클라이언트 과제 • 사회복지사 과제 • 개입과 면접 스케줄 • 개입 지속기간 • 참여자 • 장소

중기 단계	• 문제와 과제 검토 • 장애 규명과 해결 • 문제 초점화 • 과제 계획 • 과제 이행	과제 계획 가능한 과제 제시-브레인스토밍(brainstorming), 토의 • 동기형성 • 과제이행 계획 • 장애 규명과 해결 • 모의실험, 예행연습 • 과제 동의 • 과제 계획 요약
종결 단계	• 표적문제와 전체 문제 상황 검토 • 클라이언트가 사용한 성공적 문제해결 전략 규명 • 문제에 대해 행해야 할 것 토의	• 회기별 평가 • 최종 평가

출처: 김혜란 (1996); 허남순 (1998).

(2) 목표측정과 평가도구

과제중심모델은 학습이론 관련 행동기법, 인지이론과 방법, 가족치료 접근법 등을 이론에 통합하면서 발달해왔다. 이 모델은 개입의 간결성, 단기성, 클라이언트 중심의 서비스, 클라이언트 참여를 통해 과제중심의 개입방법을 활용하는 단기치료이다(허남순, 1998). 과제중심모델에서는 구체적이고 측정가능하며, 성취할 수 있는 목적을 달성하기 위해 클라이언트를 돕도록 설계하기 때문에 증거기반의 실천과 단기 사회사업 기술들을 통합하여 개입 기법들을 적용한다(Kelly, 2013). 또 다양한 기법과 함께 과제수행 및 목표 달성을 측정할 수 있는 도구들을 많이 활용한다.

다음은 목표 달성 정도를 측정하는 도구의 예이다. 클라이언트에 대한 사정평가가 이루어지고 수행해야 할 과제를 결정하여 목표를 결정한다. 그리고 달성 정도를 5점 척도 형식으로 구분하여 주기적으로 모니터링 평가 및 최종 평가를 실시하게 된다. 이렇게 객관화시켜서 과제의 달성 정도를 확인하도록 하는 것이 수립된 목표의 달성 정도를 확인하고 달성 혹은 미달성의 원인을 탐색하여 개선하도록 하는 데 도움이 될 수 있다.

〈표 6-3〉 목표달성 척도

클라이언트			
작성일			
추후 지도일			
예상달성수준	목표 제목		
	목표 1	목표 2	목표 3
생각할 수 있는 가장 좋지 않은 결과			
기대 이하			
기대 수준			
기대 이상			
생각할 수 있는 가장 좋은 결과			

출처: Compton & Galaway (1984). p.576; 김혜란 (1996). 재인용.

한편, 〈표 6-4〉는 사회복지사가 클라이언트의 문제해결 과정에서 활용한 기술에 대한 평가를 위한 도구이다. 초기 단계부터 종결 단계에까지 실천을 수행하고 세부사항을 고려하면서 필수적으로 적용해야 할 기술 혹은 기법을 제시하고 있고, 또 동시에 전문가로서 이 기법들을 충실히 활용하였는지를 4점 척도로 평가하여 전문가로서의 자기계발과 성장을 이루도록 하는 데 도움이 될 수 있다.

〈표 6-4〉 과제중심기술 평가 척도

다음 사항에 대해 해당 번호로 표시하시오.

3=매우 만족스러움　2=어느 정도 만족스러움　1=만족스럽지 못함　0=해당하지 않음

	3	2	1	0
초기 단계				
1. 역할과 목적에 대해 설명				
2. 필요한 정보 수집				
3. 문제를 표적화				
4. 문제의 우선순위 결정				
5. 표적문제에 대해 탐색				
6. 문제를 구체화				
7. 목적을 설정				
8. 시간제한				
9. 성원과 계약				
10. 사정				
11. 공감표현*				
12. 자원 확보*				
13. 필요한 경우, 가족과 협의, 관여*				
14. 필요한 경우, 내담자에게 의미 있는 사람들과 협의				
중간 단계				
15. 시간제한을 활용				
16. 시간제한을 적절하게 변경				
17. 필요한 경우, 사정을 수정				
18. 문제 상황에 대해 재검토				
19. 과제를 명확화				
20. 과제의 세부 사항에 대해 계획				
21. 과제에 대한 정당성과 동기 부여				
22. 과제에 대한 모의훈련				
23. 과제 수행의 장애물에 대해 예측				
24. 과제 경과에 대해 검토				
25. 성공하지 못한 과제를 수정				
26. 수행되지 않은 과제에 대해 언급				
27. 성원이 제기한 표적화되지 않은 문제에 대해 언급				
종결 단계				
28. 변화에 대해 사정				
29. 계속해야 할 일에 대해 계획				
30. 문제해결 기술에 대해 재검토				
31. 개입의 긍정적인 면을 강조				
32. 종결에 대한 감정에 대해 토의				

* 개입의 모든 단계에 적용됨

출처: 김혜란 (1996). 재인용.

4) 평가

과제중심모델에 기반한 실천은 클라이언트의 관심 문제, 즉 과제에 초점을 두고, 클라이언트와 사회복자사 모두의 상호책임을 강조하며, 경험기반의 실천방법에 의존함으로써 사회복지에 기여하였다(Gambrill, 1994). 특히 내담자의 참여를 중요하게 여기고, 클라이언트 외 내담자 간의 불균형으로 인해 발생하는 문제에 대한 대처노력을 강조하는 특징이 있는데(허남순, 1998), 이는 사례관리의 중요성이 커지고 있는 현 사회복지실천의 상황에서 매우 필요한 접근이라 할 수 있다.

리드(Reid, 1978)가 과제중심모델을 적용하여 개별적인 상담을 실시한 클라이언트들에게서 표적문제에 많은 변화가 가져온 것으로 나타났고 톨슨(Tolson, 1976)이 의사소통의 문제에서 의사소통 양식을 표적문제로 할 때 긍정적 변화가 있었던 것으로 나타났다. 그 외 리드를 비롯한 여러 학자들이 내담자들을 대상으로 실험한 결과에서도 과제중심모델을 적용했을 때 긍정적 변화가 있었던 것으로 보고하였다(허남순, 1998). 이렇듯 과제중심모델은 경험적 개입을 토대로 긍정적 효과를 증명하고 있으며, 특히 표적문제를 명확히 설정할 때 가시적으로도 개선 효과가 확인되는 유용한 모델이라는 점에서 강점이 있다.

또 과제중심모델은 다양한 실천모델을 활용할 수 있는 개입의 틀을 제공하고, 단기개입의 구조와 클라이언트의 자기결정권 강조, 사회복지사의 환경적 개입 등의 측면에서 유용하다. 과제중심모델이 지향하는 경험기반 실천에 대한 여러 연구들의 검증결과 클라이언트에게 실질적으로 유익한 것으로 나타났으며, 특히 의료모델에 근거한 전문의의 가정이나 권한에 의존했던 실천에서 클라이언트에게로의 권한 부여 및 억압 감소에도 도움이 되었다. 이는 개인이 경험하는 어려움의 원인을 개인적·심리적 차원에서 찾던 것을 사회적·외부적 문제로 주의를 기울이도록 한 것과 일관성을 갖는다(Naleppa & Reid, 1998).

하지만 몇 가지 한계점도 지적되고 있다. 그것은 첫째, 사회적 지지가 미약한 클라이언트의 경우 문제해결의 지속성과 효과성 유지를 위한 사후관리 면에서 제한적일 수 있다. 특히 과제중심모델이 클라이언트의 사회환경에 대한 개입보다는 클라이언트의 개인적 변화에 초점을 맞추는 경향이 있어 지역사회 자원개발이나 환경 개입을 강화할 필요성이 있는 것으로 나타났으며, 사정 단계에서 표적문제가 너무 기계적이거나 모호하게 설정되는 경향을 개선할 필요성이 제기되었다(김혜란, 1996). 또 정신질환이나 음주문제 등 정신과 치료가 병행되어야 하는 경우는 과제수행의 어려움이 발생하기 때문에 제한적이다. 그리고 사회복지사의 업무가 과중한 경우도 작은 일련의 과제를 함께 해결해 나가는 데 한계로 작용할 수 있다(신원우, 2001).

2 위기개입모델

1) 개요: 개념과 특징

위기(crisis)는 언젠가 일어날 것으로 기대되는 불확실한 사건의 발현 또는 과정으로 사람들의 복지를 위험하게 만드는 사건을 의미한다(한재은 외, 2011). 즉 자신의 평소 대처 메커니즘이 실패하고 고통과 기능장애를 확인할 수 있는 증거가 보이는 심리적 항상성의 중단상태 혹은 개인의 안정성이나 대응 또는 기능을 저하시키는 스트레스를 경험하는 상태라고 정의할 수 있다(이주호, 2013).

이러한 위기는 크게 두 가지 범주로 구분할 수 있다. 하나는 개인이나 가족이 주요 인간관계의 변화, 사별이나 이혼과 같은 가족구조의 변화, 실직 등으로 인한 환경적 변화 때문에 새로운 삶에 적응해야 하는 것과 같이 발달 단계에서 해결해야 할 과업이나 사건에서 발생하는 것이다. 다른 하나는 테러나 지진, 홍수 등 지역사회 전체의 파괴를 가져오는 대규모 재난이다. 이것은 사회체계의 많은 구성원이 정상적인 활동을 하는 데 필요한 정보와 가이던스(guidance), 물리적 환경의 안전, 공격으로부터의 보호, 식량, 주거, 소득의 제공 등과 같이 생활하는 데 필요한 조건을 상실하는 집합적인 스트레스(Yule, 2001; 한재은 외, 2011 재인용)를 의미한다. 이런 위기에 처한 사람들은 다음과 같은 특징을 나타낸다.

- 의미 있고 위협이 되는 것으로서 직면한 사건에 대한 지각
- 기존의 대처방법으로 스트레스 유발 사건들의 영향 축소 및 수정이 어려움을 표출
- 공포와 긴장, 혼란에 대한 경험
- 높은 수준의 주관적 불쾌감의 표출
- 활성화된 위기 또는 불균형의 상태 진행

이상과 같은 특징은 위기 반응(crisis reaction)으로 표출된다. 임상적으로 위기반응은 무력감과 당황, 걱정, 충격, 불신, 분노, 낮은 자존감, 심각한 우울증 등과 같은 심리정서적 반응으로 나타나며, 더 나아가서는 모순, 무질서, 동요, 침묵, 억제, 철회, 냉담함 등을 나타낼 수도 있다(이주호, 2013). 그러므로 이렇듯 개인적 위기이든 혹은 사회적 위기이든 전문가는 논리적 과정을 통해 즉시 제공되어야 할 지원과 범위를 정하여 개입해야 한다. 즉 단기간 동안 어떤 지원을 할 것인지를 결정하고 의도적으로 클라이언트에게 접근하여 위기 수준을 저하시키며, 자원을 동원하고 전략적으로 위기를 안정화하는 방법을 제공하여야 한다.

이와 같은 위기개입을 위해 무엇보다 중요한 것은 전문가들에 대한 훈련과 교육 수준에 대한 준비이다(이주호, 2013). 위기가 닥치면 클라이언트는 부정적이고 심각한 심리정서적 반응을 겪고 또 위기로 인해 외상후스트레스장애(Post Trauma

Stress Disorder: PTSD)와 알코올 의존 등 장 · 단기적인 장애를 가질 수도 있다. 때로는 신체적 불편감과 이상행동을 유발하기도 하므로(전혜성, 2017; 한재은 외, 2011) 초기에 전문적으로 개입하여 심각한 상황에 이르지 않도록 하는 것이 매우 중요하다. 즉, 사전 예방의 차원에서 위기개입을 하며, 더 나아가서는 위기가 새로운 도전과 기회의 전환점이 될 수 있도록 하여야 한다.

2) 이론적 배경

위기 유형에 따라 심리사회적 불균형이 안정화되는 데에는 수 주일에서 수년이 걸린다. 개인과 가족, 집단 차원에서의 위기에 대한 전문적 개입이 이루어지는 경우 약 4~6주의 안정화 기간이 소요되지만, 사회적 · 국가적 차원의 재난과 같은 위기에는 더 오랜 시간과 많은 자원이 필요할 수 있다. 이러한 전문적 위기개입을 하기 위한 이론적 모델을 개인과 사회 수준으로 구분하여 살펴보면 다음과 같다.

(1) 개인중심의 위기개입모델

불평등과 실직, 자살, 상실, 재난 등 심각한 개인적 · 사회적 위험요소들이 증가하면서 개인적으로도 심리사회적 · 정신적 위기를 경험하는 사람들이 증가하고 있다. 본인 혹은 가족이나 집단 구성원 중 자살과 실직, 상실 등과 같은 생활사건으로 심각한 스트레스를 겪게 되거나 이에 대처할 수 있는 개인적 · 사회적 지지나 자원이 부족하게 되면 심리적 · 정신적 불균형의 상황을 경험하게 된다. 즉 분노와 불안, 우울, 두려움, 공포, 그리고 PTSD나 공황장애 등과 같은 부작용이 나타날 수 있다. 그러므로 위기가 발생하면 즉각적으로 개입하여 부작용을 감소시키고 적응과 회복으로 나아가도록 도와야 한다.

위기개입의 초기에는 위기에 처한 개인과 가족을 중심으로 하는 임상적 접근법이 강조되었지만, 최근에는 위기 해결 이후의 적응과정에서 지역사회서비스체계의 활성화가 매우 중요하다는 인식이 높아지고 있다. 즉, 생태학적 측면의 환경중심적 접근이 강조되고 있는데, 이를 중심으로 위기개입의 목적과 원칙을 살펴보면 다음과 같다.

① 위기개입의 목적과 원칙

위기가 발생하면 기존의 항상성이나 적응상태에 균열이 생기면서, 먼저 불안과 긴장이 높아지고 해결책을 강구하는 능력이 저하된다. 또 무능감을 느끼고 정신적 혼란 상태에 빠질 수 있다(이주호, 2013). 그러므로 클라이언트가 일상을 회복하도록 돕는 전문적 서비스가 필요하다. 이때 목적은 클라이언트가 최소한 위기 이전의 기능 수준을 회복하도록 하는 데 두고, 다음의 실천원칙에 따라 전문적 개입을 한다(고재욱, 2014).

- 위기개입 기간은 4~6주 정도의 단기접근을 한다.
- 직접적으로 위기 상황과 관련된 구체적인 문제에 초점을 두고, 현재 지향적으로 접근한다.
- 구체적이고 관찰 가능한 문제들에 표적을 둔다.
- 가정 적절한 최선의 치료전략을 세운다.
- 사회복지사는 다른 어떤 모델 적용에서보다 더 적극적이고 직접적인 역할을 한다.

② 개입과정

개인적 혹은 사회적 차원에서 발생하는 위기의 빈도와 재난 규모가 커지면서 위기개입의 중요성에 대한 인식도 높아지고 있다. 우리나라는 1990년대 후반부터 태풍과 교통사고, 삼풍백화점 사고, 대구 지하철사고, 전쟁 등의 위기 상황이 발생하면서 외상후스트레스장애와 불면증, 우울, 식욕감퇴, 분노, 감정조절의 어려움 등의 부정적 영향과 폐해를 탐구해왔다. 하지만 이 연구결과를 바탕으로 실제 어떻게 도울지에 대해서는 여전히 제한적인 상황이다(이주호, 2013; 한재은 외, 2011). 다만 위기개입 관련 모델들 중 개인 차원에 대하여 로버츠(Albert R. Roberts, 2005)의 위기개입과 위기관리에서 제시된 7단계 위기개입모델(Roberts' Seven Stage Cirsis Intervention Model)이 많이 활용되고 있는데, 이를 살펴보면 다음과 같다.[1]

로버츠의 7단계 중 첫 단계인 1단계에서는 위기의 심각성과 심리사회적(biopsychosocial) 측면을 평가하여 계획을 수립하고 실행해야 한다. 전문가들이 신속하게 위험평가(risk assessment)를 통해 다음과 같은 즉각적인 위험과 잠재적인 치명률을 평가한다.

- 클라이언트가 의료행위를 필요로 하는지 여부
- 클라이언트가 자살의도를 갖고 있는지 여부
- 클라이언트가 폭력범죄의 피해자인지 여부, 피해자인 경우 가해자와의 근접성 등
- 다른 아이들이 위험한지 여부
- 피해자가 병원으로 응급이송 혹은 보호소를 필요로 하는지 여부
- 클라이언트가 알코올이나 약물로 인해 영향을 받았는지 여부
- 클라이언트가 자해할 가능성이 있는지 여부 등

2단계에서는 심리적 접촉과 신속한 협력관계를 형성하도록 노력한다. 클라이

1) 로버츠(Roberts)의 7단계 모델은 이주호(2013)과 전혜성(2017)의 논문을 요약하였음.

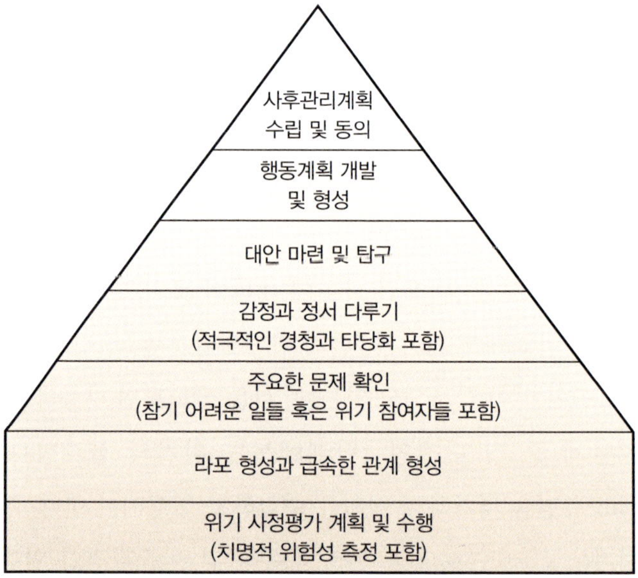

[그림 6-1] 로버츠(Roberts)의 7단계 위기개입모델

언트에게 진심어린 존중과 동의를 보여주어 자신이 도움을 받을 수 있다는 확신을 갖도록 노력한다.

3단계에서는 위험을 정의하기 위해 문제 상황을 다각적으로 파악한다. 클라이언트가 도움을 요청하도록 만든 촉발사건이나 이전의 대처방법, 위험성과 치명률을 조사하여 위험상황에 대비한다.

4단계에서는 태도(feelings)와 감정(emotions)을 탐색하고 가능한 자원을 파악한다. 클라이언트의 위기 사건의 내용과 클라이언트가 느끼는 감정을 공감하고 지지하면서 활용 가능한 자원들을 탐색한다.

5단계에서는 이전의 대처기술과 대안을 탐색한다. 위기가 닥치면 기존의 항상성이나 문제해결 메커니즘이 작동하지 않으므로, 의식적 수준에서 클라이언트가 어떻게 대처했는지 확인하고 수정하며, 분노나 좌절 같은 상황을 어떻게 다루었는지도 파악하여 대안을 찾도록 한다.

6단계는 구체적 행동계획을 수립하여 인지기능을 회복하도록 한다. 클라이언트에게 무슨 일이 일어났는지, 원인이 무엇인지를 현실적으로 이해하도록 돕고, 사건의 의미나 인지왜곡, 비논리적 확신을 발견하도록 한다. 또 합리적 확신과 새로운 인지를 갖도록 인지 재구조화(restructuring), 재건(rebuilding), 대체(replacing) 기법을 활용한다.

마지막 단계인 7단계에서는 추후계획을 수립하고 안내하여 언제든지 필요한 경우는 전문적 개입을 이용할 수 있음을 알려주어 안정화의 지속성을 유지하도록 한다(이주호, 2013; 전혜성, 2017).

(2) 재난 대응 위기개입모델

재난은 피해자에게 강력한 심리적 스트레스를 유발하고 엄청난 손실과 상실의 경험을 가져다준다. 미국의 911 세계무역센터 폭발사고 재난을 경험한 아이들은 불면증, 엘리베이터 탑승의 두려움을 계속 나타냈고(Webb, 1994), 오클라호마 폭탄 테러사건(Oklahoma City Bombing)이 시민의 트라우마에 미친 영향에서는 사건 1,2년 후에도 분노, 우울, 알코올 사용 증가, 스트레스와 PTSD가 증가하여 심리치료가 필요한 것으로 나타났다. 이 외에도 911 세계무역센터 테러 사건에 노출된 중국노동자 중 1/3 이상이 중증 이상의 우울을 보였고, 21%는 PTSD 증상을 보인 것으로 나타났다(Bocangera & Brickman, 2004; 한재은 외, 2011 재인용).

우리나라에서도 태풍이나 교통사고, 백화점 붕괴사고, 대구 지하철사고 등의 재난경험자를 대상으로 연구한 결과, 대부분이 PTSD와 불면증, 우울, 식욕감퇴, 분노, 감정조절 등의 어려움을 겪는 것으로 나타났다(이인숙 외, 2003; 이선미 · 김정희, 2002; 김승태 외, 1997; 이수연 외, 2004). 이렇게 예고 없이 닥치는 재난의 피해자들이 심각한 후유증을 경험하는 반면, 심리적 지원은 미흡하거나 부재하여 그 부정적 영향이 장기화되고 심화되는 결과를 낳고 있다. 이뿐만 아니라 재난 위기를 극복할 수 있도록 돕는 전문가들도 직간접적 외상으로 인한 정신적 · 심리적 후유증을 겪는 것으로 나타나면서 여러 가지 위기개입모델들이 개발되었다.

위기개입의 접근 내용은 피해자 개인을 대상으로 개입하는지 혹은 집단이나 지역사회를 주된 대상으로 개입을 하는지에 따라 차이가 있고 접근 모델도 다양하다. 그러나 목적과 기간, 대상 등 특징에 따라 모델들을 비교해 보면 공통적으로 몇가지 특징을 발견할 수 있다(한재은 외, 2011).

첫째, 목적 면에서 보면, 여러 모델이 지향하는 목적은 작게는 재난으로 인한 고통 경감과 스트레스 완화, 부정적 반응과 사고 경감(3~6)이고, 크게는 재난 이전 기능으로의 회복과 역량강화(1,2)라는 점에서 공통성을 갖는다(한재은 외, 2011).

둘째, 위기개입 기간 면에서 보면, 재난 직후부터 1~2회 정도의 단기개입을 할 때는 주로 재난 위기로 인해 발생한 혼란과 공황상태에 대하여 긴급지원을 한다. 반면 몇 달부터 몇 년에 이르기까지 장기개입을 하는 경우는 좀 더 포괄적이며, 사후관리 서비스까지를 포함한다.

셋째, 위기개입 대상 면에서 보면, 개인부터 가족, 지역사회까지 포괄하는 경향을 보인다. 또 위기 상황에 개입한 전문가도 대상으로 한다. 주된 개입대상에서는 1차 피해자인지 혹은 위기 상황에 개입한 구조자인지를 구분하지만, 이들이 노출된 위기 상황은 유사하기 때문에 개입방법에서 큰 차이는 없다.

마지막으로, 위기개입모델은 정신건강을 위한 기본 요소인 욕구사정, 현장방문상담, 심리적 지지, 경험보고활동 등을 통한 심리적 지원과 개인 및 집단교육, 위기상담 등을 주된 요소로 하는 특징이 있다.

이상과 같은 재난대응모델들 중에, 여기서는 개인과 집단대상 모델을 하나씩 소개하도록 한다. 먼저 개인대상의 접근모델인 PFA(Psychological First Aid)는 재난 피해자들이 신체적 · 정서적 안정에 초점을 둔다. 재난에 직면하면서 불안과 두려움, 공포에 압도되면 인지적 · 행동적 차원에서도 장애가 발생할 수 있기 때문에 재난 직후 개입하여 어느 정도 심리정서적 안정을 회복할 수 있도록 한다. 이를 위해 지지상담이나 스트레스 관리, 대처방법에 대한 정보와 서비스를 제공한다. 재난 직후 심리정서적 지지에 초점을 두기 때문에 서비스를 제공하는 이는 반드시 전문가가 아니어도 된다. 개입 목적과 방법에 대한 충분한 이해교육을 받은 비전문가들도 충분히 재난을 겪은 피해자를 도울 수 있으며, 특히 피해자와 어렵지 않게 라포형성을 할 수 있고 즉각적으로 개입자를 동원하여 지원이 가능하다는 점에서 강점이 있다. 그러나 개입 효과성을 정확히 평가하기 어렵고 예방적 효과에 대한 평가의 근거가 부재하며 위기 상황에 대한 전문적 판단에서 제한이 있는 한계가 있다.

〈표 6-5〉 재난을 겪은 개인 대상 위기개입모델

PFA(Psychological First Aid)	
개입 목적	재난 피해자들의 신체적 정서적 안정
개입기간 및 범위	재난 직후
개입대상	개인
개입내용 및 단계	• 지지상담 • 스트레스 관리 • 스트레스 대처방법 등의 정보와 서비스 제공
특징	• 비전문가들에 의해 수행
효과성	• PFA의 확장된 사용에도 불구하고 재난 시 심리적 영향과 그 예방에 대한 효과성의 평가가 없음
강점	• 전문가에 비해 쉬운 라포를 형성함으로써 피해자의 욕구를 보다 빠르게 확인할 수 있음 • 비전문가에 의한 수행으로 비용효과적임
한계점	• 비전문가 중심의 서비스 제공은 피해자에 대한 심리적 위급상황 파악 및 긴급대처 부족으로 질적인 제공의 문제 발생

출처: 한재은 외 (2011). p.64.

한편 재난을 겪은 집단과 개인, 가족을 대상으로 한 개입모델로서 CISM(Critical Incident Stress Management)은 재난으로 인한 디스트레스를 개선하고 재난 이전의 기능으로 회복하도록 하는 데 초점을 둔다. 이 목적을 달성하기 위해 재난 자체보다 재난 이전부터 재난 이후의 기간에 대한 충분한 이해교육, 상담, 동원을 통한 개입 지속, 위기관리에 대한 요약 설명 및 모니터링, 진정, 가족상담 및 가족개입, 추수관리, 그리고 필요한 경우는 의뢰를 하는 원조과정 전 단계를 수행한다. 재난 위기와 관련된 복합적인 문제에 개입하기 위해 다통합적 접근을 시도하기 때문에 환경 속의 개인을 통합하는 다차원적 접근의 긍정적 효과를 기대할 수 있다. 하지만 통합적 · 다차원적 접근이 제대로 이루어지지 않으면 기대한 효과를 거두기 어려운 한계가 있다. 그러므로 유관기관의 자원을 연계하고 전문가 간 협업이 충실히 이루어지도록 하여야 한다.

〈표 6-6〉 재난을 겪은 집단과 가족, 개인 대상 위기개입모델

CISM(Critical Incident Stress Management)	
개입목적	디스트레스 완화 및 재난 이전 기능으로의 회복
개입기간 및 범위	재난 이전부터 재난 이후(최대 2년)
개입대상	집단 및 개인, 가족
개입내용 및 단계	• 재난 이전 및 이후 교육 • 상담 • 현상지원서비스 • 동원 • 위기관리 브리핑 • 진정시키기 • CISD(Critical Incident Stress Debriefing) • 가족위기상단, 개입 • 영적위기상담 • 추수관리(follow-up) 및 의뢰

특징	• 다양한 세팅에서 활용 가능 • 위기개입에서의 통합적인 다측면적 접근을 제공
효과성	• 재난으로 인한 피해자들의 디스트레스 완화 및 PTSD 예방의 긍정적 효과 • 재난 시 CSID와 더불어 가장 활발한 연구가 진행되고 있으며 자주 활용되는 모델
강점	• 개인, 가족, 지역사회를 포괄하는 다요인적 모델로 환경 속의 개인을 통합. 다차원적 접근 가능
한계점	• 통합적이며 다요인적인 개입이 온전히 실행되지 못하고 있음 • 각 구성요인들 간의 구축된 네트워킹이 없을 시 표면적 개입에 그칠 수 있음

출처: 한재은 외 (2011). p.62.

위기개입 대상은 주로 개인과 집단, 가족이다. 하지만 아동과 성인, 노인, 장애인 등 대상의 특성과 기능을 고려하는 모델 개발이 필요하다. 또 위기의 특성 및 대상을 특성을 고려하는 개입방법에 대한 연구와 개발이 좀 더 적극적으로 이루어져야 한다. 특히 모델들의 효과성 입증 연구가 부족한 상황인데, 예측이 어려운 재난이나 위기가 발생할 가능성이 커지는 만큼 위기개입모델의 효과성을 검증하는 연구들이 지속적이고 활발하게 이루어져야 할 것이다.

3) 평가

과제중심모델과 마찬가지로 위기개입모델도 정신역학이론에 기반한 케이스워크의 비효과성에 대한 비판과 단기 개입에 중점을 두는 경향의 공통점을 갖고 있다(Hepworth et al., 2002: 87). 또 사회복지실천에서 클라이언트의 참여를 중시하고 문제중심 서비스에서 클라이언트를 적극적으로 활용하도록 하는 특징이 있다.

하지만 사회복지실천 현장에서 발생하는 위기 상황은 매우 다양하기 때문에 이를 고려하여 다양한 위기 유형에 대한 교육과 또 클라이언트와 가족을 어떻게 도울 수 있는지에 대해서는 여전히 충분한 교육이 필요한 실정이다. 또 위기 자체가 즉시적 도움을 필요로 하는 것이므로 전문가의 개입을 통해 긍정적 효과를 경험할 수 있도록 현장과의 연계 및 개입의 구체성을 높이고 질 높은 서비스로 제공할 수 있도록 하여야 한다.

07

CHAPTER

개인사회복지실천 I

1. 개인사회복지실천과정
2. 개인사회복지실천기술

07 CHAPTER

개인사회복지실천 I

Skills for Social Work Practice

1 개인사회복지실천과정[1)]

개인을 대상으로 하는 사회복지실천과정은 접수, 자료수집, 사정, 계획과 개입, 평가와 종결의 5단계로 구분된다. 접수, 자료수집, 사정까지를 사회복지실천 초기 단계, 계획과 개입을 중간 단계, 평가와 종결을 최종 단계로 구분할 수 있다.

먼저, 접수(intake)란 도움이 필요한 대상의 문제와 욕구를 확인하고 기관에서 서비스를 제공할 수 있는지 판단하는 단계이다. 접수 단계에서 사회복지사는 문제 확인, 의뢰, 동기부여 등의 과업을 수행한다. 자료수집 단계에서는 클라이언트의 문제를 이해하고 해결하는 데 필요한 자료를 모은다. 자료수집에 포함되는 내용에는 접수 단계에서 파악한 클라이언트에 대한 기본적인 정보를 비롯하여, 문제에 대한 깊이 있는 정보, 클라이언트와 클라이언트의 가족이 살아온 역사(history), 클

1) 개인사회복지실천과정에 대한 내용은 우국희 외(2021)의 사회복지실천론(제3판)을 참고하였다.

라이언트의 기능상태, 클라이언트의 자원, 클라이언트의 강점 및 한계, 클라이언트의 환경에 관한 정보 등이 있다. 자료수집과 함께 이루어지는 사정(assessment)에서는 수집된 자료들을 분석하고 해석하여 클라이언트의 진정한 문제 및 욕구가 무엇인지 파악하고, 그 성격과 원인을 규명하여, 클라이언트의 문제에 대해 보다 전문적인 평가를 내린다. 사정 내용을 기반으로 개입 목표를 설정하게 된다.

사회복지실천과정의 중간 단계에서는 먼저 클라이언트의 문제를 해결할 수 있도록 돕기 위한 계획을 세우고, 수립한 계획을 실천에 옮기는 개입을 실행한다. 계획 단계에서는 의도된 변화를 일으키기 위한 개입 목표를 설정하고, 이러한 과정을 사회복지사와 클라이언트가 함께 노력하여 이루어내겠다는 약속인 '계약'을 한다. 개입 단계는 클라이언트의 문제해결을 위해 계획을 구체적인 행동으로 이행하는 단계로, 사회복지실천과정의 핵심 단계이다. 사회복지사는 클라이언트에게 직접적으로 개입하기도 하지만, 클라이언트가 관계하고 있는 환경에 관여하는 간접개입을 하기도 한다.

사회복지실천과정의 마지막 단계인 평가와 종결에서는 사회복지실천의 목적과 목표가 달성되었는지 점검하고, 실행에 효과적이었던 방법과 전략들을 밝혀내는 평가를 먼저 실행한다. 평가 내용을 바탕으로 클라이언트의 문제가 해결되거나 욕구가 충족되었다고 판단되면 종결이 이루어진다. 때로는 시간 제한적인 서비스가 종료되거나 클라이언트나 사회복지사, 기관의 사정으로 인해 예기치 않은 종결을 맞이할 수도 있다.

개인대상 사회복지실천기술은 사회복지실천과정 전반에 걸쳐 활용된다. 접수 단계의 주요 과업 중 하나인 동기부여를 위해서는 클라이언트와의 관계형성 기술이 필요하며, 개입 단계에서는 의사소통 및 행동 수정을 위한 다양한 실천기술들이 활용된다. 종결 단계에서도 클라이언트의 성취에 대한 인정과 헤어짐에 대한 정서적 반응에 대응하기 위한 실천기술들이 요구된다. 본 장에서는 클라이언트에 대한 직접적 개입에 주로 활용되는 개인대상 실천기술 중 클라이언트와의 관계 형성 및 의사소통에서 주로 사용되는 경청 기술, 질문 기술, 공감 기술에 대해 학습한다.

2 개인사회복지실천기술[2)]

1) 경청 기술

(1) 경청

경청이란 신중하게 주의하면서 듣는 것(Webster 사전)을 말하며, 청각적 · 시각적 자극을 받아들이고 그것에 집중하며 의미를 부여하는 과정(Wolvin & Coakley, 1996)이다. 경청은 관계 형성의 주춧돌이며 상대방을 이해하는 데 필수적인 기술이다. 경청은 "당신의 느낌은 소중하고 독특한 것입니다. 나는 당신이 말하기 전에 당신이 말하려고 하는 것을 이미 내가 알고 있다고 가정함으로써 당신을 모욕하지 않을 것입니다."라고 상대방에게 말하는 수용과 배려의 행동이다.

공허한 경청(empty listening)은 반응 없는 경청을 의미하며(Egan, 1997), 공허한 경청자는 침묵하거나 "무슨 말씀을 하시는 건지 잘 알겠습니다"와 같은 상투적인 말을 한다. 흔히 경청을 '잘 듣는 것'이라고 생각하지만, "훌륭한 경청의 결정적인 증거는 훌륭한 반응이다(Egan, 1997)." 경청은 적절한 반응을 수반하며, 경청하고 있다는 느낌을 상대방이 가질 수 있도록 지각되어야 한다(Wolvin & Coakley, 1996).

2) 이 장에 소개된 실천기술에 대한 내용은 Shebib (2006)의 4장, 5장, 6장의 내용을 참고하였다.

(2) 적극적 경청

적극적 경청(active listening)이란 주의집중, 침묵, 요약, 환언, 질문, 공감 등의 기술을 활용하여 클라이언트가 언급한 것뿐만 아니라 말하지 않은 채 남겨져 있는 것에 대해 듣는 것을 말한다. 적극적 경청을 위해서는 단어 선택, 어조, 자세, 언어적 망설임과 같은 단서들에 신중하게 주의를 집중해야 한다.

예를 들어, 자신의 가족에 대해 이야기하는 클라이언트가 여동생에 대해 이야기할 때 서로 좋은 관계라고 말하면서 눈맞춤을 피하고 목소리가 약간 가라앉는 것을 관찰하게 된다면, 여동생과의 관계가 말로 표현된 것과는 다른 것인지, 또 그것이 클라이언트의 삶에 어떤 영향을 미치고 있는지 더 탐색해볼 수 있다.

적극적 경청 기술은 결정적인 사건을 안전하게 다루는 데 사용된다. FBI는 인질극과 같은 상황을 다루는 협상가를 훈련시킬 때 적극적 경청 기술을 가르친다(Noesner & Webster, 1997). 적극적 경청 기술은 인질범이 좌절, 절망, 분노, 기타 강렬한 감정에서 풀려나도록 도움을 주며, 그 결과 인질범은 정상적인 수준으로 정신이 돌아오고 이성적으로 생각할 수 있게 되기 때문이다(Shebib , 2006: 154).

적극적 경청 기술은 위기 상황에 빠진 클라이언트에 대한 개입에서도 중요한 역할을 한다. 갑작스러운 사고나 질병으로 인해 크게 상심하고 있는 클라이언트의 경우, 자신이 처한 상황을 구체적으로 표현하기가 쉽지 않다. 적극적 경청 기술을 통해 클라이언트가 필요로 하는 것을 파악하고 정서적인 지지를 제공할 수 있다.

(3) 적극적 경청의 기술

① 주의집중(attending)

주의집중은 사회복지사가 경청할 준비가 되어 있고 경청할 의지와 능력이 있다는 사실을 클라이언트에게 전달하는 방법을 가리킨다. "당신을 위해 내가 여기에 있다. 나는 당신에게 완전한 주의를 집중하고 있다. 나는 당신의 느낌과 당신이 말해야만 하는 것에 두려움을 가지고 있지 않다"고 전달한다. 이는 신체적 · 심리적으로 완전히 열려 있는 상태임을 전달하는 것이다.

주의집중을 위해서는 물리적인 소음이 통제된 공간, 지나치게 어둡거나 밝지 않은 조명 등 환경적 요소 외에 만남 시간을 정확하게 지키고 중요한 세부 사항을 기억하며 서로 합의한 계획에 따라 진행해 나가는 것과 같은 내용적 요소도 많은 영향을 미친다. 또한, 몰입을 전달하는 신체적 · 언어적 표현을 적극 사용하는 것이 좋다. 다음은 몰입을 나타내는 태도들의 예시이다.

- 어깨와 다리를 상대방에게 향하는 것
- 개방적인 자세
- 몸 기울이기
- 머리 끄덕이기
- 미소
- 눈맞춤

개방적인 자세는 폐쇄적이지 않은 자세를 취하는 것을 말한다. 일반적으로 팔짱을 끼거나 다리를 꼬는 것은 폐쇄적인 자세이다. 눈맞춤의 시간, 정도 등은 문화적으로 자연스럽게 수용되는 수준이 다를 수 있다. 눈맞춤을 오래 하는 것이 어떤 문화에서는 깊은 관심을 드러내는 표현이지만, 어떤 문화에서는 도전적인 태도로 느껴진다. 또, 눈맞춤을 어느 정도로 해야 할지는 클라이언트의 상황에 따라서도 달라질 수 있다. 사회복지사와의 만남에 부담을 느끼고 있는 클라이언트를 계속 응시하는 것은 더 큰 부담을 줄 수 있다. 클라이언트의 상황에 따라 적절한 눈맞춤을 할 필요가 있다.

② 침묵(silence)

"침묵을 더 나은 것으로 만들 수 없다면, 침묵을 깨지 마라!(Elbourne, 1997)"는 말처럼, 사회복지사는 의사소통에서 침묵의 중요성을 이해할 필요가 있다. 초보 사회복지사는 이야기를 나누는 도중에 대화가 끊겨 침묵이 생기면 그 불안감이나 두려움을 이기지 못해 거의 반사적으로 조용한 순간을 질문과 해석으로 채우려는 행동을 하기 쉽다. 사회복지사는 클라이언트와의 상담 중 침묵을 허용하도록 혹은 침묵에서 편안해지도록 해야 하며, 한편으로는 침묵을 어떻게 적절하게 헤쳐 나갈 것인가에 대해 알고 있어야 한다.

침묵은 똑같이 해석되어서는 안 되며, 모든 고요한 순간순간은 각자 다른 의미를 지니고 있다. 누가 먼저 침묵을 깨야 할지 경쟁할 필요는 전혀 없다. 침묵은 대화의 중지가 아니다.

상담에서 침묵은 다음의 여섯 가지 의미를 담고 있다(Shebib, 2006: 160-167).

- 생각하고 있다.
- 일상적인 방식이다.
- 고통스러운 감정을 가지고 있다.
- 무슨 말을 할지 혼란스러워 한다.
- 믿지 못하고 있다.
- 더 이상 할 말이 없다.

침묵의 여섯 가지 의미와 관련된 비언어적 단서들과 이에 대한 대응은 〈표 7-1〉과 같다.

〈표 7-1〉 침묵의 여섯 가지 의미와 대응

관찰된 행동	의도된 메시지	의미	대응
곁눈질하기, 이마 찌푸리기, 눈을 움직임, 미소짓기	제발 좀 참아. 나는 생각할 시간이 필요해.	생각하고 있다.	• 원하는 만큼 충분히 기다리겠다는 의지를 언어나 비언어적 태도(눈맞춤)로 표현
낮은 목소리, 짧은 대답	이게 내 방식이야. 난 많은 것을 말하지 못해.	일상적인 방식이다.	• 문화적, 개인적 특성으로 수용함 • 개방형 질문을 하면서 자연스럽게 더 이어갈 수 있도록 격려 • 이야기를 해야 더 많은 도움을 줄 수 있다고 알려줌
이야기를 시작했다가 갑자기 중단하고 머리를 흔들고 중얼거림	이야기해야 할지 말아야 할지 잘 모르겠어.	고통스러운 감정을 가지고 있다.	• 고통스러운 감정을 공감함 • 이야기를 하는 것이 얼마나 용기가 필요한 일인지 말해줌
어깨 들썩임, 빠르게 눈을 움직임, 눈을 부릅뜸, 성난 목소리, 입술을 삐죽거림, 가슴에 팔짱을 낌, 주먹을 꼭 쥠, 무시하거나 부적절하게 짧은 대답을 하고 의자를 뒤로 젖힘	도와줘, 나는 혼란스럽고 다음에 무엇을 해야 할지 모르겠어. 당신은 내가 이야기하도록 만들 수 없어. 나는 여기에 있기 싫어.	무슨 말을 할지 혼란스러워 한다.	• 조리 있게 말하지 않아도 된다고 말해줌 • 저항에 대해 공감을 표함 • 마지막 반응을 환언함 • 분명한 지시를 함
눈물을 흘림, 눈을 감음, 입술을 떪, 얼굴을 붉힘, 바닥을 바라봄, 몸을 부들부들 떨기	나는 지금 숨이 막혀.	믿지 못하고 있다.	• 함께 침묵을 유지하면서 주의집중과 공감을 표현
뒤로 기댐, 미소 짓기, '바로 그거예요'라고 말함	나는 끝냈어.	더 이상 할 말이 없다.	• 요약하고 주제를 전환함

침묵은 느낌을 경험하고 심사숙고할 수 있는 시간을 제공한다. 클라이언트와의 대화에 진전이 없다면 사회복지사가 침묵을 독려할 수도 있다.

- 잠시 동안 각자 조용히 생각해 보는 시간을 가져봅시다.
- 잠시 대화를 중단할까요?
- 준비가 되셨을 때 이야기를 시작해 봅시다. 둘이 아무 말도 하지 않고 있는 것도 괜찮습니다.

③ 환언(paraphrase)

환언은 상대방의 말과 아이디어를 자신의 말로 바꿔 말해보는 것이다. 이것은 상대방이 말한 것을 그대로 반복하는 것과는 다르다. 박성희(2007)는 환언을 '내용 되돌려주기'로 보고 상대방의 메시지에 표현된 핵심내용을 자신의 언어로 뒤바꾸어 표현하는 기술이라 정의하였다. 이것은 상대방의 정서를 되돌려주는 '정서 되돌려주기'와 구별된다. '정서 되돌려주기'는 흔히 반영(reflection)이라고 표현되는 기술이다. 환언을 '재진술'이라고 번역하여 사용하기도 하는데, 재진술이라고 표현하게 되면 내용과 정서를 모두 포함하는 것으로 이해될 수 있고, 자신의 말로 표현된다는 의미가 드러나지 않아 적절치 않다(박성희, 2007).

환언은 사회복지사가 클라이언트의 이야기를 경청해 왔으며, 클라이언트를 이해하고 있다는 것을 보여준다. 또, 클라이언트에게 부정확한 것을 고칠 수 있는 기회를 제공한다. 환언은 요약, 공감과 함께 관계를 발전시키는 데 도움을 준다.

환언에서 중요한 것은 클라이언트가 진술한 의미에 추가하거나 변경하지 않아야 한다는 점이다. 또한 클라이언트가 한 말 모두 사회복지사 자신의 언어로 표현될 필요는 없으며 클라이언트가 애용하는 어투와 단어를 적절히 구사하는 것도 도움이 된다.

사례

클라이언트: 남편이 실직하면서 제 인생은 꼬이기 시작했어요. 결혼생활에도 문제가 있고, 딸도 가출했어요.

사회복지사: 올해 심각한 문제를 많이 겪고 계시네요.

클라이언트: 지금 당장 급한 건 딸이 집으로 다시 돌아오게 하는 거예요. 그 애가 안전한지 알고 싶어요.

사회복지사: 어머님이 가장 신경 쓰는 건 따님이 안전한지 확인하는 것이군요.

클라이언트: 저도 당장 남편을 떠나 다른 곳으로 이사할 수 있었으면 좋겠어요. 그렇지만 딸에게 무슨 일이 생기면 어떡하죠? 전 제 생각만 할 수 없어요.

사회복지사: 어머님은 정말 따님을 최우선으로 생각하시네요.

클라이언트: 정말 그래요. 일단 딸이 괜찮다는 걸 알아야 제 자신을 돌볼 수 있을 것 같아요.

출처: Shebib (2006). p.169. 일부 수정 및 발췌.

환언은 시험적으로 제시하는 것이 바람직하다. "만약 내가 잘못되었다면 고쳐주세요", "당신은 ~라고 말하고 있군요, 맞나요?"라는 표현을 사용할 수 있다.

- 다른 식으로 보면, 당신은 ~라고 말하고 있는 것 같군요.
- 내가 이해하기에는~
- 다른 말로 표현하자면, ~
- ~처럼 보이는군요

④ 반영(reflection)

반영은 클라이언트가 말한 내용 자체보다 그 내용 뒤에 숨어 있는 감정을 파악하고 그것을 다시 클라이언트에게 전달하는 것이다. 감정을 파악할 때는 언어적 표현뿐만 아니라 비언어적 표현에 주의를 기울여야 한다. 숨소리, 말의 속도 변화,

얼굴 붉힘, 말더듬, 특정 단어 강조, 입술의 떨림, 눈동자의 변화 등은 감정을 드러내는 비언어적 단서들이다.

사회복지사가 정확한 감정의 반영을 해주면, 클라이언트는 "네, 맞아요", "정말 그래요"와 같은 반응을 하게 된다. 이러한 경험은 클라이언트가 이해받고 있다고 느끼게 하여 감정을 보다 자유롭게 표현하도록 도우며, 자신의 감정을 관리하는 데 도움을 준다(천성문 외, 2015: 371).

사례

클라이언트: 전 어쩔 수 없이 학교에 오는 것 같아요. 부모님만 생각하면 학교에 다녀야 하지만 학교생활이 너무 지겹고 따분해서 정말 그만두고 싶어요.

사회복지사: 학교 다니기가 정말 괴로운 모양이구나. 부모님의 기대에 보답하자니 더욱 그렇겠지.

클라이언트: 저는 부모님께 이런 이야기를 하고 싶거든요. 그런데 용기가 없는 것 같아요.

사회복지사: 부모님께 죄송해서 차마 이야기를 못하겠다는 말이구나.

클라이언트: 네, 부모님이 이 이야기를 들으면 굉장히 힘들어하실 거예요.

출처: 천성문 외 (2009). pp.295-296.

⑤ 요약(summarize)

요약은 이해를 확증하고 가정을 확인하는 효과적인 실천 기술이다. 복잡하고 막연하고 모호한 클라이언트의 메시지를 요약함으로써, 클라이언트의 생각을 집약하여 표현할 수 있다. 요약은 나누어져 있지만 서로 관련된 아이디어를 묶음으로써 복잡한 자료와 내용을 조직하는 방법이다. 요약은 응집된 순서로 아이디어를 정렬함으로써 클라이언트의 혼란을 상당히 감소시킬 수 있다. 요약은 너무 장황하고 관계없는 것을 이야기하거나 여러 가지 주제로 방황하는 클라이언트에게 유용하다.

〈요약의 예〉

- "우리가 지금까지 이야기한 것에 대해 요약해 볼게요. ○○씨의 문제는 기본적으로 장기적인 해결책에 따라 진행할 필요가 있고, 그 해결책 중 몇 가지는 ○○씨의 건강을 향상시킬 수 있고, 사회생활을 하는 데도 도움이 됩니다. 또한 ○○씨는 우울증을 없애기 위해 당장 할 수 있는 것들을 찾고 싶어 하며, 그 중에는 병원검사를 받는 것, 재미를 느끼는 것을 찾아보는 것 등이 포함됩니다. 지금까지 우리가 이야기 나눈 것을 잘 정리한 것 같나요?"

- "지금까지 말씀하신 것을 종합해 보면, 직장 상사와의 문제가 가장 시급히 해결되어야 할 것으로 보이는데요. 동의하세요?"

출처: Shebib (2006). p.172. 일부 수정 및 발췌.

다만, 요약을 할 때 사회복지사는 자신이 선택적 지각(selective perception)을 하고 있지 않은지 점검해야 한다. 선택적 지각이란 관련 없는 재료를 걸러냄으로써 정보에 의해 압도되는 것을 피하는 자연적인 경향을 말한다. 클라이언트와 관련 있다고 생각하는 부분이 사회복지사에 따라 달라질 수 있다는 것이다. 성 상담과정을 이수한 사회복지사가 과정 이수 이후 얼마나 많은 클라이언트들이 성적인 문제를 가지고 있는지 발견하고 놀랐다는 일화가 있다. 즉, 사회복지사가 어떤 내용에 주목하는지에 따라 요약의 내용이 달라질 수 있다. 사회복지사는 이전의 학습과 가치, 최근의 상황 등에 의해 자신이 어떤 영향을 받는지 늘 확인하고, 자신의 관심이 특정 영역에 치우치지 않도록 주의해야 한다.

2) 질문 기술

질문은 적극적 경청의 중요한 한 부분이자 관계 형성과 의사소통을 위한 필수 실천기술이기도 하다. 만남의 목적, 대화의 맥락, 클라이언트의 개인적 요구 등을 고려하여 적절한 질문 기법을 활용해야 한다. 질문은 자료를 수집하기 위한 중요한 수단이기도 하다. 올바른 질문을 하는 것은 때로는 올바른 대답을 하는 것보다 클라이언트의 변화과정에 더 큰 영향을 끼칠 수 있다.

주로 사용하는 질문 형식에 따라 면담의 종류를 구분할 수 있다. 구조화된 면담에서는 미리 결정된 질문들을 규정된 순서에 따라서 질문한다. 여러 명에게 질문할 때도 같은 방식으로 같은 질문을 하여 대답을 듣고, 그 내용을 양식에 완전히 기입한다. 주로 클라이언트와의 초기 면접이나 자료수집 단계에서 사용한다.

비구조화된 면담에서는 미리 결정된 질문 없이 대화를 하는 과정에서 자연스럽게 이어지는 질문을 던지며, 따라서 어느 방향으로든 자유롭게 질문이 이어질 수 있다. 기본적인 자료수집이나 관계 형성이 끝난 중기 단계에서 주로 사용한다. 일정 정도의 질문을 가지고 대화를 나누면서 점점 이야기의 주제를 확대해 나가는 반(半)구조화된 면담방식도 가능하다.

(1) 피해야 할 질문방식

① 전문어 사용

질문이 효과적이기 위해서는 분명하고 이해하기 쉽도록, 클라이언트의 언어나 문화와 일관되게 제시되어야 한다. 사회복지사가 사용하는 전문어를 사용해서는 안 된다. 예를 들어, "이번에 인테이크는 처음이시죠?", "지역사회자원에 대해 궁금하시다구요?"와 같은 질문은 사회복지사에게는 익숙한 용어이지만, 클라이언트는 전혀 모르는 전문어를 사용한 질문이므로 적합하지 않다. 이 경우 클라이언트는 전문어에 대해 묵인하거나 그들이 이해하는 척하는 식으로 반응하게 된다. 혹은 그런 말을 이해 못하는 자신이 바보같이 느껴지거나 무력감을 느끼기도 한다.

② 유도질문

유도질문은 원하는 대답이 나오도록 클라이언트를 조종하는 것이다. "남편분 중심으로 살아가기보다 스스로를 돌볼 때라고 생각하지 않으세요?", "너도 학교에 가고 싶지, 그렇지?"와 같은 질문은 사회복지사가 원하는 방향의 대답을 유도한다. 사회복지사에게 잘 보이고 싶어하는 클라이언트, 유순한 경향이 있는 클라이언트는 유도질문에 특히 약하다. 사회복지사가 자신의 의도를 감추기 위해 유도질문을 사용하는 경우도 있다. "그걸 꼭 해야 할까요?"

③ 과도한 질문

과도한 질문은 클라이언트가 심문받거나 취조를 받는 듯한 느낌을 준다. 집중적으로 질문을 받은 클라이언트 중 일부는 다음 만남에 나타나지 않기도 한다. 특히, 그러한 질문의 목적에 대해 확실히 알지 못할 때 더 방어적인 반응을 보이거나, "글쎄요.", "잘 모르겠습니다."와 같은 무의미한 반응을 보이게 된다. 서비스 적격 여부를 결정하거나 접수면접 시 어쩔 수 없이 많은 질문을 하게 될 경우, 클라이언트에게 주기적인 휴식시간을 주는 것이 좋다. "제가 질문을 많이 하고 있지요, 어떠세요, 잠시 쉬었다 할까요?"

④ 복수질문

복수질문은 동시에 두 개 이상의 질문을 동시에 하는 것을 말한다. 질문이 서로 보완적이라면 두 개 이상의 질문을 연이어 던질 수 있다. 그러나 두 가지 질문이 서로 다른 목적을 지니고 있는 경우 클라이언트에게 어떤 질문에 대해 먼저 답해야 할지 혼란을 줄 수 있다.

사회복지사: 그것에 대해서 어떻게 느끼셨나요?
그가 거절할 때 기분이 어땠나요? (○)

사회복지사: 그것에 대해서 어떻게 느끼셨나요?
그 상황을 처리할 다른 방법이 있었나요? (×)

⑤ 부적절하고 때에 맞지 않은 질문

사회복지사는 만남의 목적에 맞는 질문을 해야 한다. 아무리 훌륭한 질문이라도 때에 맞지 않으면 그 질문은 바람직한 질문이 아니다.

클라이언트: 전 제 친구에게 너무 화가 났어요. 제 가장 친한 친구가 제 남편과 그런 일을 저지르다니. 제가 완전히 바보가 된 느낌이었어요.
사회복지사: 그 두 사람이 서로 만난다는 것을 어떻게 아셨어요? (×)

클라이언트: 우린 항상 싸워요.
사회복지사: 어떻게 하면 다툼을 줄일 수 있을까요? (×)

또, 질문의 목적을 클라이언트와 공유해야 한다. "제가 몇 가지 질문을 하게 될 텐데요, 그것은 제가 ○○씨의 상황을 좀 더 잘 이해하기 위해서입니다. 그래야 ○○씨가 그 상황을 어떻게 바라보는지에 대해서 제가 알 수 있을 테니까요."

⑥ '왜'라는 질문

'왜' 질문은 조심스럽게 사용되어야 한다. 왜냐하면, 다른 질문에 비해 더 위협적이기 때문이다. '왜' 질문은 정당화를 요구하며, 질문 어조가 판단적, 불인정, 충고의 경향을 띤다. 클라이언트는 '왜' 질문을 받을 때 비난받거나 공격받는다고 느끼게 되고, 따라서 자신을 방어하거나 그 상황을 회피하고자 한다. 오히려 사회복지사를 공격할 수도 있다. '왜' 질문보다는 '무엇'으로 바꾸어 질문하는 것이 바람직하다.

- "왜 자신이 어떻게 느끼는지 다른 사람과 나누지 않나요?" (×)
- "자신의 느낌을 다른 사람과 나누는 데 무엇이 방해가 되나요?" (○)

(2) 질문의 유형

질문은 질문을 던지는 방식에 따라 폐쇄형 질문, 개방형 질문, 간접질문으로 구분된다. 어떤 질문 유형이 더 바람직하다거나 덜 바람직하다고 평가할 수는 없으며, 만남의 목적, 클라이언트의 특성에 맞게 각 유형을 적절하게 사용하는 것이 좋다. 폐쇄형 질문은 클라이언트에게 "예", "아니오"로 답할 수 있는 형태의 질문을 말한다. 개방형 질문은 클라이언트가 자유롭게 대답할 수 있는 여지를 주는 형태의 질문이다. 간접질문은 직접적으로 질문 형식을 취하지는 않지만, 질문처럼 작용하는 표현을 통해 클라이언트의 대답을 유도한다.

긴 대화가 허락되지 않는 상황에서는 폐쇄형 질문이 효과적일 수는 있지만 법정에서 요구되는 상황처럼 "예", "아니오"로만 답하는 것은 클라이언트에게 답답함을 느끼게 할 수 있다. 반면, 개방형 질문에 답하는 것이 어려운 클라이언트에게는 폐쇄형 질문을 던지는 것이 오히려 더 편안함을 줄 수 있다. 간접질문은 좀 더 정중한 느낌을 줄 수 있어 질문을 받는 입장에서는 덜 위협적이다. 폐쇄형 질문과 개방형 질문, 간접질문을 상황에 맞게 적절히 사용하면, 질문을 묻고 답하는 과정이 훨씬 더 매끄럽게 진행될 수 있다.

〈표 7-2〉 폐쇄형 질문과 개방형 질문, 간접 질문의 장단점

유형	설명	장점	단점	예
폐쇄형 질문	'예', '아니오'로 대답 가능한 질문	• 구체적인 정보 제공 • 사실, 결론, 또는 동의 확인 • 초점을 제한함으로써 면담의 속도를 늦춤 • 대답하기 쉬움	• 대답을 제한 • 반복될 때 심문받는 것 같은 느낌을 받음	오늘 밤에 부모 모임에 가실 건가요?
개방형 질문	더욱 확장된 대답을 촉진하는 질문	• 제한되지 않은 대답을 가능하게 함 • 대답에 대한 통제권을 줌으로써 권한 부여	• 대답하는 데 더 많은 시간을 소비함 • 대답하기에는 좀 더 도전적	오늘 저녁 계획은 무엇인가요?
간접 질문	질문처럼 작용하는 표현	• 전통적인 질문보다 덜 위협적	• 응답하지 않을 수 있음	당신이 오늘 저녁에 계획이 있는지 궁금하네요.

(3) 구체화하기

구체성(concreteness)이란 메시지가 분명하고 구체적인 의미를 전달하는 정도를 말한다. 의사소통에 구체성이 부족하면 이해가 부족하고, 실수하고, 왜곡하기 쉽다. 사회복지사는 정확성을 증진시키기 위해서, 질문을 초점을 심화시키기 위해서 구체성을 시도한다.

구체성의 정도를 1~3으로 구분한다면, 〈표 7-3〉과 같이 구분해 볼 수 있다.

〈표 7-3〉 구체성의 정도

정도	설명	예시
1	• 의미를 전달하기 위한 세부 사항이나 사례가 적거나 전혀 없음 • 특정한 주제 분야에 대해 전혀 이야기가 없음	• 남편이 무슨 말을 하고 싶어하는지 알고 있습니다. • 우리 아이들이 어떻게 느끼는지 정확히 압니다.
2	• 의미는 제시되지만 그 내용이 막연하거나 모호하거나 부적절함	• 우리는 곧 정리해야 할 것입니다. • 전 보통 아이들과 함께 문제를 이야기합니다.
3	• 언어가 정확하고 생각에 관한 이해가 공유됨	• 남편이 내 생일을 잊어버렸을 때 저는 실망했고 버려진 느낌이었어요. • 저의 큰 애가 지난 3주 중 2주 동안 결석을 했어요.

클라이언트에 따라서 다르기는 하지만, 처음부터 구체적인 대답을 하는 경우보다는 구체성을 촉진하기 위한 질문 기술을 통해 클라이언트의 의도와 생각을 정확하게 파악하게 되는 경우가 더 많다.

〈표 7-4〉 구체성을 촉진하는 질문 예

클라이언트 반응	구체성을 촉진하는 질문
낙태에 대해 강한 거부감을 가지고 있어요.	그 감정에 관해서 좀 더 이야기해 주실 수 있을까요?
화가 나요.	화났다는 게 무슨 의미인가요?
남편 없이 혼자서 아이를 키운다는 게 어떨지 이해해 주셨으면 해요.	모든 사람들의 경험은 다릅니다. 당신의 경우는 어떤지 들었으면 좋겠네요.
나는 그 사람이 나를 존중해 주기를 바래요.	그가 어떤 행동을 하면 당신을 존중하고 있다는 것을 알 수 있을까요?
나는 가끔 포기하고 싶어요.	당신이 '가끔'이라고 말할 때는 얼마나 자주를 의미하나요?

3) 공감 기술

(1) 공감의 개념

① 정서와 감정

정서(emotion)는 비교적 강하게 단시간 동안 계속되는 감정을 말한다. 희노애락(喜怒哀樂)·애증(愛憎)·공포·쾌고(快苦) 등이 정서이며, 의식적으로는 강한 감정이 중심이 되며, 신체적으로는 내장적(內臟的)인 생활기능의 변화를 수반하는 경우가 많다. 감정(feeling)은 어떤 현상이나 사건을 접했을 때 마음에서 일어나는 느낌이나 기분을 말한다(참고: 감각(sense)–시각, 청각, 후각, 촉각, 미각 등). 감정의 발생 원인으로는 신체적·생리적·심리적·사회적·문화적 원인 등이 있다(두산백과사전).

사회복지사는 여러 가지 방법으로 클라이언트의 정서와 감정을 다룬다. 사회복지사는 클라이언트가 안전하게 자신의 정서와 감정을 탐구하고 이해할 수 있도록 돕는다. 친구와 가족은 호의적이지만 클라이언트의 복잡한 정서와 감정을 다루는 데에는 준비가 잘 되어 있지 않다.

사회복지사는 클라이언트의 정서와 감정이 의사결정, 일상생활에 의해 어떻게 방해받고 있는가를 생각해 보도록 도울 수 있다. 슬픔, 화, 비탄, 실망과 같은 감정은 모든 사람의 삶의 한 부분이며, 그런 감정은 일종의 치료적 반응이다. 따라서 감정을 억누르기만 하는 것은 치료적 과정에 방해가 되며, 오히려 더 부정적인 정서를 이끌어낼 수 있다.

영화 〈인사이드 아웃(inside out)〉에서는 기쁨(joy), 슬픔(sadness), 분노(anger), 공포(fear), 혐오(disgust)라는 다섯 가지 감정들이 사람의 머릿속에서 각자 열심히 일하면서 사람의 행동과 마음을 어떻게 변화시키는지를 보여준다. 다섯 가지 감정으로 한정하여 표현하기는 했지만, 감정이 인간의 삶과 행복에 얼마나 많은 영향을 미치는지, 또 어떤 감정을 반드시 '좋다/나쁘다'라고 판단할 수 없다는 점을 잘 그려내고 있다.

[그림 7-1] 영화 〈인사이드 아웃〉의 감정들

출처: 네이버 영화.

박인조와 민경환(2005: 109-129)의 연구에 따르면, 감정을 표현하는 우리말은 430여개쯤 되고, 그 중에서 불쾌한 감정을 표현하는 낱말이 훨씬 많은 것으로 조사되었다. 사랑, 행복, 기쁨처럼 '쾌'를 표현하는 말은 전체의 30%도 안 되고, 참담, 배신 등 '불쾌'를 나타내는 단어가 70%가 넘었다. 좋은 감정 중 최고는 '홀가분하다'였고, '참담하다'가 나쁜 감정이 가장 강한 단어였다.

손선주 외(2012: 105-120)의 연구에서는 한국어 감정표현 단어 총 504개 중 1개의 감정과 관련된 단어는 426개로 나타났다. 이중 슬픔을 나타내는 단어가 가장 많았으며(구슬프다, 글썽글썽하다, 슬퍼하다, 울먹이다, 침울하다 등), 다음으로 분노(격노하다, 괘씸하다, 분통터지다, 복수심, 분노하다 등), 기쁨(기쁘다, 싱글벙글하다, 좋다, 기분 좋다, 방긋 등), 놀람(놀랍다, 급작스럽다, 깜짝, 아뿔싸, 쇼킹하다 등), 공포(공포감, 으스스하다, 오싹하다, 섬뜩하다, 살벌하다 등), 혐오(징그럽다, 더럽다, 역겹다, 흉측하다, 구역질나다 등), 지루함(지루하다, 무료하다, 재미없다, 따분하다, 심심하다 등), 흥미(흥미롭다, 궁금하다, 섹시하다, 탐나다, 신비롭다 등), 통증(아프다, 아야, 고통스럽다, 지끈거리다,

유쾌단어	점수	순위	불쾌단어	점수
홀가분하다	6.24	1	참담하다	1.52
행복하다	6.16	2	한맺히다	1.6
사랑스럽다	6.09	3	역겹다	1.67
기쁘다	5.94	4	배신감	1.73
반갑다	5.91	5	경멸하다	1.74
즐겁다	5.89	6	증오하다	1.75
통쾌하다	5.79	7	열등감	1.88
뿌듯하다	5.75	8	억울하다	1.9
자랑스럽다	5.72	9	비참하다	1.91
재미있다	5.72	10	절망하다	1.91

※ 1점에 가까울수록 불쾌, 7점에 가까울수록 유쾌

[그림 7-2] 한국인의 유쾌 · 불쾌 감정단어

출처: 서울신문 (2006.2.16); 박인조 · 민경환 (2005).

기진맥진하다 등), 중성(덤덤하다, 조심스럽다, 각성되었다, 냉가슴 등) 순이었다. 2개의 감정이 혼재된 단어는 72개로 분노와 혐오 관련 단어가 가장 많았고(가당찮다, 가증스럽다, 거지같다 등), 다음이 슬픔과 공포(가혹하다, 냉혹하다, 뒤숭숭하다 등), 다음이 기쁨과 흥미(감명깊다, 고취되다, 매력적 등)로 나타났다.

이수상(2016: 51-70)의 연구에서는 356건의 한글 감정단어들을 극성과 각성의 차원에 따라 9가지 범주로 나누었다. 극성(valence)이란 감정이 가지는 영향력의 크기(감정의 정도)를 말하며, 긍정(positive, +)과 부정(negative, -)으로 구분된다. 각성(arousal)은 감정의 강도를 말하며, 높은 각성(high arousal)과 낮은 각성(low arousal)으로 구분된다. 극성은 부정적(224개, 63%)>긍정적(79개, 22%)>중간적(53개, 15%) 수준으로 빈도가 높으며, 각성은 높음(192개, 54%)>중간(116개, 33%)>낮음(48개, 13%) 수준으로 빈도가 높았다.

극성과 각성을 혼합하여 보면, 많은 단어들이 부정적인 극성의 단어이면서, 높은 각성의 단어(119건, 33%)인 것으로 나타났다(격노하다, 격분하다, 노엽다, 발끈하다,

분개하다, 분노하다, 섬뜩하다, 성나다, 증오하다, 진노하다). 그 다음은 부정적 극성과 중간 수준의 각성에 해당하는 단어(75건, 22%)였다(거북스럽다, 거북하다, 곤란하다, 꺼리다, 불만스럽다, 불만족하다, 시원찮다, 정떨어지다, 치사하다, 토라지다). 나머지 범주의 단어들은 빈도가 낮은 편이었다.

이러한 연구결과를 통해 한국어에 나타나는 감정과 정서를 나타내는 단어에는 부정적 단어의 비중이 높으며, 감정을 강하게 나타내는 단어들이 많은 것을 알 수 있다. 감정표현에 서툴렀던 과거 세대와는 달리, 현대로 올수록 감정표현이 많아지기는 하였으나 긍정적 표현보다는 부정적 감정표현이 더 많이 사용된 결과로 보인다. 특히 사회복지사가 만나는 클라이언트들은 어려운 상황이나 환경에 처해있는 경우가 많기 때문에, 부정적 감정표현을 더 많이 사용할 가능성이 높다.

② 공감

공감(empathy)은 "정확하게 타인의 정서적 측면을 이해하고 이러한 이해를 전달하는 과정"을 뜻한다. 이해와 의사소통은 공감의 양대 축을 이루는 요소이다. 공감은 어떤 상담 이론을 적용하는가에 관계없이 모든 전문적 실천 관계에서 중심적인 조건이며 전문적 실천의 긍정적 결과와 분명히 연결된다. 공감적인 사회복지사는 클라이언트의 감정에 대한 자신의 반응을 제쳐 두거나 미루면서도 수용적이고 비판단적인 태도를 취한다. 비어스텍(Biestek)이 제시한 사회복지실천 전문적 관계의 원칙 중 '통제된 정서적 관여(controlled emotional involvement)'는 클라이언트의 감정에 대한 사회복지사의 공감적 민감성으로서, 자신의 감정으로 클라이언트에 대한 이해에 부적절한 영향을 미치지 않는 것을 말한다.

공감은 동정(sympathy)과 구분된다. 공감은 타인의 감정을 '이해'하고 이것을 '전달'하는 것이지만, 동정은 다른 사람의 문제와 정서에 대한 걱정을 의미한다. 동정은 사회복지사 자신의 정서적 · 행동적 반응과 연관된다.

클라이언트: 아빠에게 대학을 그만두었다고 말하기가 겁나요. 제가 어렸을 때도 아빠는 늘 "넌 좋은 대학에 들어가서 교육을 받아야 해. 그렇지 않으면 성공하지 못할 거야."라고 계속 말했거든요.

사회복지사: 난 네 아버지가 그런 무거운 부담을 어린 너에게 지운 것은 옳지 않다고 생각해. 부모가 아이에게 강요하는 것에 대해 들으면 나도 모르게 화가 나. (동정)

사회복지사: 넌 아버지를 실망시킬까봐 두려워하고 있구나. (공감)

(2) 공감의 유형

사회복지사는 반드시 클라이언트가 직접적으로 표현한 감정에 대해서만 공감을 표현하는 것이 아니라, 때로는 숨겨진 감정을 추론하거나 이끌어내는 방식으로 공감을 표현하기도 한다. 공감의 유형에는 기본적, 추론적, 초대적 공감이 있다.

〈표 7-5〉 공감의 유형

유형	설명	해설
기본적	분명하게 표현된 감정에 대한 반응	• 신뢰발달에 기여 • 사회복지사가 감정을 다루려는 의지와 능력이 있다는 것을 클라이언트에게 보여줌
추론적	비언어적 단서, 감정을 나타내 주는 다른 표식에 대한 반응	• 클라이언트를 더 걱정하게 만들 수 있음. 그들이 피하거나 억누르고 있었던 감정이 겉으로 드러났다고 느끼기 때문 • 클라이언트의 통찰력 촉진
초대적	감정에 대해 이야기하도록 클라이언트를 격려	• 감정에 대해 말하기 꺼려하거나 말할 수 없는 클라이언트와 일할 때 용이함 • 공감 사용 시기 포착이 중요하며, 사회복지사는 부드럽고 시험적인 태도로 초대적 공감을 제시해야 함

〈기본적 공감의 예〉

클라이언트: 화도 났지만 상처도 받았어요. 어쨌든 그 아이는 저에게 가장 친한 친구였는데. 어떻게 저를 배신할 수 있죠?

사회복지사: 그분께 깊은 배신감을 느끼신 것 같네요.

〈추론적 공감의 예〉

클라이언트: (눈물을 흘리며) 정말 힘든 상황이었어요. 전 제 사생활이 발가벗겨진 채로 그 모든 사람들 앞에 서 있었어요.

사회복지사: 당신의 눈물을 보니, 그것이 당신에게 정말 고통스럽고 당황스러운 순간이었던 것 같네요.

〈초대적 공감의 예〉

클라이언트: 큰 문제는 아니라고 생각합니다. 그러니 그 사람들이 저의 결혼생활 문제에 관해 좀 떠벌린들 어떻겠습니까?

사회복지사: 비밀을 지켜주어야 할 친구라는 사람이 그렇게 경솔하게 행동하면, 당황스럽고 아마도 몹시 실망하거나 화가 날 겁니다.

(3) 공감에서 피해야 할 반응

① 차단

차단은 더 이상의 느낌 표현을 막는 것이다. '~라고 느끼지 마세요.', '당신은 ~라고 느껴야 합니다.' 이러한 진술은 비록 그 의도가 클라이언트를 지지하는 것이었다 하더라도, '왜' 질문과 마찬가지로 일반적으로 클라이언트가 자신의 감정에 대해 방어하도록 한다. "그것은 중요하지 않습니다."와 같이 말문을 막는 것도 클라이언트로 하여금 버림받은 느낌이 들게 하므로 적절치 않다.

② 무반응

무반응은 공감적 표현을 하더라도 내용(알맹이)이 없는 것이다. "당신이 말하는 것을 잘 듣고 있습니다", "무엇을 의미하는지 이해합니다"는 실제로 사회복지사가 이해했다는 증거를 보여주지 못한다. 또 클라이언트가 한 말을 그대로 따라하는 것은 '공감의 흉내'에 불과하다. 클라이언트의 말을 자신의 말로 바꾸어 표현하는 환언이나 클라이언트의 감정을 반영하는 기술은 공감을 표현하는 데도 효과적이다.

③ 다른 의도로 사용

클라이언트는 공감을 경험할 때 좀 더 깊은 수준으로 경험을 공유하고자 하므로, 공감을 주제 변화, 다른 차단 반응, 내용 질문, 관심 전환을 위해 사용하는 것을 피해야 한다. 공감은 클라이언트가 지금까지 표현한 감정(언어적, 비언어적)에 대해 알고 있다는 것에 대한 표현으로 충분하다.

〈공감적 반응과 비공감적 반응〉

클라이언트: 가끔 그 사람이 나에게 그런 식으로 말하면, 난 그냥 구석으로 숨고 싶어요.

사회복지사: 아마도 당신은 그때 당황하신 것처럼 들리는군요. (공감)

사회복지사: 아마도 당신은 그때 당황하신 것처럼 들리는군요. 그것을 극복할 방법에 대해서 이야기해 보고 싶으세요? (다른 의도로 사용-주제 변화)

사회복지사: 그 사람이 당신에게 그런 식으로 말하다니 정말 저도 화가 나네요. (동정)

사회복지사: 당신이 그런 대접을 참아야 할 이유는 없습니다. (차단)

사회복지사: 그 사람이 말할 때, 숨고 싶으셨군요. (무반응)

출처: Shebib (2006). pp.257-258. 일부 수정 및 발췌.

4) 사례

다음은 경청과 공감을 효과적으로 사용한 예이다. 사례에서 사회복지사는 클라이언트의 말을 적극적으로 경청하고 클라이언트에게 공감을 표현함으로써, 다른 사람만을 탓하며 화를 내던 클라이언트가 스스로 자신 안의 두려운 감정을 드러내도록 이끌어내고 있다.

사례

클라이언트: 제 기억에 전 매일 술을 마셔 왔어요. 그러나 그게 문제라고 생각하진 않아요.

사회복지사: (부드럽게, 눈맞춤을 유지하면서) **술은 당신 삶의 일부분이었고, 선생님은 그것을 문제로 보지 않으시군요.**

클라이언트: (고개를 끄덕인다)

사회복지사: 선생님은 가족들이 선생님이 술을 드시는 것에 대해 아주 나쁘게 대한다고 말씀하셨는데요. 가족들에 대해 어떻게 느끼시나요?

클라이언트: 네, 전 하루종일 일합니다. 만약 내가 술 마시고 싶다면 누구도 나에게 그러지 말라고 할 권리는 없어요. 술은 제가 긴장을 풀도록 도와주거든요.

사회복지사: **선생님에게 기쁨을 주는 것에 대해 다른 사람이 간섭할 때 선생님은 그것에 대해 매우 불쾌함을 느끼시는 것처럼 들리네요.**

클라이언트: (큰소리로) 자기들 일에나 신경쓰라고 하세요. 나는 자기들이 어떻게 살아야 하는지 말하지 않아요.

사회복지사: 단순한 불쾌 이상이네요. **아마도 선생님은 선생님에게 맞는 삶을 살 권리를 다른 사람들이 존중하지 않아서 화를 내시는 것 같습니다.**

클라이언트: (풀이 죽어서) 사실 전 제가 그렇게 화를 내지 말아야 한다고 생각해요. 제 아버지도 알코올 중독자였고, 그래서 나도 술로 살아가는 것이 어떤 것인지 겪어 봐서 압니다.

사회복지사: 여러 가지 감정이 섞여 있네요. 선생님 생각에 다른 사람들은 자기 일에나 신경 써야 하는데, 그러지 않아서 화도 나시고요. 그렇지만 그 사람들이 왜 그런 태도를 보이는지 알고 계시고, 사람들이 두려워하는 것에 대해서도 수긍을 하고 계시네요.

클라이언트: 글쎄요. 정말 솔직히 말하면, 그건 단지 그 사람들의 두려움만이 아닙니다. 나도 아버지처럼 술 때문에 죽고 싶지 않아요.

사회복지사: **선생님은 스스로 삶을 어떻게 바꿀지에 대해서 생각해 오셨군요. 선생님이 아내분과 술 마시는 것에 대해 이야기할 때도, 그런 부분이 정말로 신경 쓰이고 한편으론 두려움도 느끼셨겠어요.** 클라이언트: 앞으로는 그런 일이 일어나지 않게 할 거예요.

사회복지사: 술을 조절해 보기로 결심하신 거네요.

클라이언트: 아버지처럼 되지는 않을 겁니다.

출처: Shebib (2006). pp.262-263. 일부 수정 및 발췌.

코로나19 이후 비대면상담

사진출처: https://www.kjilbo.co.kr/news/photo/202005/81622_71644_1503.jpg

전 세계를 혼란에 빠뜨린 코로나19는 우리 삶의 모습을 완전히 바꾸어 놓았다. 상담자와 내담자가 직접 만나 이루어졌던 상담도 코로나19 초기에는 대부분 중단되었다가 코로나19가 장기화되면서 비대면상담 형식으로 진행되는 경우가 많아졌다. 코로나19의 장기화로 경제적 어려움을 겪게 된 사람들이 많아지고 급성 스트레스, 불안, 우울, 무기력, 강박장애 등의 심리적 어려움을 호소하는 사람들도 늘어나면서(이건희, 2020), 심리상담에 대한 욕구는 오히려 코로나19 전보다 높아진 것으로 나타나고 있다.

비대면상담에서도 대면 상담과 마찬가지로 상담자와 내담자 간의 대화가 이루어지지만, 대면상담과는 다른 특성들이 상담 진행을 방해하기도 한다. 매체를 통해 이루어지다 보니 기술적인 이유로 대화가 끊기거나 잘 전달되지 않았을 때 대화의 흐름이 끊기는 경우도 다수 발생한다. 음성으로만 진행되는 전화상담이나 화면을 보고 하는 영상상담이라 할지라도 비언어적인 특징을 완벽하게 포착하기 어려워, 내담자가 하고 있는 말의 정확한 의도를 파악하기가 어렵다. 김은하 외(2021)의 연구에서는 비대면 심리상담의 부정적 경험으로 의사소통과 교감의 어려움, 기술적 방해요인, 비밀보장과 안전한 공간 확보의 어려움 등이 제시되었다.

그러나 코로나19가 지속되는 한, 또 코로나19가 종식된 이후에도 비대면상담은 하나의 주요 상담방식으로 활용될 소지가 있으며, 사회복지사도 대면상담과 다른 비대면상담의 특성을 이해하고 이에 대비할 필요가 있다. 가령, 대부분의 클라이언트들이 비대면상담에 익숙하지 않기 때문에, 비대면상담을 시작하기에 앞서 예상되는 문제들을 미리 이야기해 주는 것이 좋다. 상담 중에 갑자기 화면이 꺼지거나 상대방의 목소리가 잘 들리지 않을 경우 어떻게 대처해야 할지 미리 알려주면 도움이 된다. 경청이나 공감 기술을 더욱 적극적으로 활용하는 것도 도움이 된다. 비대면상담을 경험한 내담자 중에는 상담자가 다른 공간에 있다는 생각이 오히려 자신의 생각을 말하는 데 편안함을 주었고, 직접적인 눈맞춤을 하지 않아 좋았다는 의견도 있었다(홍지선 외, 2021). 대면상담에 비해 비대면상담은 집중하는 데 한계가 있으므로 대화 시간을 좀 더 짧게 하고, 그 대신 좀 더 자주 볼 수 있도록 상담 조건을 재구조화하는 것도 유용한 방법이다. 코로나19 이후 변화된 환경 속에서 사회복지사와 클라이언트와의 실천 관계에서도 좀 더 유연하고 개방적인 방식이 적용될 필요가 있다.

08

CHAPTER

개인사회복지실천 II

Skills for Social Work Practice ▶▶▶

CHAPTER 08 개인사회복지실천 II

Skills for Social Work Practice

이 장에서는 개인을 대상으로 하는 사회복지실천에서 만날 수 있는 클라이언트 중에서 변화 동기가 적은 클라이언트, 폭력적인 클라이언트, 자살 위험이 있는 클라이언트에 대한 실천기술에 대해 학습한다.

1 변화 동기가 적은 클라이언트

1) 동기의 개념

동기(motivation)란 클라이언트가 변화의 과정에 기꺼이 참여하는 정도를 말한다. 동기부여가 된 클라이언트는 변화를 원할 뿐 아니라 변화할 수 있다는 자신의 능력에 대한 믿음도 가지고 있는 사람이다. 사람들은 자신이 겪고 문제에서도 이

득을 이끌어내는데, 이것을 부차적 이익이라 한다. 부차적 이익에는 다른 사람들의 관심 증가, 무능에 대한 보상, 책임의 감소, 미묘한 만족감(자기 처벌의 욕구 충족, 책임을 져야 한다고 생각하는 사람들에 대한 복수 등)이 있다(Nicholi, 1988: 13). 변화는 이러한 부차적 이익을 포기하는 것이므로 이에 대한 거부감이 생기는 것은 어쩌면 당연하다. 높은 동기의 핵심적 요소(Shebib, 1997: 252)에는 참여하려는 의지, 변화과정에 에너지와 자원을 바치려는 헌신, 장애물이 생기더라도 장기간 계속 노력할 수 있는 능력, 변화하기 위한 용기를 지탱하기에 충분한 자기효능감 등이 있다(Shebib, 2006: 278-279).

2) 클라이언트 유형에 따른 동기부여 전략

변화 동기가 적은 클라이언트는 부인형, 비자발형, 소진형, 양가형 클라이언트로 구분해 볼 수 있으며, 각 유형에 알맞은 동기부여 전략을 사용하는 것이 좋다. 또한 변화 동기가 높은 클라이언트(의욕형)라 할지라도 변화과정에서 적절한 실천기술을 사용함으로써, 높은 동기 수준을 유지하도록 해야 한다.

(1) 문제를 부정하는 클라이언트: 부인형

부인형 클라이언트는 자신에게 문제가 없다고 믿는다. 그들의 행동이 그들의 인생에서 자신 또는 타인에게 문제가 되는데도 스스로 문제가 있다고 인식하지 않는다. 사회복지사는 클라이언트가 자신의 상황과 그 결과를 볼 수 있도록 정보를 제공하고 피드백을 주어야 한다. 클라이언트의 통찰을 높이기 위한 도구로 영화, 소책자, 책, 자기평가 질문지를 사용할 수 있다. 또한, 부인(denial)은 방어기제일 수도 있다는 점을 기억할 필요가 있다.

(2) 내켜 하지 않는 클라이언트: 비자발형

비자발형 클라이언트는 참여하도록 강요된 것에 대해 분개하고 있는 클라이언트이다. 비자발형 클라이언트에게는 힘을 북돋워주고, 적의와 저항을 줄이는 전략이 필요하다. 열린 자세로 클라이언트의 감정과 관심을 탐색하고, 공감을 보여주어야 한다. 클라이언트에게 권한을 부여하는 방법(예를 들어, 선택권 주기, 의사결정과 목표설정에 참여시키기)이나, 클라이언트 주도적인 목표 설정을 격려하는 것이 효과적이다.

(3) 지쳐 버린 클라이언트: 소진형

소진형 클라이언트는 실패 혹은 좌절로 인해 포기하거나, 변화에 대한 자신의 능력을 믿지 않는다("일자리가 없어요. 게다가 누가 나같이 나이 든 사람을 고용하겠어요?"). 학습된 무력감(learned helplessness)으로 인해 그들 자신이 행동하든 하지 않든 결과에는 영향을 미치지 않는다고 생각한다. 자신의 삶을 스스로 통제할 수 없다고 믿는다. 소진형 클라이언트에게는 이전의 행동계획이 왜 실패했는지 탐색(클라이언트의 실패가 아니라 행동계획의 실패임을 강조)하고, 이전 행동에서 성공적 요소를 찾는 것이 중요하다. 작지만 성취 가능한 목표를 세운 후 상세한 행동계획을 만들고, 변화를 위한 어떤 노력에도 긍정적인 강화를 주는 것이 좋다. 이때 지지집단을 적극 활용한다.

(4) 양가적인 클라이언트: 양가형

변화에 대해 양가적인 감정을 느끼는 클라이언트이다. 그들은 삶을 변화시키고자 하는 것과 변화에 대해 저항하는 것 사이에서 머뭇거린다("남편에게 학대를 받아

온 A씨. 남편을 떠나서 새로운 삶을 살게 되기를 원한다. 그러나 과거에 그녀는 두 번 남편을 떠난 적이 있다. 그러나 그때마다 몇 주도 지나지 않아 다시 돌아왔다"). 양가형 클라이언트에게는 혼재된 감정에 대해 공감을 보여주며, 변화하자는 편에 서서 주장하지 않는다. 이것은 변화에 반대하는 주장을 해야 하는 클라이언트의 부담감을 덜어줄 수 있다. 클라이언트가 변화의 장애물을 확인하고, 이를 극복할 수 있는 방법을 발전시키도록 돕는다.

(5) 의욕적인 클라이언트: 의욕형

의욕형 클라이언트는 변화를 적극적으로 찾고 있는 클라이언트이다. 의욕에 넘치고 변화과정에 몰입하기 때문에 이미 동기부여된 상태로 볼 수 있다. 그러나 행동계획을 발전시키고 실행할 때 발생할지 모르는 장애와 방해물을 적절히 다루지 못하면 그들의 동기는 쉽게 무너질 수 있다("미혼모 B양은 학교로 다시 돌아갈 수 있다는 가능성에 흥분하였다. 그러나 사회복지사가 공부하는 낮시간에 아이를 어디에 맡길 것인가에 대해 이야기해 보자고 하자 이내 표정이 침울해졌다"). 그들이 만들어내는 어떠한 변화도 지지해 주고, 체계적인 계획과 목표 설정을 도움으로써 성공 확률을 높이는 것이 좋다. 클라이언트가 잠재적인 장애물을 확인하고 스스로 처리할 수 있도록 돕는다.

〈의욕형 클라이언트에 대한 동기부여〉

사회복지사: 오늘 상담에서 얻고자 하는 것을 하나로 정리해 볼까?

클라이언트: 마음이 좀 편안해지고 싶어요.

사회복지사: 그렇구나, 마음이 편안해지면 어떻게 좋아질 것 같니?

클라이언트: 공부하는 데 집중도 잘되고 원하는 대학도 갈 수 있을 것 같아요. 물론 부모님도 좋아하실 거고요.

사회복지사: 원하는 것이 분명하구나. 그러면 최근 학교나 집에서 네가 실제로 하고 있는 생활은 어떤지 궁금하네.

클라이언트: 잠자도 피곤하고, 잡념도 많고, 걱정도 장난 아니에요. 어쨌든 시간을 잘 못 쓰고 있는 것 같아요.

사회복지사: 그렇다면 네가 원하는 걸 얻는 데 지금 말한 걱정이나 잡념들이 도움이 되었을까? 어떠니?

클라이언트: 아뇨, 전혀 아니죠, 휴~~

사회복지사: **그렇다면 어떻게 하면 좋을지 대안을 생각해 내고 새로운 계획을 세워서 실천해 보면 어떨까?**

클라이언트: 네, 제발 좀 달라져 보고 싶어요. 어떻게 해야 할지는 모르겠지만….

사회복지사: **새로운 계획은 네가 원하는 것을 얻을 수 있는 간단하고, 당장이라도 해 볼 수 있고, 구체적인 내용이면 좋을 것 같은데, 아주 쉬운 것 말이야.**

클라이언트: 뭐가 있을지… 잘 모르겠어요.

사회복지사: 예를 들어, 자기 전에 신나는 노래 한 곡 부르기 같은 것이 네가 편안해지는 방법이라면 좋은 계획이 될 수 있어.

클라이언트: 음, 그런 거라면 찾아볼 수 있어요. 음… 매일 잠들기 전에 팔굽혀펴기 10개 할래요.

사회복지사: 팔굽혀펴기 10개를 매일 하는 게 쉽지 않을 것 같은데. 좀 더 줄여도 좋아, 어때?

클라이언트: 아니에요. 20개도 할 수 있어요. 10개 정도는 가뿐해요.

사회복지사: 네가 그렇게 말하면서 웃으니까 한결 마음이 놓이네. 당장 해 볼 수 있다는 자신감이 생긴 것 같은데, 어때?

클라이언트: 아, 네….(살짝 웃음)

사회복지사: 그럼 오늘 네가 정한 계획을 실천하면 어떨 것 같니?

클라이언트: 지금보다 기분이 좋아질 것 같아요.

사회복지사: **그래. 지금은 작은 노력일 뿐이라고 생각될 거야. 꾸준히 한다면 다음엔 달라진 널 만나게 될 것 같아 나도 기대되네. 혹시 더 하고 싶은 이야기가 있으면 해도 좋아.**

클라이언트: 특별히 없어요.

사회복지사: 그럼 오늘 세운 계획을 실제로 실천해 본다는 의미로 계획을 다시 한 번 크게 말해 보겠니?

클라이언트: 네. 매일 밤 자기 전에 팔굽혀펴기 10개 하는 거예요.

사회복지사: 선생님도 네가 잘하도록 응원할게. 악수!

클라이언트: (악수하며) 네, 고맙습니다.

출처: 천성문 외 (2015). pp.322-324.

3) 위임된 클라이언트에 대한 실천 전략

위임된 클라이언트는 법적 당국이나 교육기관에 의해서 강제로 사회복지사에게 의뢰된 클라이언트를 말한다. 2)에서 설명한 클라이언트 유형 중 비자발형 클라이언트에 해당하며, 학교를 통해 의뢰된 학교 부적응 아동, 법원을 통해 의뢰된 가정폭력 가해자 혹은 피해자 등이 포함된다. 셰퍼와 호레이시(2015)는 위임된 클라이언트와 함께할 때는 다음과 같은 지침을 고려해야 한다고 보았다(Sheafor & Horejsi, 2020: 234-237에서 일부 내용 발췌 및 수정).

① 의지에 반하는 무언가, 혹은 부당하고 불필요해 보이는 것을 강제로 해야 할 때 기분이 어떤지 생각해 보고 클라이언트의 반응을 예견하면서 만남을 준비한다. 클라이언트가 부정적 감정을 가질 수 있음을 인정하고 공감하면서 반응한다. 그렇지 않으면 더 큰 저항을 불러일으킬 수 있다.

② 사회복지사의 역할과 책임, 클라이언트에 대한 사회복지사와 기관의 기대를 분명하고 정직하게 설명한다. 여기에는 적용될 수 있는 비밀보장 원칙도 포

함된다. 클라이언트는 본인이 이야기한 것이 보고서로 작성되어 의뢰기관에 보고될 것임을 알 권리가 있다.

③ 클라이언트가 협조하지 않을 때 발생할 수 있는 부정적 결과를 알려준다. 설명을 들은 클라이언트가 서비스를 받는 것보다 부정적 결과가 있더라도 서비스를 받지 않는 쪽을 선택할 수도 있으며, 이러한 클라이언트의 선택권도 존중되어야 한다.

④ 클라이언트를 처음 만날 때, 클라이언트가 특정 서비스를 받도록 강제로 위임된 이유에 관한 사실정보를 밝힌다. 만약 클라이언트가 해당 정보가 잘못되었다고 한다면 의뢰기관에 재확인할 것임을 설명한다.

⑤ 클라이언트의 진실성을 시험하려는 의도로 해석될 질문은 하지 않는다. 거짓말을 하기보다는 답하기 싫다고 솔직하게 말해달라고 미리 클라이언트에게 이야기하는 것이 좋다. "저와 이야기하는 것 자체가 화가 난다는 걸 알고 있습니다. 또 우리가 만나는 동안 당신이 거짓말을 할 수 있다는 것도 알고 있습니다. 그렇지만 저는 당신이 거짓말하지 않기를 바랍니다. 거짓말을 하면 죄책감을 느끼거나 거짓말을 알아차릴까봐 걱정도 되겠지요. 이런 상황은 당신에게 도움이 되지도 않고, 시간 낭비일 뿐입니다. 거짓말을 하기보다는 질문에 답하고 싶지 않다고 말해주세요. 동의하시겠습니까?"

⑥ 클라이언트에게 부여된 법적 제약과 한계 내에서 가능한 한 많은 선택권을 준다. 사소한 것에라도 어느 정도의 통제권을 갖게 되면 클라이언트의 저항감은 감소된다. "앞으로 6주 동안 매주 수요일에 만나야 합니다. 시간은 2시나 4시에 만날 수 있습니다. 언제가 더 좋으세요?"

⑦ 클라이언트와 관계를 맺고 초보적 수준의 협력을 얻기 위한 노력이 실패하게 되면 '거래' 전략 사용을 고려한다. 특정한 과업을 완수하거나 협조한 대가로 클라이언트가 원하는 것(다만, 합법적이고 정당한 것에 한해)을 얻도록 돕는 데 동의하는 것이다. "당신이 나를 만나는 동안 제 질문에 성실히 대답하

고 솔직하게 답해 준다면, 결과보고서에 당신이 노력한 점에 대해서 구체적으로 충실히 작성할 것입니다."

⑧ 실제로 동기 부여가 되지 않은 클라이언트는 존재하지 않는다. 모든 사람은 동기가 부여되어 있으며, 원하는 것, 필요한 것, 좋아하는 것이 있다. 사회복지사가 '이 클라이언트는 동기 부여가 되지 않음'으로 꼬리표를 붙이는 것은 사회복지사가 바라는 것과 클라이언트가 원하는 것이 다르다는 것을 인정하는 행위일 뿐이다. 둘다 동의할 수 있는 것을 찾도록 노력해야 한다. "우리 둘 다 빨리 이 만남을 끝내고 더 이상 만날 필요가 없기를 바랍니다. 이를 위해 우리가 함께 협력할 수 있는 방법은 무엇이 있을까요?"

⑨ 어떤 경우에는 클라이언트의 이전 경험(다른 사회복지사, 상담자, 다른 전문가)으로 인한 선입견이나 부정적인 인식에 대해 이야기를 나누는 것이 도움이 될 수 있다. 클라이언트의 문화적 배경, 사람이나 사회제도로부터의 차별 경험을 이해하려고 노력함으로써, 클라이언트의 거부감을 줄일 수 있다.

2 폭력적인 클라이언트

1) 사회복지 현장에서의 클라이언트 폭력

클라이언트 폭력(client violence)이란 '사회복지사에게 위해를 가하려는 모든 행위'를 말한다. 클라이언트 폭력은 직장폭력(workplace violence)의 한 형태이다. 사회복지사에게 현장은 직업인으로서 삶의 대부분의 시간을 보내는 일터이다. 이곳에서 발생한 클라이언트로부터의 공격과 폭력은 직업인으로서 육체적 · 정신적 충격은 물론 전문가로서 정체성을 위협하는 위험이다(박미은, 2010).

클라이언트 폭력은 미국 산업안전보건국이 제시한 클라이언트 폭력 유형 II에 해당한다. 사회복지사에 대한 클라이언트 폭력은 비록 처음 만나는 상황일지라도 클라이언트에 대한 정보를 사회복지사가 가지고 있기 때문에 내부폭력으로 간주한다.

〈미국 산업안전보건국이 제시한 클라이언트로부터 경험하는 폭력 유형〉

- 폭력 유형 I : 가장 일반적인 유형으로서 고도의 위험한 상황을 포함함(예를 들어, 늦은 밤 또는 24시간 영업하는 편의점이나 주류 가게에 강도가 드는 것). 이러한 폭력을 '낯선 사람에 의한 폭력(stranger violence)'이라 부른다.
- 폭력 유형 II: 종사자가 일하는 곳에서 서비스를 받는 사람으로부터 폭력을 당하는 사건을 말한다. 이때 서비스를 받는 사람은 보통 클라이언트나 환자를 의미한다. 이러한 폭력을 보통 '클라이언트 폭력(client violence)'이라 부른다.
- 폭력 유형 III: 가해자가 직장과 어떤 형태로든 관련이 있는 상태에서 발생한 사건을 말한다. 폭력을 행사하는 사람이 현재 동료일 수도 있고, 이전 동료나 슈퍼바이저일 수도 있다. 이러한 폭력을 '고용인에 의한 폭력(employee violence)'이라 부른다.

- 내부폭력: 가해자가 슈퍼바이저나 동료, 클라이언트와 같이 아는 사이인 경우
- 외부폭력: 가해자가 잘 알지 못하는 제 3의 인물인 경우

2) 클라이언트 폭력 유형[1]

클라이언트 폭력 유형에는 신체적 폭력, 언어적 · 정서적 폭력, 성적 폭력, 경제적 폭력이 있다. 사회복지사가 자신의 업무를 수행하는 과정에서 클라이언트로부

1) 보건복지부 · 한국사회복지협의회 (2019). 사회복지시설 종사자 폭력피해예방 메뉴얼 참조.

터 경험하는 언어적 괴롭힘, 성적 괴롭힘, 신체적 공격, 기물파손 등이 모두 포함된다.

(1) 신체적 폭력

신체적 상해 시도 혹은 신체적 피해를 입히려는 공격을 가하는 것을 말한다. 상처를 주려는 의도를 가지고 사회복지사를 직접 공격하는 경우, 신체적으로 공격하고자 시도했으나 실제로는 신체 접촉이 이루어지지 않는 경우 등도 포함된다. 신체적 폭력의 유형에는 던지기, 멱살 잡기, 밀기, 깨물기 등의 실제 공격 및 공격 시도 등이 있다.

"청소년 상담실에서 행동문제로 상담을 받던 한 고등학생이 이젠 상담을 받는 것이 싫어졌다면서 갑자기 일어나 담당 사회복지사의 따귀를 때렸다."

(2) 언어적 · 정서적 폭력

사회복지사의 존엄성에 부정적인 영향을 미치도록 언어적 · 정서적으로 괴롭히는 것을 말한다. 언어적으로 면전에서, 혹은 전화상에서 괴롭히는 경우, 비언어적(표정, 태도, 행동 등)으로 사회복지사를 위협하는 경우 등이 해당한다. 욕설, 비하발언, 모욕, 협박 등을 포함한다.

"만약 아이를 돌려보내지 않으면 당신도 사랑하는 사람을 잃는 게 어떤 것인지 알게 될 것이다."

(3) 성적 폭력

사회복지사에게 성적인 농담을 하거나 성적으로 괴롭히는 것을 말한다. 신체접촉, 성희롱, 강제추행, 스토킹 등을 포함한다.

> "사례관리 대상자인 클라이언트가 사회복지사가 마음에 든다며 계속 전화를 걸어 상담을 요청하고, 퇴근 시간 후에도 찾아온다."

(4) 경제적 폭력

사회복지기관(시설)의 물건이나 자산, 사회복지사의 개인적 물건을 파손, 강제로 빼앗거나 훔치는 것을 말한다. 기물파손, 절도, 물품갈취 등이 있다.

> "동사무소에서 한 남성 클라이언트가 수급권자에서 탈락한 이유를 설명해 달라고 하면서 주변에 놓여 있던 화분을 내던지고 사회복지사가 쓰던 집기를 부수었다."

3) 클라이언트 폭력 현황

(1) 클라이언트 폭력 발생률

2020년 〈사회복지사통계연감〉에 따르면, 클라이언트 폭력 경험은 사회복지전담공무원이 가장 높고, 다음으로 특정 영역 사회복지사(정신건강, 학교, 의료), 생활시설, 이용시설 종사자 순으로 나타났다. 가장 발생률이 높은 유형의 폭력은 폭언으로 사회복지전담공무원의 경우는 지난 1년간 클라이언트로부터 경험한 폭언 발생률이 86.4%로 나타나, 다른 영역 사회복지사에 비해 현저히 높았다.

〈표 8-1〉 클라이언트 폭력 발생률 (단위: %)

구분	생활시설	이용시설	사회복지 전담공무원	특정 영역 사회복지사	전체
폭언(언어적)	30.7	29.8	86.4	44.9	35.4
폭행(신체적)	11.7	4.8	14.2	10.7	8.3
성희롱 · 성추행	6.8	5.2	18.4	13.6	7.4

출처: 2020년 사회복지사통계연감.

(2) 사회복지 영역별 위험 요인[2)]

① 아동학대 · 노인학대 · 가정폭력 관련 현장

상담원이 여성인 경우가 많고, 가해자는 남성인 경우가 많기 때문에 신체적 · 성적으로 클라이언트 폭력 발생 가능성이 높으며, 신체적 폭력의 경우 실제 손상보다 손상에 대한 위협이 높게 나타난다.

② 노숙인 관련 현장

현장 특성상 안전에 취약한 늦은 시간에 상담과 서비스가 이루어지는 경우가 많고, 실제 현장에서 신체적 폭력 및 기물파손 행위가 빈번하게 발생한다.

③ 요양 및 의료 관련 현장

고립된 장소에서 요양보호사와 클라이언트, 사회복지사와 클라이언트가 있게 되는 경우가 많다. 돌봄에 대한 기대가 충족치 못한 경우 혹은 치매로 인한 인지적

2) 보건복지부 · 한국사회복지사협회 (2012). 사회복지사의 클라이언트 폭력피해 실태 및 안전방안 연구 참고.

결함 등으로 공격성을 보인다.

④ 지역사회복지 현장

기존 서비스에서 탈락 혹은 제외된 경우 저항이 심하다. 공격적인 청소년을 대상으로 업무를 진행하는 경우 폭력이 자주 발생하기도 한다(예: 청소년 쉼터).

⑤ 노인복지 현장

노인이라는 특성상 신체적 폭력보다는 언어적 · 정서적 폭력 발생률이 높고, 직원의 연령이 낮기 때문에 반말이나 지시적 언어 사용, 하대하는 경향을 보인다.

⑥ 장애인복지 현장

외부 현장 또는 가정방문 시 신체적 공격이 발생하는 경우가 많다. 클라이언트 의지와 상관없이 폭력적인 상황이 발생할 수 있으므로 각각 장애 특성에 대한 올바른 이해가 필요하다.

⑦ 정신건강 현장

전체적으로 폭력 발생 비율이 높게 나타난다. 현장 특성상 여성 종사자가 많고 주로 젊은 연령대의 남성 클라이언트가 가해자로 나타난다. 정신병원이나 정신재활시설의 경우 입원실이나 거주공간보다는 사무실이나 프로그램실 등에서 사고가 주로 발생한다.

4) 폭력적인 클라이언트에 대한 대응[3]

여기서는 개입 단계에서의 위험관리 전략에 대해 살펴본다.

〈표 8-2〉 사회복지 실천 단계별 위험관리 전략

초기 단계	개입 단계
• 폭력 관련 위험요인 확인 • 폭력 관련 위험요인 사정 • 위험사정의 면접 지침 마련	• 안전한 면담환경의 활용 • 폭력 경고신호의 확인 • 폭력에 대한 언어적 통제 • 폭력에 대한 비언어적 통제

(1) 안전한 면담환경의 활용

① 문이 닫힌 상담실에서 혼자 클라이언트를 면담하는 경우

면담을 하기에는 이상적인 조건이나 혼자서 클라이언트와 있기 때문에 사회복지사의 안전을 도와줄 다른 사람이 즉각적으로 접근하기 힘들다는 단점이 있다. 이 경우, 사회복지사가 클라이언트와 사무실 출입문 사이에 있는 것이 좋다. 가장 좋은 상담실 설계는 사회복지사와 클라이언트 모두 출구 가까이에 앉을 수 있게 문을 두 개 만드는 것이다.

② 문이 열린 상담실에서 혼자 클라이언트를 면담하는 경우

사회복지사가 클라이언트를 잘 알지 못하거나, 과거력만으로 폭력을 예측할 수 없고, 클라이언트가 흥분하고 위협적인 모습을 보일 때는 이 방법이 더 안전하다.

3) 박미은 (2010). 사회복지 위험관리의 이해 참고.

그러나 클라이언트의 사생활 보호가 줄어든다는 단점이 있다. 클라이언트가 문을 닫을 것을 요구하면 문을 열어두는 것이 서로의 안전을 위해 필요하다는 점을 알려준다.

③ 동료들과 함께 있는 사무실 안에서 클라이언트를 면담하는 경우

클라이언트의 상태가 흥분되어 있고, 위협적이라면(예: 중독자) 최선의 선택이 될 수 있다. 그러나 동료와 함께 있더라도 폭력은 언제든지 발생할 수 있다는 사실을 인지하고 주의해야 한다.

클라이언트 폭력 가능성이 높은 현장에서는 CCTV를 설치하기도 하는데, 이 경우 녹화 및 녹음 사실을 면담 전에 고지하여야 한다. 이외에도 비상벨을 설치하거나 보호장비를 비치하기도 한다.

(2) 폭력 경고신호에 대한 신속한 확인

폭력 경고신호에는 다음과 같은 것들이 있다.

- 침착하지 않고 사무실 안에서 왔다 갔다 함
- 빠르거나 거친 호흡
- 이 악물기
- 주먹을 꽉 쥠
- 폭발할 것 같은 태세
- 눈 부릅뜨기
- 흥분하여 진땀을 흘리는 것

- 손과 발이 떨리는 것
- 눈으로 강하게 응시하는 것
- 빠른 감정의 기복
- 큰 소리로 떠듦
- 평소와는 다른 행동의 반복
- 욕설이나 위협적인 말
- 언어적 메시지와 어울리지 않는 신체 언어(편안하다고 말을 하면서도 안절부절 못하는 모습을 보임)

(3) 폭력적인 클라이언트에 대한 언어적 통제

폭력적인 클라이언트에 대한 언어적 통제방법에는 다음과 같은 것들이 있다.

① 보통의 목소리 톤으로 크지도 않고, 너무 부드럽지도 않으면서, 자극적이지 않은 태도를 취한다.

② 클라이언트가 말하기 시작하면 공감적 · 비심판적 태도로 경청한다.

③ 성급한 약속을 피한다. 클라이언트에게 정직하게 말하고, 지키지 못할 약속을 하지 않는다. 이런 말들은 신뢰관계 구축에 도움이 되지 않는다.

④ 클라이언트의 감정표현을 촉진한다. 폭력은 순간적 반응이므로 언어적으로 감정표현을 격려해 주면 분노의 수준이 저하된다.

⑤ 대화를 간결하게 한다. 클라이언트가 흥분을 할 때는 요점을 갖추어 짧고 간단하게, 침착하게, 직접적으로 말하는 것이 좋다. 대화 내용은 행동보다 감정을 우선적으로 강조하여, "당신도 분노를 느낄 권리가 있다는 것을 이해합니다. 그러나 저를 위협하는 것은 용납할 수 없습니다."와 같은 방식을 사용한다.

⑥ 분노조절방법을 사용한다. 심호흡, 타임아웃 등을 이용하여 클라이언트가 분노조절을 할 수 있도록 돕는다.

⑦ 적절한 한계를 설정한다. "화를 내는 것은 좋습니다. 그러나 때리거나 부수는 것은 안 됩니다. 당신의 감정을 조절할 수 있게 제가 무엇을 도와드릴까요?" 때로는 "의자에 앉으세요!"라고 직접적이고 반복적으로 요구하는 것도 효과적이다.

⑧ 적절한 다른 주제를 선택하여 관심의 방향을 돌리는 것도 클라이언트가 가능한 한 빨리 자제력을 회복하도록 돕는다. "오늘 프로그램의 강사가 실력이 없어서 화가 났다고 하셨는데, 지난 시간 강사는 아주 잘했다고 칭찬하셨지요. 그때는 무엇을 배웠었지요?"

⑨ 언어적으로 과도하게 반응하지 않는다. 고함을 지르거나 겁을 주는 것, 클라이언트의 요구를 무조건 거절하는 것, 클라이언트가 원치 않는 행동을 하도록 강요하는 것 등은 모두 클라이언트를 자극할 수 있다.

(4) 폭력적인 클라이언트에 대한 비언어적 통제

폭력적인 클라이언트에 대한 비언어적 통제방법은 다음과 같다.

① 안전한 접근방식과 자세를 취한다. 사회복지사가 클라이언트에게 다가갈 때는 바로 뒤쪽이나 정면에서 시도하지 말고 일정한 거리를 두고 천천히 조심스럽게 접근하는 것이 좋다. 클라이언트 앞에서는 등을 돌리지 않도록 한다.

② 클라이언트와의 사이에 적절한 공간을 확보할 필요가 있다. 가능한 한 같이 앉아 있으면서 그 상태에서 멀어지거나 가까워지지 않고 동일한 수준을 유지하는 것이 바람직하다.

③ 클라이언트와의 지속적인 시선 접촉을 피하는 것이 좋다. 그러나 일부러 시

선 접촉을 피하는 것처럼 보이는 것도 바람직하지 않다.

④ 클라이언트의 신체동작에 보조를 맞춘다. 흥분하는 클라이언트와 같이 있을 때, 그가 앉아 있으면 사회복지사도 개방적이고 객관적인 입장을 알리기 위해 다리를 꼬지 않은 채 편안한 자세를 취한다. 흥분한 클라이언트가 초조하게 왔다 갔다 하면, 사회복지사도 같이 일어나서 클라이언트보다는 다소 느리게 걷고 약간 낮은 어조로 말하는 것이 좋다.

〈사회복지종사자의 안전과 인권보장을 위한 위기대응 매뉴얼〉

서울시사회복지사협회는 사회복지공동모금회의 지원을 받아 사회복지사의 안전과 인권보장을 위한 위기대응능력강화사업의 일환으로 〈위기대응 매뉴얼〉을 제작, 배포하였다. 사회복지사가 겪을 수 있는 위기란 이용자(가족 및 주변 지인 포함)의 신체적, 언어(정서)적, 성적, 경제적 폭력과 이용자의 질병 및 상실(사망) 등의 위험으로 인해 사회복지종사자들이 직간접적으로 신체적, 심리적, 경제적 어려움과 대리외상 등을 경험하는 상황을 말한다. 이 매뉴얼은 사회복지종사자들의 위기 상황에 대한 인식과 예방 및 대응방안을 제시함으로써 안전한 업무환경 조성과 대응, 사후관리를 위한 위기대응 관리체계를 갖추고자 하는 목적으로 제작되었다. 종사자 권익보호 지침, 위기에 대한 예방전략 체크리스트, 위기 대응을 위한 시설 안전점검 체크리스트, 이용자 폭력의 경고신호 체크리스트, 한국형 이차적 외상 스트레스척도(K-STSS), 피해사건 보고서 등의 양식을 참고할 수 있다. 2019년에 발간된 매뉴얼을 바탕으로 2021년에는 영상 매뉴얼도 제작, 배포하였다(서울시사회복지사협회 홈페이지 참조).

참고: 서울시사회복지사협회 (2019).

❸ 자살 위험이 있는 클라이언트

1) 자살의 정의[4)]

자살(suicide)은 자신의 목숨을 끊으려는 의도적인 행동이라고 정의된다. 여기서 '의도적인'이라는 단어가 핵심이다.

- 자신이 죽는 것이 첫 번째 의도여야 한다.(자살폭탄테러는 자살이 아니다.)
- 다른 상관의 명령에 따르는 것은 자살이 아니다.(전쟁에서 상관의 명령에 따라 의도적으로 참호 밖으로 나간 병사는 자살이 아니다.)
- 죽음 후에 어떤 신분을 얻는 것은 자살이 아니다.(순교자가 되기 위해 스스로 목숨을 끊는 것은 자살이 아니다.)
- 자해와 자살은 구분된다.(자해는 자살 의도 없이 스스로 자신의 몸에 신체적 상해를 의도적으로 가하는 것이다.)

한편, 자해(self-injury)와 자살(suicide)은 완전히 다른 심리적 상태이다. 자해와 자살은 서로 동기도 다르고 심리적 과정도 다른 별개의 행동이다. 이와 같은 특성에 따라 자살, 자해하는 사람들을 다음의 세 집단으로 나눌 수 있다.

- 자해를 하지만 자살 충동은 없는 집단
- 자살 충동을 가지고 있지만 자해 충동은 없는 집단
- 자살 충동과 자해 충동을 모두 가진 집단

---

4) White (2013). 자살상담과 치료 중 제2장, 제7장 참고.

스스로 사지를 절단하거나 자살 충동을 가진 사람들을 상담하고 치료할 때는 그들이 위의 세 집단 중 어떤 집단에 해당하는지 살펴보는 것이 많은 도움이 된다. 어떤 자해자에게는 자해를 한다고 해서 자살 충동이 있는 것은 아니라고 알려주는 것만으로도 안심시킬 수 있다. 일반적으로 자해의 동기는 다음의 8가지 정도로 정리해 볼 수 있다.

- 문신 형태의 자해: 자해의 흉터는 특정 집단에 속한다는 상징이 된다. 위험하고 자극적인 자해를 함으로써 청소년들은 서로 유대감을 느끼고, 또래 집단에서 특별한 존재로 인식된다.
- 실존감을 느끼게 해주는 자해: 인격 상실, 현실감 상실의 문제가 있어 자신과 현실 사이에 분리감을 느끼는 사람들은 자해를 통한 고통을 느낌으로써 정상성을 회복하는 듯한 느낌을 갖는다.
- 무엇인가를 느끼게 해주는 자해: 정서적으로 마비된 것 같은 증상을 호소하는 사람들은 자해를 통해 고통을 느끼게 되면서 마비감과 무감정이 일시적으로나마 없어지는 것 같은 경험을 하게 된다.
- 긴장완화/감정완화를 위한 자해: 스트레스를 해결할 수 있는 성숙하고 효과적인 방법을 잘 알지 못하는 사람들이 긴장과 스트레스 수준을 줄이기 위해 자해를 택한다.
- 정서적 고통의 신체적 표현으로서의 자해: 수줍음, 불안, 우울, 절망과 같은 정서적 고통을 자해를 통해 신체적으로 표현함으로써 고통의 구체적인 증거를 제공할 수 있다.
- 자기돌봄의 수단으로서의 자해: 자해는 실제로 다쳐서 진짜 상처가 있기 때문에 돌봐줄 필요가 있다는 생각을 하게 해준다. 스스로 닦달하면서 잠시도 쉴 틈을 주지 않았던 사람에게 자해는 당분간 일을 하지 않거나 좀 천천히 해도 된다고 느낄 수 있게 해준다.

- 자신을 벌하거나 자기혐오의 표현으로서의 자해: 아동학대의 경험이 있는 사람들은 학대의 원인이 자기 자신에게 있다고 생각하면서 자기혐오의 감정을 갖게 된다. 약물중독이나 고립, 불법적인 행위, 자해를 통해 자신을 벌주고자 한다.
- 다른 사람을 조종하거나 도움을 요청하는 수단으로서의 자해: 자해는 충격을 주는 효과가 있다. 병원에 입원하거나 주변의 도움을 받으려고 자해를 하는 사람들도 있다. 인터넷이나 SNS를 통해 자해하는 것을 공개할 수 있고, 실제로 많은 자해자가 그렇게 하고 있다.

2) 자살 경고신호와 위험평가[5]

사람이 자살을 할 것이라 예측할 수 있는 절대적 방법은 없다. 그러나 관심을 가져야 할 경고신호는 있다. 이러한 경고신호는 도와달라는 호소, 좌절감의 표현, 우울한 감정에서 벗어나려는 노력의 하나로 볼 수 있으므로, 사회복지사는 이를 진지하게 받아들여야 한다.

(1) 자살 위협

자살에 대해 언급하거나 죽음에 대해 집착하면 자살 위험이 높다. 한 조사에 따르면 자살을 시도하는 사람 10명 중 8명이 자살 신호를 보낸다. 죽겠다고 직접 말하는 사람도 있지만, 어떤 사람은 소장하는 물건을 준다던가, 유서를 작성하는 등 삶의 최종 정리를 통해 자살을 꾀한다는 암시를 던진다.

5) Shebib (2006). 사회복지상담심리학, 제9장 참고.

(2) 자살을 시도한 전력

자살한 사람들의 약 30~40%가 자살을 시도한 전력을 가지고 있고, 자살을 시도한 사람 중 10% 가량이 10년 안에 자살할 가능성이 높다.

(3) 자살방법

자살할 구체적인 계획을 가지고 있는 사람이 그렇지 않은 사람보다 더 위험하다. 목매달기, 익사, 투신, 일산화탄소 중독, 수면제 복용은 매우 심각하고 사망률이 높은 자살방법이다.

(4) 스트레스

현재 심각한 스트레스에 놓인 사람이 더욱 위험하다. 최근에 와서 사별, 이혼, 이직, 실직의 주요 생활사건을 겪거나, 돈, 지위, 자기신뢰, 자존심, 종교적 신앙적인 측면에서 심각한 손실이나 변화를 겪은 사람인 경우 스트레스에 특히 취약하다. 최근에 발병한 질병도 한 원인이 될 수 있다.

(5) 성격 변화

클라이언트의 일상적 행동에 있어서 최근에 급격한 변화가 일어났는지를 살펴본다. 사회적 고립, 갑작스런 기분 변화, 기쁨을 주던 행동에 대한 관심 상실, 약물남용의 증가, 수면 유형의 변화, 개인 외모에 대한 관심 상실 등의 변화를 주의깊게 살펴보아야 한다.

우울증은 자살 위험을 가진 신호로 보아야 한다. 그러나 자살하는 사람들이 모두 우울증이 있는 것은 아니며, 우울증이 있다고 해서 모두 자살하는 것은 아니다.

(6) 알코올 중독

알코올에 중독된 사람들은 일반 사람에 비해 자살 위험이 높다는 사실이 여러 연구결과를 통해 입증되었다.

(7) 사회적 지지의 부재

클라이언트 주변에 클라이언트를 지지해줄 수 있는 사회적 자원이 부족할 때 클라이언트의 자살 위험성은 더 높아진다.

(8) 성별 및 연령 요인

자살 기도는 여자가 남자보다 3~4배 높지만, 남자가 더욱 치명적인 방법을 택하여 75%가 자살에 성공한다. 노년층도 자살 고위험군에 속하는데, 노년층의 자살률은 일반 인구의 2배 이상 높다. 한국의 자살률은 OECD 평균보다 두 배 가량 높고, 가장 자살률이 높은 나라들 중에 하나이며, 특히 노인 자살률은 OECD 국가 중 가장 높다(2021 통계청, 자살률 조사 결과 참조).

성별 및 연령 요인이 중첩되어 나타날 때 자살 위험률은 더욱 높아질 수 있다. 우울과 자살의 상관관계는 전체 성인집단에서 높지만, 남성 집단이 여성 집단보다 상관관계가 훨씬 높게 나타나며, 특히 남성 노인이 여성 노인보다 높은 자살률을 보인다(강상경, 2010: 67-100).

3) 자살 위험이 있는 클라이언트에 대한 실천 전략

셰퍼와 호레이시(2015)는 사회복지사가 자살 위험이 있는 클라이언트를 만났을 때 어떻게 대응하면 좋을지에 대해 다음과 같은 지침을 제시하였다(Sheafor & Horejsi, 2020: 530-533에서 일부 내용 발췌 및 수정).

① 자살에 대한 모든 메시지를 심각하게 받아들인다. 자살을 언급하는 사람이 자살하지 않는다는 것은 잘못된 미신이다. 이들의 메시지는 포착하기 어려울 수 있으며, 어떤 경우에는 사망한 후에야 그 의미가 명확하게 드러나기도 한다.

② 미묘하고 간접적으로 자살을 암시하는 말("나는 여기에 오래 있지 않을 거예요", "이제 더 이상 살아야 할 이유가 없어요", "고통을 더 이상 참을 수 없어요")을 귀담아 듣는다.

③ 만약 클라이언트가 자살할 위험이 있다고 판단되면, 다른 전문가와 어떻게 하는 것이 최선일지 의논한다. 죽음을 막기 위해서는 일반적인 비밀 보장의 원칙을 깰 수 있다.

④ 자살을 생각 중인 사람은 보통 양가감정, 즉 살고자 하는 욕구와 죽음을 통해서라도 고통에서 도망치고자 하는 욕구를 동시에 강하게 겪는다. 죽고 싶지 않지만, 지금의 고통을 해결할 수 있는 다른 방법이 없다고 생각한다. 대부분의 자살 위험 클라이언트는 '터널 시야'를 갖고 있어 자신의 고통과 좌절에 대해서만 생각한다. 상황에 대처할 다른 방안을 찾고 고려하도록 돕는 것이 중요하다.

혼전 성관계로 임신한 여성의 경우, 죽는 것 외에는 수치스럽고 죄스러운 상황을 벗어날 길이 없다고 단정한다. 사회복지사는 클라이언트의 심정을 공감하면서 여러 대안을 리스트로 작성해 볼 수 있다. 클라이언트는 자살 외에는 이런 수치와 죄책감을 벗어날 길이 없다고 생각하지만, 인공임신중절수술을 받는 방법, 아이를 낳아서 기르는 방법, 아이를 낳아서 좋은 가정에 입양을 보내는 방법, 남자친구를 데려와서 의논하는 방법, 부모를 데려오는 방법 등 여러 가지 대안이 있다. '자살은 언제든 할 수 있음/꼭 오늘 자살해야 하는가?'와 같은 대안도 리스트로 작성될 수 있다. 리스트의 순위를 부정적 측면에서 매겨 보면, 자살이 1순위는 아니라는 사실을 스스로 깨닫게 된다.

⑤ 클라이언트가 자살을 생각하는지 물어보는 것을 겁내서는 안 된다. 자살에 대해 개방적으로 이야기하는 것이 자살 위험성을 높이지는 않는다. "당신은 자살에 대해 생각하고 있습니까?", "왜 자살을 해답이라고 생각하는지 말씀해 주시겠습니까?", "당신이 자살을 생각한다는 것을 아는 사람은 또 누가 있습니까?", "요즘 자살을 점점 더 많이 생각하게 만든 일은 무엇입니까?", "예전에도 자살을 시도한 적이 있습니까?", "과거에 자살을 생각했다면, 무엇이 당신 생각을 바꾸게 했습니까?"

⑥ 클라이언트가 자살 계획을 실행할지 여부를 알아본다. "자살할 계획이 있습니까?", "어디서 자살을 하려고 하십니까?", "언제 자살하려고 합니까?" 계획이 자세하고 구체적일수록 자살 위험이 높을 것이다. 그러나 많은 자살 위험 클라이언트들은 대부분 대안적 계획을 생각하지 않는다. 사회복지사가 자살 계획의 중요한 부분을 훼방 놓는다면 그것으로도 자살을 저지할 수 있다.

⑦ 자살방법을 선택하고 그 방법에 접근한 사람은 고위험 상황이다. 선택한 방

법이 치명적일수록 위험이 커지고, 자살 시도가 사망을 초래할 가능성이 커진다. 매우 치명적인 방법에는 투신, 목매달기, 익사, 일산화탄소 중독, 교통사고, 수면제 과다 복용 등이 있다. 덜 치명적인 방법에는 손목 긋기, 가스 열어 두기, 처방전 없이 살 수 있는 약 과다 복용 등이 있다.

⑧ 자살을 시도하는 많은 사람은 외로움을 느끼거나 무시를 당했다고 느끼거나 고립감을 느낀다. 배우자를 잃었거나, 이혼했거나, 연인과 헤어졌을 때 자살 위험은 증가한다. 이 경우 사회복지사는 의미 있는 타인이 자살하려는 사람을 돕도록 해야 한다.

⑨ 클라이언트에게 자살은 일시적인 문제에 대한 영구적 해결책이라는 사실을 일깨워준다. 필요하다면 클라이언트에게 일정 기간(예: 2주) 동안 자살을 하지 않겠다는 조건에 동의하게 하거나, 사회복지사와 대화를 한 번 더 나누기 전에는 자살하지 않겠다는 약속을 받는다('자살방지' 계약).

⑩ 아무 방법도 소용이 없는 극단적인 상황이라면, 클라이언트와 자살 이후에 벌어질 일에 대해 논의해 본다. 가끔은 이 방법이 클라이언트를 동요시켜 자살의 실제 결과에 대해 더 명료하게 생각해볼 수 있도록 해준다. "누가 당신을 발견할 것 같습니까?", "누가 가장 속상해할 것 같습니까?", "아이에게는 당신 죽음에 대해 어떻게 말해야 할까요?", "당신의 장례식에 참여할 사람들의 명단을 만들 수 있습니까?", "부고에 뭐라고 쓰이기를 바랍니까?"

09

CHAPTER

가족사회복지실천 I

1. 가족의 이해
2. 가족 사회복지실천의 기본적 시각
3. 가족 사회복지실천과정

CHAPTER 09 가족사회복지실천 I

Skills for Social Work Practice

1 가족의 이해

1) 가족에 대한 다양한 정의

가족이란 인간이 발전시켜 온 기본적인 사회제도 가운데 가장 오래된 제도 중 하나로서 인간의 성장과 발달에 필요한 것을 가르치고 양육하는 일차적 집단이다. 기본적으로 가족은 "혈연, 결혼, 입양 등으로 관련된 둘 이상의 사람으로 구성된 집단으로 동일한 가구에서 함께 거주하는 사람들의 집단"으로 정의된다(Baker, 1987). 우리나라 「민법」 제4편 친족편 제2장 가족의 범위와 자의 성과 본 제779조에서는 다음과 같이 가족의 범위를 규정하고 있다.

제779조(가족의 범위) ① 다음의 자는 가족으로 한다.
1. 배우자, 직계혈족 및 형제자매
2. 직계혈족의 배우자, 배우자의 직계혈족 및 배우자의 형제자매
② 제1항제2호의 경우에는 생계를 같이 하는 경우에 한한다.

한편,「건강가정기본법」에서 정의하는 가족, 가정의 개념은 다음과 같다.

제3조(정의) 이 법에서 사용하는 용어의 정의는 다음과 같다.
1. "가족"이라 함은 혼인 · 혈연 · 입양으로 이루어진 사회의 기본단위를 말한다.
2. "가정"이라 함은 가족구성원이 생계 또는 주거를 함께 하는 생활공동체로서 구성원의 일상적인 부양 · 양육 · 보호 · 교육 등이 이루어지는 생활단위를 말한다.
2의2. "1인가구"라 함은 1명이 단독으로 생계를 유지하고 있는 생활단위를 말한다.
(이하 생략)

이러한 점에서 일반적으로 가족은 주로 결혼이나 혈연, 입양과 같은 법적 지위나 부모-자녀로 구성된 가족 구조 및 형태에 따라 규정되는 것을 알 수 있다(장수미 외, 2017). 한편, 가족과 유사한 개념으로 가구(household)가 있다. 가구는 주로 사회통계에서 많이 사용되는 개념인데, 1인 또는 2인 이상이 모여서 취사, 취침 등 생계를 같이 하는 생활단위를 말한다.

가족의 개념은 시대와 문화에 따라 다양하게 정의되며, 개념도 변화한다. 다수 문화권에서는 핵가족에 초점을 두고 가족을 정의하는 반면 아프리칸 미국인 가족은 확대된 친족 관계망을 포함하고, 이탈리아인들은 몇 세대의 확대 친족가족을 포함한다(Collilns et al., 2001). 이처럼 가족은 인간이 유지해온 제도 중에서 가장 오래된 제도로서 현재까지 이어지고 있지만 사회 변화의 영향을 받으면서 가족에 대한 개념도 달라지기 때문에 가족에 대한 정의는 한마디로 규정하기 어렵다는 것을 알 수 있다.

최근의 급격한 사회 변화와 함께 가족에 대한 개념이 다양해지고 있으며, 혈연·입양·결혼 등으로 제한되지 않고 가족의 다양성을 인정하는 개념으로 확장되고 있다. 실제로 증가하고 있는 한부모가족, 재혼가족, 조손가족, 결혼이민자가족, 미혼모부자가족, 동성애가족 등 다양한 가족형태의 출현은 새로운 방식의 가족 개념 정의가 필요함을 보여주고 있다(최선희 외, 2008).

기틴스(Gittins, 1985)는 '유일한 정상적 가족'은 더 이상 정의할 수 없다고 하면서 가족의 보편적 특성으로 가족관계를 제시하며 가족에 대한 역사적·문화적 특수성을 인식하는 것이 중요함을 주장하였다(장수미 외, 2017 재인용). 가족의 범위와 형태뿐만 아니라 가족의 구조와 기능도 다양해지고 있는 시점에서 가족대상 사회복지실천에서는 가족의 구조가 기능 어느 하나에게 초점을 두거나 상대적으로 강조하기보다는 가족의 보편적이고 중요한 특성인 '관계'가 잘 정립될 수 있도록 하고 가족 및 가족성원의 복지와 발달에 기여하는 '기능'이 잘 수행될 수 있도록 돕는 것이 중요하다.

2) 가족의 기능

구체적으로 가족의 기능은 무엇일까? 사실상 가족은 그들의 구성원을 위해 그리고 가족이 포함되어 있는 더 큰 사회를 위해 고유한 기능을 수행한다. 학자에 따라 가족의 기능이 조금씩 다르게 제시되고 있는데 일반적으로 가족이 담당하는 기능을 다음 네 가지로 볼 수 있다(Strong & Devaul, 1992; 조홍식 외, 2010 재인용).

① 친밀한 관계의 근원을 제공하는 기능

가족은 친밀한 관계의 근원을 제공한다. 사회가 산업화되고 복잡해질수록 사람들은 가족 내에서 친밀성을 찾으려고 노력하는데, 가족은 가족성원이 친밀성을 느낄 수 있는 근원을 제공한다.

② 경제적 협조의 단위 기능

전통적으로 가족은 성별에 따라 일을 분담하는 경제적 협조의 단위다. 가족은 생산의 기본 단위이자 소비의 기본 단위이다. 자녀양육이나 가사노동, 동생 돌보기와 같은 활동도 생산활동에 포함된다.

③ 자녀를 출산하고 자녀를 사회화키는 기능

자녀출산은 전통적으로 가족의 가장 중요한 기능이다. 자녀를 출산하는 것은 사회가 유지될 수 있도록 하는 가장 중요한 기능이다. 출산을 통해 사회구성원을 유지하여 전통과 문화를 이어갈 수 있도록 하며 자녀가 인간다운 삶을 살 수 있도록 다양한 사회기술을 가르치며 사회화시킨다. 사회화 기능은 인간을 인간답게 만드는 중요한 역할을 한다.

④ 가족성원에게 지위와 사회적 역할을 할당하는 기능

결혼을 통해 가족이 형성되면 남편이나 아내로서 새로운 가족 역할이 부여되며, 사회에서 성인의 지위를 획득하도록 돕는다. 가족을 통해 남편으로서, 아내로서, 자녀로서의 역할과 지위를 받고 이를 수행한다.

한편, 월쉬(Walsh, 2003)는 가족의 기능에서 정서적 교류를 하는 공동체로서의 가족 기능을 중요시하였다. 이는 위에서 스트롱과 드볼(Strong & Devaul, 1992)가 제시한 친밀한 관계의 근원을 제공하는 기능과 유사한데, 가족성원 간에 서로 지지적이고 관심을 보이는 공동체로서 서로 연결하고 관여하는 기능, 가족성원 간의 욕구를 존중하고 세대 성원의 성장과 복지를 조정하는 기능, 부부간에 상호 존경하고 지지하며 책임과 권한을 균등히 공유하는 기능, 아동이나 취약한 성원을 양육하고 보호하며 사회화하는 기능 등이 포함된다(김정진, 2019).

2 가족 사회복지실천의 기본적 시각

가족을 대상으로 하는 사회복지실천, 즉 가족 사회복지실천에서 개입의 단위는 가족이 된다. 이는 가족문제에 개입할 때 가족 개개인의 문제를 각각 다루는 것이 아니라 가족을 하나의 총체로 보고 개입을 하는 것이다(엄명용 외, 2020).

가족치료가 막 시작되던 1950년대에 가족치료의 선구자들은 환자와 가족을 다양한 입장에서 이해하고자 노력하였지만 개인중심의 개입에 익숙한 치료자들은 가족을 단위로 개입할 때 개인과는 달리 가족을 어떠한 관점에서 어떻게 이해해야 할지 어려움을 겪었다. 개인대상의 실천의 이론적 기반들은 가족대상 실천에 더이상 유효하지 않을 수 있기 때문이다. 예를 들어, 정신분석이론의 관점에서 내담자 개인을 이해하는 것은 적절하지만 가족의 역동을 이해하는 데는 한계를 가질 수 있다. 가족성원은 어떤 방식으로 상호작용하며 의사소통하는지, 가족성원은 서로서로 어떻게 연결되어 있는지 이해하기 위해서는 새로운 관점이 필요하게 되었는데 다양한 이론들이 이들의 접근을 이론적으로 뒷받침하게 되었다(김유숙, 2008).

1) 가족을 바라보는 관점에 영향을 미친 이론

가족을 바라보는 관점에 영향을 미친 이론은 다양하다. 가족은 가족성원들이 서로 연결되어 있고 상호작용하는 체계이며, 가족성원 하나 하나가 모두 체계이며 전체로서의 가족 역시 체계가 된다. 가족을 하나의 체계로 바라보고 개입하는 가족 사회복지실천 방식은 일반체계이론의 영향을 받은 것이다. 그 외에도 의사소통이론, 사회구성주의이론 등이 가족대상 실천에 영향을 주었는데, 여기서는 가족을 이해하고 개입하는 데 영향을 미친 각 이론의 주요 개념을 각각 살펴보기로 한다.

(1) 일반체계이론

일반체계이론은 생물학자 버틀란피(Bertalanffy)에 의해 1930년대에 제시되었으며, 유기체와 환경 간의 상호작용, 상호관련성에 대해서 전체성, 상호성, 개방성의 개념으로 설명한다(von Bertalnaffy, 1990; 김유숙, 2008 재인용). 이 이론은 생물이나 무생물, 개인, 집단, 가족 등 체계라고 정의될 수 있는 속성을 가진 실체들을 체계로 보고, 이들 체계를 구성하는 요소의 속성과 이들 간 상호작용의 속성을 이해하고 복잡한 체계의 관계 속성 또는 체계 내부에서 이루어지는 상호작용의 특성을 파악하기 위해 개발되었다(von Bertalnaffy, 1990). 일반체계적 관점이 제시하는 개념적 틀에 의하여 개인과 사회의 문제는 원인-결과의 관계로 해석되기보다는 상호연결된 전체로 파악된다. 즉 개인과 환경은 어느 한쪽이 다른 한쪽에 일방적인 영향을 끼치는 것이 아니라 양자가 모두 원인인 동시에 결과인 상호적 원인 관계로 형성된 전체로 파악된다.

이러한 체계적 관점은 사회복지실천의 목적과 잘 부합된다고 할 수 있는데, 문제는 파악 및 개입의 초점을 개인 또는 환경의 어느 한 곳에 두기보다는 상호작용하며 영향을 주고받는 전체에 두기 때문이다. 일반체계이론은 매우 복잡한 체계의 관계속성 또는 체계 내부에서 이루어지는 상호작용의 특성을 파악하기 위해 개발된 것인데, 일반체계이론의 관점에서 가족을 파악할 경우, 가족도 하나의 체계이며 가족성원들 개개인도 체계가 된다. 체계 개념은 가족을 대상으로 한 연구나 사회복지실천에 매우 유용하게 적용되는데, 가족이 어떻게 기능하고 주위 환경과 어떻게 관련되어 있는가를 이해하는 데 도움이 된다. 체계의 기본적 속성에 대한 이해는 가족을 이해하고 가족대상 실천의 원리를 이해하기 위한 기초라고 볼 수 있다.

① 체계, 하위체계, 홀론, 경계

체계(system)란 상호의존적이며 상호영향을 주고받은 부분들로 구성되어 있는 전체를 의미한다. 다시 말하면 상호관계를 맺고 있는 구성단위들의 집합체이지만 구성단위들의 단순집합이 아니라 구성단위 간의 상호작용 또는 관계 양상을 포함하는 하나의 전체 또는 단위이다. 상술한 바와 같이 체계이론에서 가족은 하나의 체계로 이해된다. 즉, 가족성원들은 각각 체계이며 성원들은 가족이라는 하나의 체계를 이루게 된다.

큰 체계 안에 형성된 작은 체계들을 하위체계라고 한다. 하위체계는 전체로서의 하나의 체계 안에서 특정한 기능 및 가정을 수행하도록 배당된 부분들을 의미한다. 하위체계 입장에서 볼 때 가족은 상위체계가 되며, 전체로서의 가족 입장에서 볼 때 가족은 가족구성원 개개인 그리고 부부, 자녀 등의 하위체계를 갖는다. 일반적으로 가족에는 부모 하위체계, 부부 하위체계, 형제-자매 하위체계, 자녀 하위체계 등 다양한 하위체계가 존재한다. 부부 하위체계를 기준으로 볼 때 부부는 가족이라는 상위체계의 하위체계이며, 부부 하위체계는 남편, 아내라는 하위체계를 갖게 된다. 이렇게 특정 체계는 그 체계를 구성하는 작은 체계보다는 큰 상위체계이고, 그 체계를 둘러싼 큰 체계의 하위체계가 되는 현상을 홀론(holon)이라고 한다.

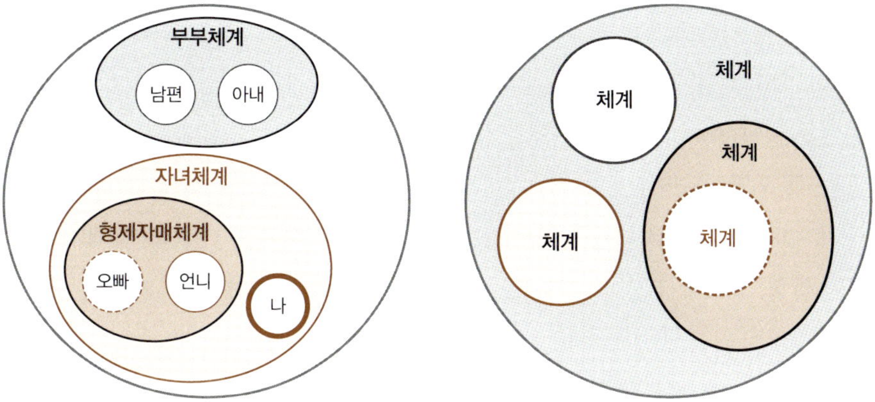

[그림 9-1] 가족체계, 하위체계와 홀론

경계란 체계 내부와 외부를 구분하거나 한 체계와 다른 체계와 구분하는 테두리를 말한다. 가족성원들은 각자 경계를 가지고 있고 다른 가족과도 구분되는 경계를 가진다. 경계는 명료성과 투과성 정도에 따라 명확(또는 명료)한 경계, 경직된 경계, 혼돈된 경계가 있다. 가족 내부의 하위체계들 간의 경계가 명료하다는 것은 각 체계들이 각자 나름대로의 기능과 특징, 또는 권위를 갖고 다른 하위체계들과 상호작용을 한다는 것이다. 즉 부모는 자녀와 구분되지만 부모-자녀 간 상호작용이 있다는 것이다. 건강하고 기능적인 가족의 경계이다.

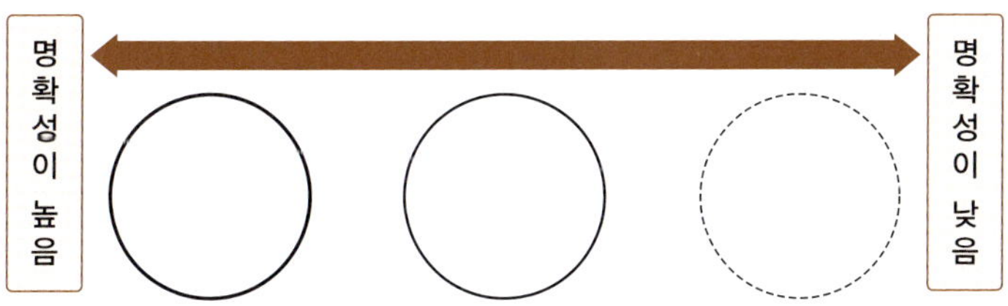

[그림 9-2] 경계의 속성: 명확성

경직된 경계는 투과성이 매우 낮은 경계로서, 체계 간 상호작용이 이루어지기 어렵다. 따라서 가족 간에 상호작용이 적고 서로 관심이 없으며 정서적 교류나 애정도 부족하다. 유리된 가족의 경계이다.

반면, 모호한 혹은 애매한 경계는 투과성이 지나치게 높아 체계 간 구분이 어려운 경계이다. 밀착된 가족에게 형성된 경계로서 하위체계는 다른 하위체계들과 구분되지 않을 정도로 뒤얽혀 있어 상호침투와 간섭의 정도가 매우 심하다. 성원 간 독립성이나 자립성이 부족하며 지나치게 의존적이다.

유연성 있는 경계는 명료한 경계를 갖고 있는 경우에만 존재할 수 있다. 애매한 경계에서는 경계가 있는지 없는지가 불분명하기 때문에 유연성의 개념 자체가 존재할 수 없다(엄명용 외, 2020).

경계의 투과성은 경계를 사이에 두고 에너지나 정보, 심리정서적 요인들의 교환이 이루어지는 정도를 말한다. 투과성이 높다는 것은 투명한 유리창에 햇빛이 통과하는 것에 비유할 수 있다. 반면 암막커튼은 빛이 통과할 수 없다. 투과성이 낮은 것이다. 이를 체계에 적용해 보면 체계 내부와 외부를 구분하는 경계의 성격이 투과성이 낮으면 체계 내부와 외부 사이에 교류가 일어나지 않는 것이다. 이러한 체계를 폐쇄체계(clesed system)라고 한다. 폐쇄가족체계는 가족 외의 사람과의 교류가 거의 없으며 외부 정보의 활용이나 외부 사람 혹은 전문가의 개입 및 도움을 꺼린다. 가족에게 문제가 발생했을 때 가족을 도와줄 자원이나 인력이 부족하여 문제를 해결하기 어려워질 수 있다.

이와는 반대로 체계 외부 환경과 에너지 및 정보의 교환이 자유로운 체계를 개방체계(open system)라고 한다. 개방가족체계는 외부체계와 에너지 및 정보의 교류를 활발하게 한다. 외부 전문가의 개입이나 도움을 활용하여 문제를 해결하고 성장하려고 한다.

② 항상성

인간의 체온은 외부의 추위나 더위에 관계없이 36.5도로 유지된다. 환경적 변화가 일어나면 신체는 땀을 내거나 소름이 돋아 열을 내어 체온을 유지하게 된다. 살아 있는 생명체가 균형 또는 안정을 유지하려는 노력을 항상성(homeostasis)이라고 하는데, 가족을 포함한 생물체는 항상성을 유지하려 노력하는 경향이 있다(김유숙, 2008: 31). 가족의 안전을 위협하거나 안정을 해치는 변화가 일어날 때 가족은 항상성을 나타내어 가족의 안정을 유지하려 한다. 예를 들면 위기 상황에서 가족의 규칙을 변화시키거나 역할에 변화를 주어 위기에 대처함으로써 가족의 안정을 지키려 한다.

③ 순환적 인과관계와 파문효과

순환적 인과관계(circular causality) 혹은 상호적 인과관계(reciprocal causality)는 원인과 결과의 관계에서 어떤 결과 혹은 현상은 그 앞의 원인변수 혹은 선행사건에 의해 한 방향으로 영향을 받아서 나타난 것이 아니라 서로 순환적인 관계에 놓여 있어서 어떤 것이 다른 것에 영향을 미치면 이는 다시 또 다른 어떤 것에 영향을 미쳐 원인과 결과가 서로 순환된다는 것이다. 가족 내에서 남편이 아내에게 한 행동은 아내에게 변화를 일으키고 아내의 변화는 자녀에게 영향을 미칠 수 있다. 자녀의 변화는 다시 아버지에게 영향을 미치게 되므로 원인과 결과는 서로 서로 영향을 미쳐 돌고 돈다는 것이다. 따라서 가족을 이해할 때는 원인과 결과를 단편적인 관계, 즉 어떤 것은 원인이고 어떤 것은 결과가 되는 단선적이고 직선적 인관관계로 볼 것이 아니라 순환적 인과관계에서 보아야 가족을 더 잘 이해할 수 있다.

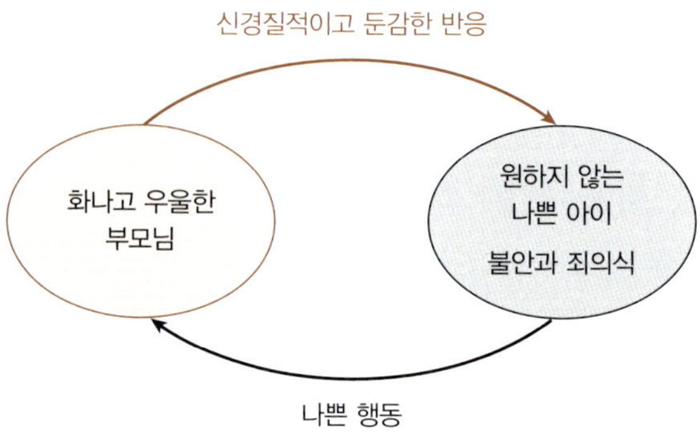

[그림 9-3] 순환적 인관관계(예: 부모-자녀 갈등)

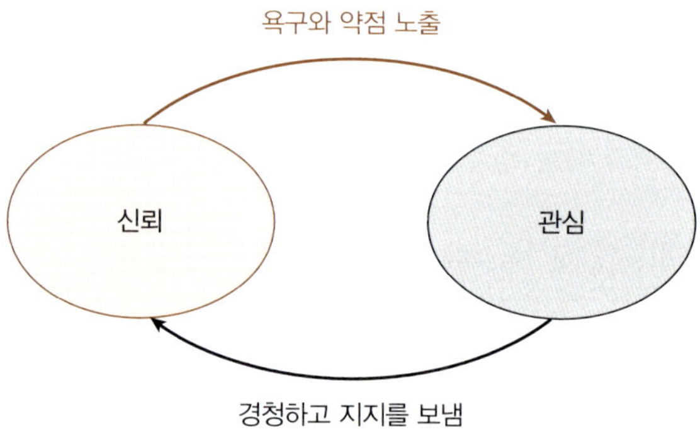

[그림 9-4] 순환적 인관관계(예: 지지적 관계)

출처: 이화여자대학교 사회복지연구회 역 (2001). p.88.

체계 내의 순환적 인과관계에서 파생된 개념이 파문효과(ripple effect)이다. 호수에 돌을 던지면 물결무늬, 즉 파문이 동심원을 그리며 강가 끝으로 멀리 퍼져나가듯, 체계의 한 구성요소에서 변화가 일어나면 그 변화는 다른 구성요소에 영향을 주고, 또 옆으로 변화가 이어져 결국 전체 체계에 영향을 주게 된다는 것이다(엄명용 외, 2020). 이를 가족에게 적용해 보면 가족구성원 한 사람의 변화는 다른 가족성원에게 영향을 미치고 그 영향은 다른 가족성원에게 영향을 주고, 이러한 영향과 변화가 가족 전체로 퍼져나가 가족 전체가 변화하게 된다는 것이다. 이러한 체계의 속성을 생각해 보면 가족 내에 어떤 문제 혹은 어려움이 표출되었을 경우, 문제를 경험하는 사람 혹은 문제가 표출된 한 사람[1]을 대상으로 변화를 시도하거나 개입을 하기보다는 가족성원 중 문제해결에 의지가 있고 변화하기 쉬운 한 사람에게 먼저 개입을 하여 변화가 일어나면 이러한 변화는 다른 성원의 변화로 이어져 결국 가족의 문제가 해결될 수 있다는 점을 알 수 있다.

④ 비총합성

'2=1+1'이다. 즉, 부분들의 모여 전체가 된다. 그런데 비총합성(nonsummativity)은 '전체는 부분의 합 보다 크다'라는 뜻이다. 즉 '1+1=2+α'로서 부분들의 합과 그 무엇이 더해져 전체가 된다는 뜻이다. 이 의미를 가족에게 적용해 보면 가족은 가족성원 개개인의 특성을 합한 것으로는 설명될 수 없고 그 무엇이 더해져야 가족을 이해할 수 있다는 것이다. 즉 가족 개개인의 특성과 함께 가족성원 간 상호작용, 의사소통 패턴 등을 포함되어야 가족의 특성이 나온다. 따라서 사회복지사는 가족을 이해할 때 가족개개인의 특성을 파악하는 것 외에 가족의 상호작용이나 의사소통을 관찰하고 파악할 필요가 있다.

⑤ 가족체계에 대한 주요 가설

일반체계이론에 기반하여 가족을 체계로 볼 경우, 가족체계에 대한 주요 가설은 다음과 같다(이화여자대학교 사회복지연구회 역, 2001). 즉, 가족체계는 다음과 같은 특성을 갖는다고 가정한다.

---

1) 가족치료에서는 가족 내에서 문제 혹은 증상을 보이는 사람 혹은 가족의 문제를 대표적으로 표출하는 사람을 지목된 사람(indentified patient: 지목된 사람 혹은 환자로 지목된 사람: IP)이라고 한다(엄명용 외, 2020). 이 용어를 사용할 때는 환자로 지목된 사람에게 초점을 맞추는 것이 아니라 그렇게 인식하고 있는 가족관계를 염두에 둘 필요가 있다(김유숙, 2008).

- 전체로서의 가족은 각 부분의 합 이상이다.
- 가족은 변화와 안정성의 균형을 맞추려고 노력한다.
- 한 가족구성원의 변화는 모든 가족원에게 영향을 미친다.
- 가족원의 행동은 순환적 인과관계로 가장 잘 설명된다.
- 가족은 보다 큰 사회체계에 속하며 많은 하위체계를 포함한다.
- 가족은 기존의 규칙에 따라 움직인다.

(2) 의사소통이론

가족을 이해할 때 가족성원 간 이루어지는 의사소통의 내용이나 방식을 이해하는 것은 매우 중요하다. 이 때문에 가족치료자들은 가족 내 의사소통에 대해 많은 관심을 가져왔다. 의사소통이론은 초기의 가족치료 접근방법을 고안할 때 직접적인 영향을 많이 주었으며 현재에도 꾸준히 연구되고 있다. 가족을 이해할 때 도움이 되는 주요 의사소통 개념을 살펴보면 다음과 같다.

① 상위 의사소통: 의사소통은 내용과 관계의 측면이 있다.

의사소통에는 언어로 전달되는 내용 메시지 외에 그 순간의 대인관계에서 다른 차원의 메시지가 동시에 전달된다. 즉 의사소통을 할 때에는 말로 전달하고자 하는 내용 외에 다른 의미도 함께 표현되고 전달된다. 예를 들어, 야근을 하고 피곤한 채로 늦게 귀가한 남편이 "나 야근하느라 너무 피곤해"라고 말하는 것은 '피곤하다'라는 내용 외에 '피곤하니까 좀 쉬게 놔둬', 혹은 '피곤하니까 집안일은 못 도와주겠어'라는 의미도 전달하고 있다.

의사소통에는 관계 메시지와 내용 메시지가 포함된다. 내용 메시지는 말로 표현되는 내용이며, 관계 메시지는 언어로 표면에 나타나지는 않지만 비언어적 형태로 전달되는 메시지이다. 이처럼 내용 이외에 의사소통이 전달되는 모든 메시지를 상위 의사소통 혹은 메타 의사소통(meta communication)이라고 한다(김유숙, 2008). 상위 의사소통 혹은 메타 의사소통은 '의사소통에 대한 의사소통'인데, 말하는 사람과 듣는 사람 간의 관계의 성격을 정의하는 기능을 갖고 있다.

② 구두점(=마침표): 구두점은 의사소통의 중요한 측면이다.

연속적인 의사소통과정에서 자신의 입장과 관점에 따라서 임의로 말을 끊는 것을 구두점(마침표, punction)이라고 한다. 즉 의사소통의 상호작용에서 무엇이 자극이고 무엇이 반응인가에 관한 개념이다(김유숙, 1998: 정문자 외, 2012: 259 재인용)

예를 들어, 알코올 중독인 남편은 아내가 잔소리를 너무 많이 하니까 자신이 술을 마시게 된다고 한다. 반대로 아내는 남편이 술을 많이 마시니까 잔소리를 한다고 말한다. 이 부부는 서로 다른 곳에서 대화 흐름의 구두점 혹은 마침표를 찍기 때문에 상대가 나쁘다고 생각한다(김유숙, 2008). 아내의 입장에서 상황의 시작은 남편의 음주이며, 이에 대해 잔소리를 하게 되는 것이다. 그러나 남편의 입장에서 볼 때 상황의 시작점은 아내의 잔소리이며, 이 때문에 술을 마시게 된다. 아내는 어디에서 구두점을 찍는지, 남편은 어디에서 구두점을 찍는지, 부부의 대화를 분석해 보면 [그림 9-5]와 같다. 날갈이 민지냐 닭이 먼저냐의 상황처럼 이 부부의 대화도 어느 곳을 시작점 혹은 원인으로 보느냐에 따라 결과도 달라지고 상황에 대한 이해와 해석도 달라지는 것이다.

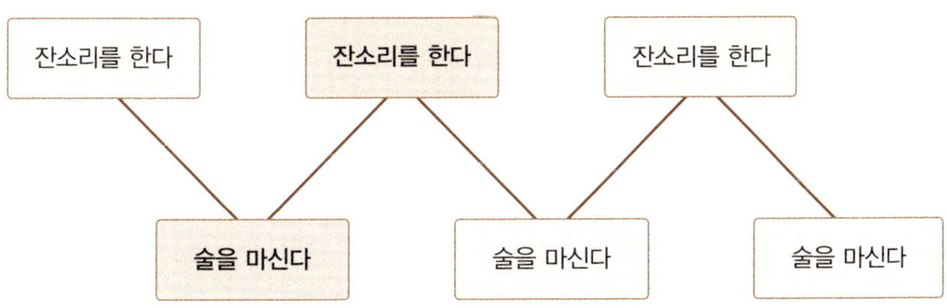

[그림 9-5] 의사소통의 구두점(마침표)

출처: 김유숙 (2008). p.41.

자기 자신의 관점에 따라 다른 곳에서 구두점을 찍게 되므로 문제의 원인과 결과도 각각 다르게 인식된다. 구두점 혹은 구두점의 원리는 연속적으로 이어지는 순환적 인과관계의 상황에 있는 사람들이 각자 구두점을 어디에 찍느냐에 따라 동일한 문제도 서로 다른 원인으로 보일 수 있음을 나타내 준다. 일반적으로 가족의 문제를 사정할 때 사회복지사는 가족원들이 구두점을 어디에 찍는지 확인해야 한다.

③ 이중구속 의사소통: 의사소통은 역설적일 수 있다.

전략적 가족치료모델에 영향을 준 MRI(Mental Research Institute, 정신건강연구소) 팀에서 제안한 개념이다. 이중구속(double bind) 의사소통은 발신자가 의사전달을 할 때 의사소통의 수준이 일치되지 않는 모순된 메시지를 보내는 역기능적 의사소통 형태를 의미한다(정문자 외, 2012). 이러한 메시지를 듣는 사람은 상반된 내용의 메시지를 동시에 듣기 때문에 어떤 수준에 반응을 해야 할지 혼란스러운 상태에 빠진다. 즉 이중구속 상황에 처하게 되는 것이다. 일반적인 가정에서도 이중구속 의사소통을 사용하지만 역기능적 가족에게서 많이 발견된다고 한다.

[참고] 이중구속이 발생하는 상황

① 두 사람 이상이 관계를 맺고 있고 그 중 한 사람이 희생자 혹은 취약한 입장에 놓여 있다.
② 이들 간의 관계는 일시적인 것이 아니라 지속적이다.
③ 희생자 혹은 취약한 입장에 있는 사람에게 부정명령이 내려진다.
④ 1차 부정명령과 불일치하는 2차 부정명령이 더욱 추상적인 차원에서 내려지는데, 이는 처벌이나 생존을 위협하는 신호로 보내지기 때문에 따르지 않을 수 없다.
⑤ 희생자 혹은 취약한 입장에 있는 사람이 이 상황에서 빠져나가지 못하도록 하는 3차 부정명령이 내려진다.
⑥ 자신이 이중구속 상황에 빠져 있음을 지각하였을 때는 이미 이상의 모든 과정에서 빠져나올 수 없게 된다. 그리고 위의 각 과정에 대해 공포나 분노를 느끼게 된다. 이 상황이 되면 서로 불일치하는 부정명령을 환청으로 들을 수도 있게 된다.

출처: Becvar & Becvar (2001); 정문자 외 (2012). p.121. 재인용.

(3) 사회구성주의

사회구성주의는 사회의 현실이나 실재(reality)가 어떤 방식으로 사회구성원들에게 이해되고 만들어지며 발전하는지를 설명하는 이론이다. 이 이론에 의하면 우리의 현실은 객관적 진실이 아니라 다른 사람과의 대화를 포함한 사회적 상호작용을 통해 생성된 사회적 산물이다. 우리가 현실이나 실재로 믿고 있었던 것들은 사회구성원들 간의 상호 작용을 통해 만들어지며, 이 실재는 어떤 과학적 방법을 통해 밝혀지는 객관적인 진리를 담고 있는 것이 아니라 다만 다양한 현실들을 반영하는 것이다(위키백과). 이런 측면에서 보면 가족문제는 객관적으로 존재하는 것이 아니라, 사람에 의해서 만들어진 것으로 이해될 수 있다.

기존 사회복지실천 혹은 가족대상 실천에서는 주로 클라이언트에 대한 객관적 지식과 절대적인 진실이 존재한다고 믿었다. 그러한 믿음에 기초하여 가족에 대한 전문지식과 기술을 가진 전문가라는 제3자가 가족 내에 존재하는 문제를 객관적으로 관찰하고 사정하여 밝혀낼 수 있고, 전문가적 판단에 기초하여 개입을 하고 문제를 해결할 수 있다고 보았다(엄명용 외, 2020). 그러나 사회구성주의이론에 의하면 클라이언트 또는 가족이 경험하는 문제는 누구에게나 동일하게, 객관적으로 관찰될 수 있는 실체로 존재하는 것이 아니라 문제를 경험하는 당사자들이 사회적 상호작용을 통해 구성하고 만들어가는 것이다. 따라서 객관적으로 존재하는 문제에 대한 제3자의 개입이 아니라 문제를 경험하는 당사자들이 정의하는 현실에 기반하여 문제를 해결해 나가야 한다.

이러한 맥락에서 볼 때 사회구성주의적 실천과정에서는 가족 혹은 내담자들의 다양한 견해와 가정들을 중요시해야 한다는 점이 강조된다. 가족 사회복지실천에서도 사회복지사의 역할은 가족구성원의 다양한 견해와 가정들을 이해하고 그 속에서 가족성원 스스로 문제해결에 대한 단서를 찾아 문제를 해결해 나갈 수 있도록 돕는 것이다(엄명용 외, 2020).

가족치료에 사회구성주의자들은 언어가 현실을 그대로 비추는 것이 아니라 실재를 구성해 내거나 만든다는 것이다. 따라서 우리가 사용하는 언어에 따라 구성되는 현실은 달라질 수 있다. 우리가 경험한 현실은 언어를 통해 묘사되는데, 사회구성주의이론에서 실재는 언어를 통해 구성된다고 보기 때문에 자신의 문제를 새롭게 구성할 수 있도록 돕는 언어적 상호작용은 매우 중요하다(정문자 외, 2012). 이러한 점은 해결중심 가족치료와 이야기치료에 영향을 주었다.

(4) 사이버네틱스(인공두뇌학)

① 사이버네틱스 이론

사이버네틱스(cybernetics) 또는 인공두뇌학이라고 하는 이 이론은 MIT의 수학자인 와이너(Weiner)에 의해 개발된 것으로 일반체계이론과 비슷하다(김유숙, 2008). 사이버네틱스는 생물체계와 사회체계에 있어 순환적 인과관계와 피드백기제에 관한 과학이다(Keeney, 1983; 정문자 외, 2012: 119 재인용).

사이버네틱스는 1차 수준과 2차 수준으로 구분되는데 1차 사이버네틱스는 일반체계이론과 동일한 것으로 간주된다(Becvar & Becvar, 2001; Keeney, 1983; 정문자 외, 2012: 120 재인용).

1차 사이버네틱스는 관찰자가 체계 밖에서 체계를 객관적으로 관찰하고 중립적으로 조절하는 것이 가능하다고 본다. 따라서 사회복지사 혹은 치료자와 같은 관찰자는 가족이나 환자 등 클라이언트를 관찰하고 진단하여 개입함으로써 문제를 해결할 수 있는 전문가로 간주된다. 물론 이러한 가정은 이후에 도전과 비판을 받게 되기도 한다.[2)]

2) 1차 사이버네틱스와 체계론적 관점을 기초로 발전된 초기 가족치료모델들은 블랙박스모델로서 체계와 환경과의 상호작용에 초점을 두며, 관찰자(치료자)를 관찰대상(내담자체계) 밖에 두기 때문에 치료자가

2차 사이버네틱스는 1차 사이버네틱스와는 달리 피드백과정에도 여러 수준이 있으며 가장 높은 수준에서 볼 때 체계는 닫힌 체계이며 자기조직(self-organization) 또는 자기 만들기(self-making)의 속성을 갖는 체계로 본다. 이는 체계의 조직 내 구성요소는 연결망을 이루고, 각 구성요소는 다른 구성요소의 생산이나 변형에 참여하는 방식을 통해 지속적으로 스스로의 체계를 제작한다는 의미이다(Becvar & Baevar, 2003). 따라서 클라이언트를 이해하고 조절, 즉 변화를 일으킬 수 있는 것은 체계 그 자체이므로 클라이언트가 문제해결의 주체가 된다.

2차 사이버네틱스에서는 체계가 자기준거성(self-reference)의 속성을 갖는다고 본다. 즉 관찰자와 관찰대상을 서로 분리된 것으로 보지 않으며, 관찰대상에 관찰자가 참여한다고 보는 것이다(정문자 외, 2012). 이를 가족치료 혹은 사회복지실천에 대입해 보면 사회복지사나 치료자와 같은 사람이 관찰, 사정, 진단 등 외부에서 클라이언트를 이해하는 것이 어렵게 된다. 왜냐하면 무언가를 관찰할 때 관찰대상의 현실을 객관적으로 관찰하지 못하며 관찰자의 인식, 이론, 인식론적 전제를 기초로 관찰이나 판단이 결정되기 때문에 치료자 혹은 사회복지사의 관찰이나 진단, 사정의 내용은 객관적인 것이 아니라 그 사람이 가지고 있는 틀에 제한된 것이기 때문이다. 이러한 내용들은 이후 해결중심단기치료와 이야기치료에도 영향을 미치게 된다.

② 환류, 피드백

사이버네틱스는 피드백 루프(feedback loops) 또는 환류작용이라고 하는 조절·제어체계를 가지고 있다. 제어체계는 체계가 환경과 상호작용하면서 스스로를 수정할 수 있도록 정보를 제공하는 기능을 가지고 있다. 체계 자체가 환경이나 변화

내담자 혹은 클라이언트를 일방적으로 조절하고 변화를 일으킬 수 있다는 시각을 갖게 함으로써 실용적 목적에 많은 기여를 하였다. 그러나 이러한 시각은 여러 가지 점에서 한계를 맞게 되며 2차 사이버네틱스의 발전에 영향을 주었다(정문자 외, 2012).

에 적응하거나 변화 속에서 안정을 유지하기 위해 체계에게 행동의 결과를 알려주는 것을 환류 또는 피드백(feedback)이라고 한다. 주로 의사소통을 통해 환류가 일어난다.

환류를 통해 행동의 결과를 객관적으로 평가할 수 있게 되며 이를 통해 새로운 행위를 만들어 내거나 기존의 행위를 수정한다. 체계는 새로운 행동이 발생되면 그 결과에 대해 정보를 주어 새로운 행동을 유지하거나 더 증가시킬 것인지, 아니면 새로운 행동을 더 이상 하지 않도록 할 것인지 결정하게 된다. 이러한 일련의 과정을 환류고리라고 한다.

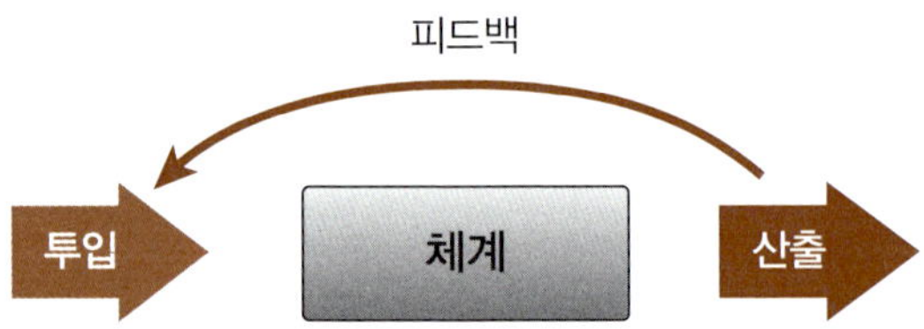

[그림 9-6] 체계의 조절/제어원리(사이버네틱스)

개인, 가족, 집단 등 체계는 현재의 상태를 유지하려는 항상성을 갖고 있다. 따라서 새로운 행동이 그 체계의 규범에서 벗어나면 부적 환류(negative feedback)를 통해 새로운 행동을 감소시켜 원래 상태로 돌아가려고 한다. 새로운 행동이 만족스러울 경우에는 그 행동을 지속하거나 더 증가시키도록 정보를 제공하며, 이는 정적 환류(positive feedback)에 해당된다.

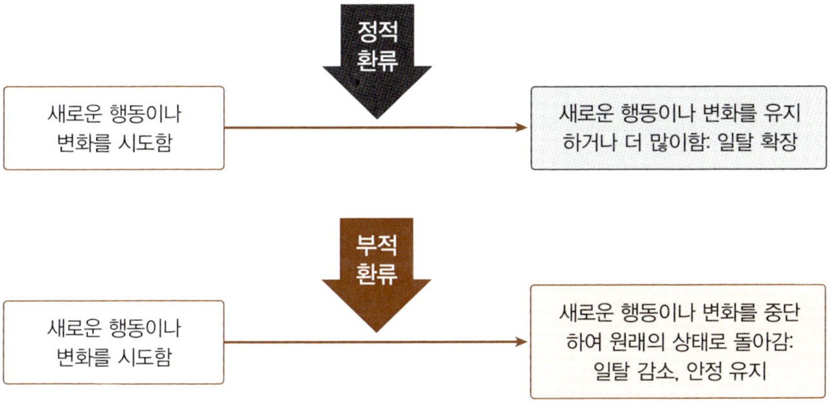

[그림 9-7] 정적 환류와 부적 환류

❸ 가족 사회복지실천과정

가족을 대상으로 하는 사회복지실천 역시 사회복지실천이다. 사회복지실천과정은 접수, 자료수집 및 사정, 계획수립과 계약, 개입, 종결과 평가의 절차로 진행된다. 가족 사회복지실천과정도 이와 같은 맥락에서 생각해볼 수 있으며, 크게 초기, 사정, 개입, 종결 및 평가로 구분하여 설명할 수 있다.

1) 초기 단계

사회복지실천과정을 시작하는 첫 단계인 초기 단계에서는 접수와 자료수집 등이 이루어진다. 가족 사회복지실천과정의 초기 단계도 이와 유사하다. 사회복지사는 가족과의 관계를 형성하는 것에 초점을 둔다. 사회복지사와 가족은 신뢰관계를 형성할 수 있어야 하며, 이러한 신뢰관계를 형성하기 위해 가족에게 합류(joining)할 수 있어야 한다(장수미 외, 2017).

① 합류하기

합류하기[3]는 치료자가 가족과 인간적인 관여를 하는 것, 가족의 현실상황에 들어가 함께 경험하는 것을 말한다. 이는 가족에 들어가는 것이고, 가족의 스타일에 맞추고, 가족구조를 변화시킬 수 있는 행동을 할 수 있게 하는 것이다(송성자, 2002). 합류하기를 위해 사회복지사는 가족이 사용하는 언어 패턴을 관찰하여 가족구성원이 대화하는 방식 혹은 단어를 그대로 사용하기도 한다.

합류하기를 통해 치료자가 가족과 신뢰에 기반한 긍정적인 관계가 형성되면 개입단계가 원활하게 이루어질 수 있다. 합류하기에는 유지, 추적, 모방 등 크게 세 가지 하위기법이 있다.

유지(accomodation)는 치료자가 가족구조를 이해하고 분석하며 계획된 지지를 하는 적응기술이다. 유지한다는 것은 하위체계를 확인하고 지지하는 것이며, 각 가족성원들의 장점과 잠재능력을 확인하고 지지하는 것이다.

치료자는 가족의 중심인물이 어머니라고 판단하면 면담과정에서 "제가 아들에게 질문을 좀 해도 될까요?"라고 어머니에게 양해를 구하고 아들에게 질문한다.

추적(tracking)은 치료자가 가족의 의사소통과 행동의 내용을 추적하고 계속하도록 권장하는 기술이다. 가족이 말한 것을 반복하거나 내용을 명료화하기 위한 질문을 하는 것, 지지적 언급 등으로 가족들이 계속해서 이야기하도록 하면서 의

---

3) 합류하기 기법에 대해서는 10장 구조적 가족치료에서 자세히 다루었다.

사소통의 방향을 조정하는 것 등이 해당된다.

모방(mimesis)은 가족의 의사소통방법이나 내용을 모방함으로써 가족에게 합류하는 것이다. 가족성원들이 치료자에게 동일시하도록 돕는 자기노출의 형태를 취한다.

(치료자가 가족에게 다음과 같이 말한다) "나도 성격이 급해요", "우리 집에도 그와 비슷한 일이 있어요."

② 가족 사회복지실천 초기과정에서 사회복지사의 유의사항

가족과 관계를 형성하는 초기 단계에서 사회복지사가 유의해야 할 사항이 있다. 예를 들어 사회복지사는 가족성원 중 특정인과만 관계를 맺어서는 안 되며 가족성원 모두와 관계를 맺어야 한다. 특정 가족원의 입장이나 이익을 반영한다는 느낌을 주어 관계 형성에 방해가 되지 않도록 해야 한다. 가족 단위의 개입을 하는 사회복지사 혹은 치료자는 한 단위로서의 가족과 친밀감 혹은 연합(connectedness)을 발전시키면서 동시에 가족성원 개개인과도 관계를 맺어야 하는 이중과업을 잘 수행해야 한다(Collins et al., 2010; Hepworth et al., 2010; 장수미 외, 2017: 189 재인용).

가족의 초기면담 경험은 가족구성원의 이후 참여 여부에 영향을 미칠 수 있으므로 주의가 필요하며 구체적인 내용은 다음과 같다(Hepworth et al., 2010; 장수미 외, 2017: 190 재인용).

- 가족성원의 참여동의를 받는다.
- 가족의 구조와 기능이 역기능적으로 보일지라도 일단 수용한다. 선불리 판단하거나 문제라고 지적하지 않는다.

- 가족성원 중 특정인에게만 초점을 맞추어서는 안 되며 되도록 모든 가족성원의 이야기, 입장을 들어본다.
- 가족의 문제와 욕구를 정의할 때 모든 가족구성원의 인식을 고려한다. 가족구성원 개개인이 문제를 어떻게 보고 있는지 파악해야 하며, 가족구성원 개개인이 다른 가족의 간섭이나 눈치를 보지 않고 자유롭게 자신의 견해를 표현할 수 있게 한다.
- 가족들이 가장 중요시하는 문제를 알아야 한다.

2) 사정 단계

(1) 가족사정

가족사정(family assessment) 가족을 하나의 단위 혹은 체계로 보고 가족 내부와 가족 내부 요인 그리고 이들 양자 간의 상호작용이나 의사소통 등을 파악하기 위하여 자료를 수집하고 분석하며 종합하는 과정이다(조흥식 외, 2010).

가족을 사정할 때 사회복지사는 가족이 제시한 문제 및 욕구에 대한 초점을 유지하면서 가족 내부의 역동과 가족과 환경 간 관계, 가족발달과정에 대한 사정을 통해 사회복지실천과정에서 역점을 두어야 할 변화 영역과 활용 가능한 자원을 확인하고 목표 설정을 위한 기초자료를 얻을 수 있어야 한다(장수미 외, 2017).

사회복지실천과정에서 클라이언트에 대한 개입 계획을 세우기 위해 사정을 하는 것처럼 가족 사회복지실천에서도 가족에 대한 개입에 앞서 가족을 사정하게 된다. 앞서 설명한 바와 같이 가족은 하나의 체계이다. 이 말은 가족성원들은 상호의존적이고 상호작용한다는 뜻이다. 따라서 가족을 이해하기 위해서는 가족성원들의 상호작용과 의사소통, 가족성원의 역할, 가족규칙 등 다양한 요소들을 파악해야 한다.

가족 기능이란 가족집단이 가족성원이나 사회에 대해 행하는 지속적인 작용 또는 작용관계로서 가족이 수행하는 역할, 상호작용, 의사소통, 문제해결방법 등이 포함된다. 기능적 가족이란 현재 겪는 문제가 없거나 문제가 있어도 가족원들이 적절한 방식으로 문제를 다루고 해결해 나갈 수 있는 건강한 가족이다. 기능적 가족은 가족원들 사이에 경계가 명료하다. 성원 간 신뢰감이 있고 자율성이 있다. 가족역할이나 가족규칙은 가족발달 혹은 상황에 따라 융통성 있게 변화한다.

반면 역기능적인 가족은 가족성원 간 경계가 너무 경직되어 있거나 모호하다. 외부체계와 상호작용도 거의 없고 폐쇄적이다. 가족규칙이나 역할에 융통성이 없어 경직되어 있다. 기능적 가족과 역기능적 가족의 다양한 특징을 정리하면 〈표 9-1〉과 같다.

〈표 9-1〉 기능적 가족과 역기능적 가족의 특징

기능적 가족	역기능적 가족
• 하위체계의 경계선이 명확하지만 가족의 요구에 따라 변할 수 있다. • 가족규칙은 명확하며 공평하게 이루어진다. 가족규칙 역시 상황이나 맥락에 따라 변할 수 있는 융통성이 있다. • 가족성원들은 자신들의 역할을 명확히 이해하고 있으며 가족규칙과 마찬가지로 상황에 따라 역할 변화에 융통성이 있다. • 가족원은 각 개인의 자율성이 존중되면서 전체로의 가족이 유지된다. 자율성과 독립성, 관심 간 적절한 조화가 있다. • 가족원 간 의사소통은 자유롭고 명확하며 직접적이다. 또한 일치성이 높다.	• 하위체계의 경계선이 경직되거나 모호하다. • 가족규칙이 명확하지 않으며 경직되어 있다. • 가족성원의 역할은 경직되거나 명확하지 않아 시 기족성원은 자신에게 요구되는 기대가 무엇인지 잘 알지 못한다. • 개인의 자율성은 가족 전체를 위해 희생되거나 서로에게 지나치게 무관심하다. • 가족성원 간 의사소통은 내용이 애매하고 명료히지 않아 혼란스럽다 간접적이고 권위적이며, 특정 주제에 대해 발언이 금지되거나 성원들의 눈치를 보면서 소통한다. 일치성이 낮다.

출처: 김유숙 (2008)을 참고하여 재구성함.

(3) 가족 사정방법

① 면담

가족을 사정하는 방법으로 가장 많이 사용되는 방법은 면담이다. 면담은 의도적인 대화로서 사회복지사가 클라이언트에 대한 이해를 위해 필요한 자료를 수집하기 위한 면담, 사정을 위한 면담, 개입을 위한 치료적 면담 등 다양하게 활용된다.

사회복지실천론에서 공부한 관찰, 질문하기, 공감, 경청, 명료화 등 다양한 면담 기술이 가족 사회복지실천에서도 활용된다. 다만 가족을 대상으로 할 때에는 가족 성원 개개인을 면담하기도 하지만 가족성원 여러 명 혹은 모든 가족성원이 한 자리에 모인 상황에서 진행되기도 한다는 점에서 차이가 있다.

가족성원 여러 명과 동시에 면담을 진행할 경우, 특정 성원에게 질문과 반응을 집중한다거나 소수 가족원의 이야기만을 들어서는 안 되며 모든 가족성원이 질문하고 대답하고 반응할 수 있도록 해야 한다.

② 관찰

관찰도 사정을 위해 중요한 방법이 된다. 면담에서 주로 언어적 의사소통을 통해 자료가 수집되고 가족성원을 이해할 수 있지만 말로 표현되지 않는 내용 중에서도 중요한 정보나 단서가 되는 것들이 많기 때문이다.

가족을 사정하는 동안 사회복지사는 '내용'과 '과정'을 파악할 수 있어야 하는데 '내용'은 가족이 사회복지사에게 제공하는 실제적인 정보이며, '과정'은 가족이 어떻게 서로 상호작용하는지를 의미하는 것이다. 내용에 대한 정보는 주로 면담이나 기록을 통해 얻을 수 있지만 과정에 대한 정보는 가족이 서로 상호작용하는 방식을 관찰하면서 파악할 수 있다(장수미 외, 2017). 가족사정을 위해 사회복지사가 가정방문을 하여 가정이라는 실제 상황에서 이루어지는 자연스러운 가족 상호작용과 역동을 파악하기도 한다.

(3) 가족사정도구[4)]

관찰이나 면담, 가정 방문, 기록의 검토 등을 통해 가족을 사정할 수 있지만 가계도나 생태도 같은 사정도구를 활용하여 가족을 사정할 수 있다. 또한 구조적 가족치료의 실연기법이나 경험적 가족치료의 가족조각 같은 기법들도 가족사정을 위해 활용되기도 한다. 이와 같은 방법은 특히 가족의 상호작용 양상을 관찰할 수 있으며, 가족성원이 가족에 대해 느끼는 감정이나 상황에 대한 인식을 알아볼 수 있다는 점에서 유용하다.

① 가계도

가계도는 2~3세대 이상 걸친 가족관계를 도표로 제시하여 복합한 가족패턴을 한 눈에 볼 수 있게 한 가족사정도구이다. 가계도는 다세대 가족치료의 창시자인 보웬(Bowen)의 다세대 가족체계이론에 기초한 것인데, 보웬은 가족성원들이 세대, 출생순서, 성별 등의 특성에 따라 구분될 수 있고, 한 개인이 전체 가족구조 내에서 어떤 특성을 갖고 있느냐에 따라 가족 내에서 기능상태, 관계양상 등이 다르게 나타날 수 있다고 하였다(엄명용 외, 2020).

가계도를 작성하여 분석하면, 가족의 문제와 그 문제의 주요 요인을 알 수 있고, 가족구성과 가족구조, 가족의 생애주기, 세대 간 반복되는 유형, 가족성원의 역할과 기능을 파악할 수 있다. 가족 내 반복되는 정서적, 행동상의 문제양상을 검토하는 데 유용하다. 가계도는 사회복지사와 가족이 함께 작성하는데 면담 혹은 개입이 진행되면서 새로운 정보가 탐색되면 기존의 가계도에 추가할 수 있다.

4) 가계도와 생태도의 내용은 우국희 외 (2021). 사회복지실천론. pp.275-282의 내용을 요약 재구성함.

가계도는 가족구성원의 특성이나 위치 및 가족구조를 나타내는 요소와 가족성원 간 관계의 질을 나타내는 요소로 구성된다. 이를 그림으로 나타내면 [그림 9-8]과 같다.

가계도는 클라이언트와 면담을 하면서 가족에 대한 기본 정보를 간략하게 그리기도 하고(Wright & Leahey, 1999), 면담을 진행하면서 새로운 정보가 나타날 때마다 추가하기도 한다. 가계도의 작성과 분석은 일반적으로 사회복지사와 가족이 함께 수행하는데, 가족원 한 사람을 대상으로 이루어질 수도 있고 여러 사람을 대상으로 이루어질 수도 있다. 아동이나 청소년이 클라이언트인 경우 면담을 하면서 가계도를 작성하고, 할머니 및 할아버지에 대한 정보는 클라이언트의 어머니나 아버지와의 면담을 통해 추가적으로 작성하는 등 필요한 정보에 따라 다양한 구성원을 만나기도 한다. 가계도 작성에 대한 일반적인 방법은 다음과 같다(McGoldirck et al., 2011).

- 가계도 작성은 보통 클라이언트의 조부모세대까지 거슬러 올라가면서 작성하고 적어도 3세대가 포함되도록 한다.
- 가계도는 일반적으로 현재를 중심으로 그리는데, 증상이 시작되었거나 가족에게 중요한 변화가 일어났던 과거의 어느 시점을 중심으로 가계도를 작성하기도 한다.
- 가족원들의 생물학적 관계 혹은 법적인 관계는 직선으로 나타낸다. 결혼관계는 직선으로 표시하는데, 부부는 평행하게 직선으로 연결하고, 자녀는 부모보다 아래로 수직선을 추가하여 표시한다. 이러한 정보들은 정해진 위치에 표시하며 추가적 정보는 부모 근처 빈 공간에 표시한다.
- 일반적으로 남자는 네모, 여자는 원으로 표시하며, 나이는 기호 안에, 출생년도는 기호의 왼쪽 위에, 사망일은 오른쪽 위에 쓴다.
- 자녀는 출생순서에 따라 왼쪽부터 오른쪽으로 순차적으로 그린다. 클라이언

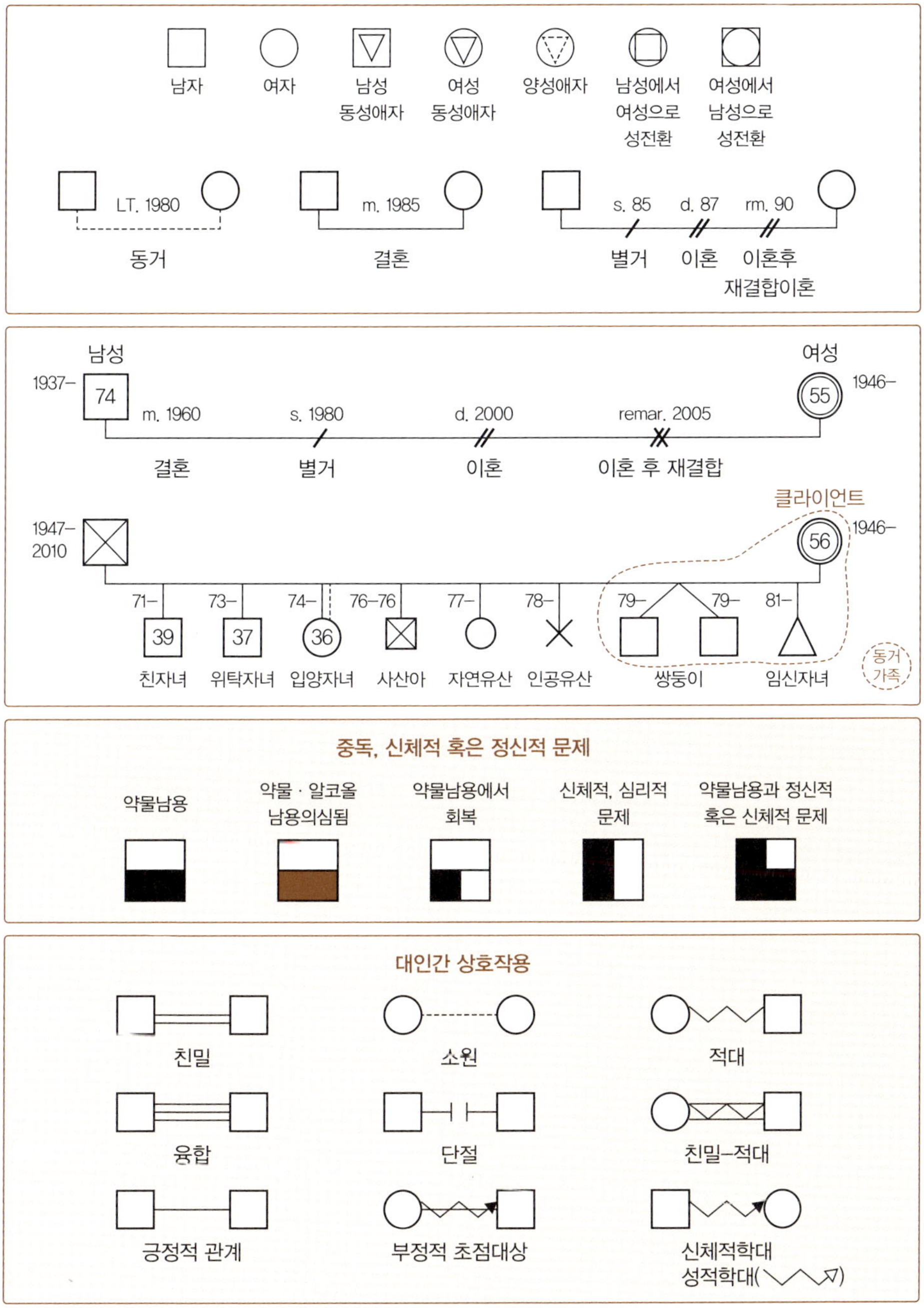

[그림 9-8] 가계도에서 사용되는 상징들

출처: McGoldirck, Gerson, & Petry (2011)을 참고하여 재구성함.

트가 자녀인 경우 형제자매보다 선을 길게 내려서 낮게 그린다.

- 기본적인 가족 관계 등이 그려지면, 중요한 정보들을 추가적으로 기입한다.(인구학적 요소, 관계, 중요한 가족 사건 등)

② 생태도

생태도(eco-map)는 개인 또는 가족 클라이언트를 대상으로 클라이언트 체계와 주변 체계 간 관계를 생태적 공간에 도식화한 사정도구이다. 클라이언트를 둘러싼 사회적 지지체계를 사정함으로써 클라이언트를 사회적 맥락에서 이해할 수 있다. 생태도를 작성하면 클라이언트와 환경체계 간 자원교환의 정도, 에너지 흐름 방향, 스트레스와 관련된 자료, 활성화되어야 할 자원 등을 파악할 수 있다(Mattani et al., 1999). 생태도 작성법은 다음과 같다([그림 9-9] 참조).

- 클라이언트를 지면의 중앙에 원으로 그린다. 클라이언트가 개인이면 원 안에 클라이언트의 이름을 쓰거나 '클라이언트'라고 표시하고, 간단한 가계도를 그려 넣는다. 가족 전체에 대해 환경체계를 연결할 수도 있고, 가족원 개개인에 대해 환경체계를 연결하기도 한다.
- 클라이언트를 의미하는 원 밖에 클라이언트에게 영향을 미치는 환경체계를 원으로 표시하고 원 안에 환경체계를 쓴다.(예: 동아리 활동, 종교활동, 회사, 사회복지관 등)
- 클라이언트를 나타내는 원과 환경체계 사이에 선을 그어 체계 간 관계를 표시한다. 체계 간 긍정적 관계는 실선으로 나타내며 실선의 굵기가 굵어질수록 두 체계 간 관계가 강하다. 두 체계 간 교류가 빈약하면 실선으로 표시하고, 갈등관계[5]는 실선 위에 수직선을 긋는다.
- 화살표는 에너지 및 정보의 흐름방향을 나타낸다.

5) 갈등관계를 사선으로 지그재그 선으로 표시하기도 한다.

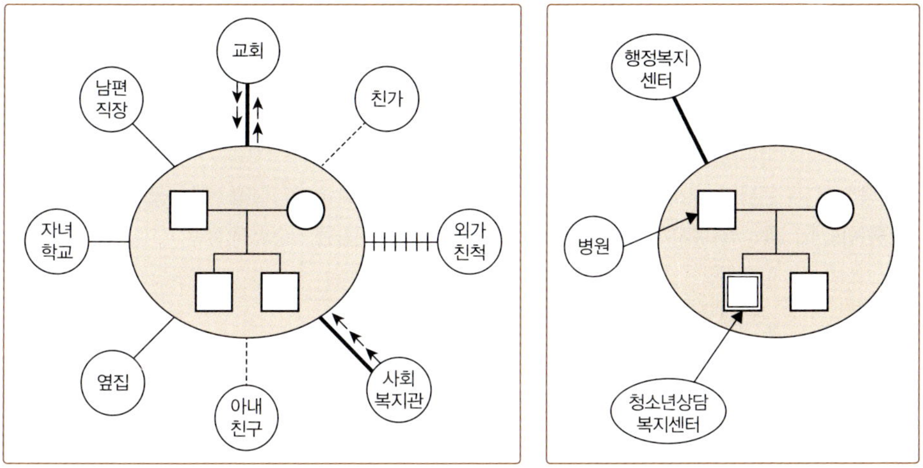

[그림 9-9] 생태도의 예

3) 개입 단계

가족 사회복지실천과정에서 개입 단계는 자료수집 및 사정을 통해 파악된 내용들을 바탕으로 개입의 목표 등이 설정된 이후, 개입을 실제로 수행하는 단계이다. 주로 다양한 가족치료모델의 기법들이 사용되는데 구체적인 가족치료에 대한 내용과 기법은 10장에서 다루었다. 여기서는 간단하게 가족치료별 특징과 기법을 표로 제시하였다.

〈표 9-2〉 가족치료모델별 특징과 개입기법

	문제에 대한 시각과 개입목표	주요 기법
구조적 가족치료	• 현재 가족의 구조적 불균형 • 가족구조의 재구조화	실연, 경계 만들기, 과제부여
경험적 가족치료	• 증상은 현재 의사소통의 역기능을 나타내는 비언어적 메시지 • 직접적이고 분명한 의사소통, 개인과 가족의 성장	가족조각, 빙산치료

보웬의 다세대 가족치료	• 원가족과의 관계에 의해 기능이 손상됨 • 자아분화	탈삼각화, 가계도 그리기, 코칭
전략적 가족치료	• 역기능적 상호작용 • 문제가 유지되는 순환고리의 단절: 가족문제 혹은 증상을 유지하는 가족의사소통과 행동의 연쇄를 변화시킴	역설적 지시, 긍정적 의미부여, 순환적 질문
해결중심 단기치료	• 문제를 다루는 잘못된 방식 • 가족의 어려움을 해소하기 위하여 다양한 해결방법을 가족과 함께 모색하고 실행하는 것	기적질문, 관계성 질문
이야기 치료	• 문제로 포화된 이야기, 문제가 되는 것은 문제를 갖고 있는 개인이 아니라 문제 그 자체 • 가족 스스로가 자신들이 선호하는 방향으로 자기 가족의 이야기를 써나갈 수 있게 하는 것	문제의 외재화(표출대화)

4) 종결 및 평가 단계

가족 사회복지실천과정에서 종결 단계는 개입을 종결하고 가족대상 실천의 결과를 평가하는 단계이다. 이 단계에서는 제시되었던 가족의 문제나 욕구가 해결되었는지 평가하고 실천과정에서 성취한 변화가 종결 이후에도 유지될 수 있도록 변화의 일반화를 위한 준비를 해야 한다. 일반적인 사회복지실천 종결 및 평가과정을 통해 이루어진다. 가족이 종결 이후에 발생하는 새로운 문제에 대처하거나 문제를 다룰 수 있도록 돕기 위해서는 문제 상황을 미리 예상하여 대처방법을 미리 연습해볼 수도 있다. 또한 종결이 가까워질수록 사회복지사와의 만남 횟수 및 간격을 조정하여 사회복지사 혹은 개입에 대한 의존도를 서서히 줄여나갈 수 있도록 해야 한다.

종결에 즈음하여 가족에게 새로운 문제가 발생하거나 또는 특정 자원이 필요한 경우 도움을 받을 수 있도록 다른 전문가 혹은 기관에 의뢰할 수 있다.

10

CHAPTER

가족사회복지실천 II

Skills for Social Work Practice

1. 구조적 가족치료

2. 경험적 가족치료

3. 보웬의 다세대 가족치료

4. 전략적 가족치료

5. 이야기치료

6. 기타 가족대상 개입 기술

10

CHAPTER

가족사회복지실천 II

Skills for Social Work Practice

이 장은 구조적 가족치료, 경험적 가족치료, 다세대 가족치료, 전략적 가족치료 등 가족치료와 이야기치료를 중심으로 가족대상 실천모델을 소개한다. 그리고 가족 옹호 등 대표적인 가족대상 실천기술을 함께 살펴본다.

1 구조적 가족치료

1) 주요 인물

구조적 가족치료(structural family therapy)의 대표적 학자는 정신과 의사 미누친(Minuchin)이다. 아르헨티나 태생의 미누친은 1950년대 말 아동시설에서 가족을 면담하면서 어려움을 겪는 가족들이 어려움을 해결할 수 있는 대안이 부족하다는 것을 알게 되었다. 이는 굳어진 습관이나 유형에 익숙해져 있기 때문이다. 따라서 가족에게 굳어진 습관에서 벗어나 새로운 구조를 만듦으로써 문제가 해결될 수 있다고 보았다(김유숙, 2008). 빈곤 가정의 비행 청소년과의 상담을 하다 보니 청소년 개인뿐만 아니라 청소년들을 둘러싼 가족과 사회적 맥락, 즉 환경을 변화시켜야 할 필요성을 절감하고 구조적 가족치료를 개발하게 되었다. 빈곤 청소년과 빈곤 가족에 대한 관심을 갖고 지속적으로 현장에서 일을 한 미누친은 구조적 가족치료의 이론과 기법을 발전시키는 데 많은 공헌을 하였다(김유숙, 2008).

2) 특징과 주요 개념

(1) 구조

구조란 보이지 않는 가족 내에서의 일련의 기능적 요구이고 가족구성원 간에 존재하는 인간관계의 규칙이다.

(2) 경계

경계란 체계와 체계를 구분하거나 체계 내부와 외부를 구분하는 관념적인 선을 의미한다. 즉, 눈에 보이지는 않지만 체계 간 상호작용을 관찰하면 어떤 경계가 형성되어 있는지 경계의 종류를 알 수 있다. 경세신은 밀접함, 거리, 위계, 또는 가족 규칙을 명확히 조절함으로써 가족들 사이의 신체적 · 심리적 거리를 조정하는 규칙이다(Minuchin & Fishman, 1981; Gehart, 2018 재인용).

경계는 체계에 대한 정보와 에너지가 들어오고 나가는 정도와 방향인 투과성 정도에 따라 경직된 경계, 혼돈된 경계, 명료한 경계로 나눈다. 명료한 경계는 투과성이 적절한 경계로서 지나치게 경직되지도 않고 모호하지도 않다. 건강한 체계는 명료한 경계선을 갖는다. 경직된 경계는 투과성이 낮은 경계이다. 따라서 체계 간에 에너지와 정보 교환이 어렵다. 체계 간 상호작용이 거의 없고 다른 체계에 관심을 보이지 않는다. 혼돈된 경계는 투과성이 지나치게 높은 경계이다. 체계 간 독립심과 자율성이 결여되어 하위체계 간 밀착된 관계가 형성되기 쉽다.

(3) 하위체계

하위체계는 전체로서의 하나의 체계 안에서 특정한 기능 및 과정을 수행하도록 배당된 부분들이다. 가족은 하나의 체계이며, 그 안에 다양한 하위체계를 갖는다. 일반적으로 가족체계 내에는 배우자 하위체계, 부모 하위체계, 형제 하위체계, 부모-자녀 하위체계 등 네 가지 유형의 하위체계가 존재하는 것으로 알려져 있다(이영분 외, 2008). 건강한 가족은 각 하위체계 간 경계가 명료하다.

3) 구조적 가족치료의 개입 목표

구조적 가족치료의 가족치료의 목표는 가족구조를 변화시키는 것이다. 즉, 가족을 재구조화하여 가족의 문제를 해결할 수 있도록 하는 것이다. 가족기능을 사정한 이후에, 치료자들은 가족의 문제해결을 촉진시키기 위해 경계와 위계를 조정하는 작업을 함으로써 가족을 재구조화한다. 가족구조가 변화되면 가족구성원은 변화된 자신의 위치와 역할을 갖게 된다. 예를 들어 부모는 책임감과 의무를 갖게 되고 자녀 하위체계는 체계 내에서 결속력을 갖고 부모를 돕게 된다(이영분 외, 2008).

4) 구조적 가족치료의 주요 개입 기술

구조적 가족치료의 목표는 가족 구조의 변화 혹은 가족의 재구조화이다. 이는 역기능적인 가족체계를 기능적인 구조로 변화시키는 것이다. 세부적인 목표로는 하위체계 간의 명확한 경계선 설정, 가족 위계질서의 강화, 가족의 실상에 맞는 규칙의 대체로 나눌 수 있다. 가족의 재구조화를 위해 사용되는 대표적인 기법들은 다음과 같다.

(1) 가족과의 교류기법

① 재구조화

역기능적인 가족의 구조에서 기능적이고 바람직한 가족의 구조를 형성하도록 변화를 시도하는 것을 재구조화라고 한다. 가족구조의 재구조화를 위해 실연, 과제 부여, 경계선 만들기, 긴장고조, 증상활용 등의 기법을 활용한다.

② 실연

실연(enactment) 기술은 면담 중에 가족에게 역기능적인 가족성원 간의 교류를 실제로 재연시키는 것이다. 가족들은 치료자 앞에서 가족의 문제나 갈등 상황을 직접 실제로 실연해 본다. 가족원들이 직접 행동함으로써 자신의 상호교류를 경험하고 관찰해 볼 수 있다. 가족들은 자신들의 문제에 관여하는 방법을 재현함으로써 문제를 가족체계라는 맥락 속에서 관찰하여 특정 성원 중심으로 문제를 생각하는 것에서 벗어날 수 있다. 문제를 언어로만 표현할 때는 특정 성원이 문제라는 전제 속에서 가족이 인식한 것을 언어화하기 쉬우며, 치료자도 그것을 근거로 해석할 오류가 있지만 실연화를 통해 이러한 한계를 벗어날 수 있다.

실연화는 3단계로 이루어지는데 첫째, 교류를 관찰하여 역기능적인 어떤 부분에 초점을 맞춘다. 둘째, 역기능적 교류를 둘러싼 상호작용을 분명히 밝힌다. 셋째, 현재까지 가족이 사용한 방법과 다른 교류를 실연화시킨다(이영분 외, 2008).

③ 과제주기

치료 면담 중간에 가족들에게 과제를 주어 일상생활 중 이를 적용하거나 경험한 후에 다음 회기에서 그것을 치료적으로 활용하는 기법이다.

자녀에게 자주 큰소리를 지르고 화를 참지 못하는 아버지에게 분노일지에 화를 참지 못하고 큰소리를 지르는 상황을 작성하여 다음 면담에 가지고 오게 하는 방법

④ 합류하기

합류하기(joining)는 치료자가 가족과 인간적인 관여를 하는 것 혹은 가족의 현실상황에 들어가 함께 경험하는 것을 말한다(김유숙, 2014). 이는 가족에 들어가는 것이고, 가족의 스타일에 맞추고, 가족구조를 변화시킬 수 있는 행동을 할 수 있게 하는 것이다. 가족의 구조를 관찰하고 존중해줌으로써 이루어지며, 자연스러우면서도 배려 깊은 공감적 이해가 중요하다. 합류하기는 개입 초기의 치료관계를 성립하는 데 유용하다.

- 치료자 가족의 중심인물이 남편이라고 판단하면 면담과정에서 "제가 남편 분에게 뭘 물어도 좋을까요?"라고 양해를 구하고 가족성원과 교류한다.
- 가족의 언어적, 비언어적 의사소통(제스처, 말하는 태도, 억양, 얼굴표정 등)과 감정표현을 모방함으로써 가족에게 합류한다. "저도 성격이 급해요", "우리 집에도 그와 비슷한 일이 있어요."

(2) 경계 만들기

경계 만들기의 목적은 가족체계 간의 역기능적인 밀착상태나 분리상태를 변화시켜 가족체계와 외부 간의 경계, 그리고 하위체계 간 경계를 명확하게 함으로써 상호작용에 변화를 주는 것이다.

가족을 재구조화하기 위해서는 부부체계 간의 명확한 경계와 부모와 자녀의 하위체계 간의 분명한 경계를 설정하는 것이 매우 중요하다. 각 체계의 경계가 명확할 때 새로운 상호작용 유형이 생기고 체계의 기능은 증가하게 되기 때문이다.

① 밀착된 가족의 경계 만들기

가족성원 간 경계가 모호한 '밀착된 가족'에게는 하위체계 간의 경계선을 강화시키고 각 개인의 독립성을 키워주어야 한다. 가족원들이 자신에 대해 자유롭게 말하도록 권유하며, 다른 사람에 의해 방해받지 않도록 도와준다(Nichols & Schwartz, 2002).

부모로부터 불필요한 간섭을 받는 자녀들의 하위체계를 강화시키고자 할 때, "자, 이번에는 정혁이와 재희가 이야기해 볼래? 다른 사람은 잘 들어 보세요."라고 말하면서 지지하기

② 유리된 가족의 경계 만들기

가족성원 간 경계가 경직된 '유리된 가족'에게는 하위체계 간의 교류를 촉진시키고 경직된 경계선을 완화시켜야 한다.

(3) 재구성

재구성(reframing)은 가족치료에서 일반적으로 중요하게 사용되는 기법이며 구조적 가족치료에서도 자주 사용된다. 이 기법은 어떤 행동의 긍정적 측면을 그대로 수용하거나 부정적인 행동에 긍정적 암시를 부여하는 것이다. 이는 가족성원들이 가족의 문제를 현실에 맞게 새로운 관점에서 보도록 하여 문제를 올바로 인식하게 하여 변화를 유도하는 방법이다.

예를 들어, 등교를 거부하는 청소년에게 어머니가 "제 아들 정욱이는 정신적으로 심각한 문제가 있습니다."라고 말할 때 치료자가 "정욱이는 문제가 있는 것이 아니라 오래된 나쁜 습관을 가진 것일 뿐입니다."라고 말함으로써 자녀에 대한 관점을 바꿔주는 것이다.

(4) 재명명

재명명(relabeling)은 재구성과 유사하지만 재구성보다 더 구체적이고 긍정적인 측면으로 바꾸는 것이다. 예를 들어 갈등상황에 있는 가족성원에게 '이기적인 남편', '미련한 아들'이라고 하는 대신 '꼼꼼하고 세심한 남편', '신중한 아들' 등으로 라벨, 즉 이름을 새로 붙여 긍정적 변화를 이끌어내게 하는 것이다(이영분 외, 2008).

❷ 경험적 가족치료

1) 주요 인물

경험적 가족치료의 대표적 인물로는 휘태커(Whitaker)와 사티어(Satir)가 있다. 이들은 지금-여기에서 치료자와 가족 사이에 매 순간 일어나는 상황과 경험을 중요시하였으며 이러한 경험을 통해 성장한다고 보았다(정문자 외, 2012). 사티어는 미국 위스콘신 대학에서 교육학을 전공하고 초등학교 교사생활을 하다가 가정방문을 하면서 가족에게 많은 관심을 갖게 되었고 이후 사회복지를 전공하게 되었다. 사티어는 가족이 함께 힘을 모아 가족의 건강한 교류를 촉진하여 성장을 자극하는 것에 목표를 두기 때문에 자신의 접근을 '성장모델'이라고 설명하였다. 즉, 개인의 심리내적과정의 변화를 통해 가족과의 의사소통을 건강하고 원만하게 하여 결과적으로 성장을 경험하게 한다는 것이다(정문자, 2012). 사티어는 치료란 무엇보다도 성장과정의 체험연습이라고 주장하며 치료자는 가족이 성숙한 인간으로 성장할 수 있도록 도와야 한다는 성장모델을 강조하였다(김유숙, 2014).

2) 특징과 주요 개념

경험적 가족치료는 가족에게 통찰이나 설명을 해주기보다는 가족의 특유한 갈등과 행동양식에 맞는 경험을 제공하려고 노력한다. 이들이 제공하려는 또는 가족들이 체험하게 되는 '경험'이란 가족성원이 자발적으로 자신을 열어 보일 수 있는 기회, 표현의 자유, 개인의 성장 등을 의미한다(김유숙, 2014). 즉 경험적 가족치료에서는 치료과정 속에서 겪는 경험들이 가족성원 개인 혹은 가족 전체의 성장을 위한 주요 자극이 된다고 보는 것이다. 따라서 경험적 가족치료에서는 과거보다는 현재에 초점을 맞춘다.

(1) 의사소통

사티어의 성장모델은 성장의사소통 접근이라고도 할 수 있다. 이는 사티어가 정직하고 직접적이며 명확히 의사소통하는 방법에 관심을 가지고, 가족이 그와 같은 의사소통을 할 수 있도록 도왔기 때문이다(김유숙, 2008). 사티어는 자아존중감과 효과적인 의사소통은 서로 관련이 있다고 보았는데, 스트레스 상황에서 가족이 자주 사용하는 의사소통을 유형화하여 다음과 같이 분류하였다.

① 회유형

자기가치 감정을 무시하고 다른 사람에게 나의 힘을 넘겨주고 모두에게 동의하는 말을 한다. 회유형 의사소통을 하는 사람은 다른 사람과 상호작용하는 상황은 중요시하시만 자신의 감정은 존중하지 않는다. 타인의 의견에 무조건 동조하고 비굴한 자세를 취하며, 사죄와 변명을 하는 등 지나치게 착한 행동을 보이기도 한다. 나 자신이 살아남고 안정을 유지하는 방법이 자신이 느끼는 감정보다는 상대방에게 '예'라고 대답하는 것이 중요하다고 생각하면서 자신의 스트레스를 다룬다(김유숙, 2008).

② 비난형

타인을 무시하는 의사소통으로서 다른 사람의 말이나 행동을 비난하고 통제하며 명령한다. 자신과 상황에만 가치를 두고 타인의 가치는 무시한다.

③ 초이성형

자신과 타인을 무시하고 상황만을 중요시한다. 지나치게 합리적인 입장에서 상황만을 중요시하여 객관적인 자료나 논리를 사용하며, 규칙과 옳은 것만을 절대시하는 극단성을 보인다. 초이성형 의사소통을 하는 사람들은 완고하고 냉담한 자세를 취하고 독재적으로 행동한다.

④ 산만형

혼란형이라고도 하는데 초이성형과는 반대로 자신, 타인, 상황을 모두 무시한다. 주제나 상황에 맞지 않고 의미 없는 말이나 행동을 많이 하며, 산만하게 행동한다.

⑤ 일치형

위의 네 가지 유형은 역기능적 의사소통이지만 일치형 의사소통은 기능적 의사소통 유형에 속한다. 일치형 의사소통은 의사소통의 내용과 내점 감정이 일치하는 것이다. 자신의 감정을 잘 알아차리고 적절하게 표현한다.

자아존중감의 3대 요소는 자기자신, 타인, 상황이다. '자기자신'은 애착, 사랑, 신뢰, 존중을 통해 갖는 자신에 대한 가치이다. '타인'은 다른 사람과의 관계에서 형성되며 다른 사람에 대해 느끼는 것이다. '상황'은 주어진 상황과 맥락을 의미하는데 부모나 원가족에서의 상황을 말한다. 사티어는 자아존중감의 3대 요소 중 하나라도 온전하지 못하면 역기능적이라고 보았고, 이 세 부분이 모둔 기능적으로 작동하여 일치되도록 도왔다(정문자, 2012). 자아존중감의 3대 영역과 의사소통 유형 간 관계를 그림으로 나타내면 [그림 10-1]과 같다.

[그림 10-1] 의사소통 유형과 자아존중감

① 자기: 자신에 대한 애착, 사랑, 신뢰, 존중 등을 통해 갖는 자신에 대한 가치
② 타인: 다른 사람과의 관계에서 형성되어 다른 사람에 대해 느끼는 것
③ 상황: 주어진 여건과 맥락

- 회유형: ① 자기무시
- 비난형: ② 타인무시
- 초이성형: ① 자기무시, ② 타인무시
- 산만형: ①, ②, ③ 모두 무시

(2) 자아존중감

자아존중감은 자신에 대한 긍정적이거나 부정적인 지향성으로 자신의 가치에 대한 총체적인 평가이다(Rosenberg, 1965). 사티어는 자아존중감과 효과적인 의사소통은 서로 관련이 있다고 보면서 자아존중감과 효과적 의사소통능력은 비례한다는 점을 강조했다(Woods & Martin, 1984; 김유숙, 2008: 140 재인용). 부모가 역기능적 의사소통의 모델이 되고, 의사소통의 내용이 부정적일 경우 자녀의 자아존중감은 손상될 수 있다(김유숙, 2008).

또한 자아존중감과 의사소통 간에 순환적인 관계가 있는데 자존감이 낮으면 방어적이고 적절하지 않은 의사소통을 하게 되고, 이러한 방식은 상대방에게 방어적인 반응을 불러일으키며 이것은 다시 자아존중감을 낮추는 식으로 순환하게 되는 것이다. 반면 정직한 의사소통은 자아존중감을 높이고 이것은 더욱 정직한 의사소통을 하도록 촉진할 수 있다(Satir, 1972, 1988; Nichols & Schwartz, 2002: 142에서 재인용).

3) 경험적 가족치료의 개입 목표

경험적 가족치료에서는 증상의 감소나 사회적 적응보다 개인적인 통합(내면의 경험과 표현적 행동 간의 일치)을 증가시키고 선택에 대한 보다 많은 자유, 덜 의존적인 것, 경험을 확대하는 것 등 성장을 목표로 한다. 특히 사티어는 자신의 자아존중감을 높이고 자기인식에 대한 선택권을 스스로 갖도록 돕는 개인의 성장을 최대의 목표로 삼았다(김유숙, 2008).

4) 경험적 가족치료의 주요 개입 기술

(1) 빙산치료

빙산치료 혹은 빙산 기법은 개인의 행동 이면에 있는 기대, 감정, 감정에 대한 감정, 지각, 열망, 그리고 자아에 대해 탐색하며 이를 통해 자기가치를 찾고 자아통합을 하도록 돕는 기법이다.

치료는 경험의 다양한 수준에서 이루어지게 되는데, 이를 개인의 빙산에 비유해보면 수면 위에 보이는 것이 사람의 행동이고 수면 아래에 있는 것은 사람의 감정이나 기대, 열망 등이다. 사티어는 개인의 내적 과정을 이끌어내는 은유적인 방법으로 빙산기법을 활용하였다. 대부분의 치료나 개입들은 문제행동 등 겉으로 보이는 것들의 변화에 초점을 두므로 1차 수준의 변화를 일으킨다. 그러나 빙산치료에서는 개인의 빙산 '수면' 아래인 감정이나 기대 열망 등을 탐색하여 부적응적인 경험을 표면화하고 변형하도록 함으로써 2차수준과 3차수준의 변화를 목표로 한다(정문자 외, 2012).

(2) 가족조각

가족성원들이 의사소통과 관계 형태를 나타내는 거리감이나 밀착된 몸짓 및 자세를 취하여 가족원들의 관계를 나타내는 기법이다. 가족성원 중에 한 사람이 조각자가 되어 자신이 지각하고 있는 상황을 각 성원에게 표현하도록 각자의 위치와 신체적 표현을 정해준다. 나머지 가족성원들은 조각자가 표현하고 싶어하는 것이 표현될 때까지 그 자세를 유지한다. 모든 가족성원이 조각해 보도록 한 후, 조각한 이후에 가족성원 전체가 경험한 것을 이야기한다.

가족조각 기법은 공간과 자세, 태도를 통해 가족에 대한 각 가족성원의 인식을 나타내도록 하는 방법이다(Nichols & Schwartz, 2002). 가족의 문제가 무엇인지 파악하는 사정도구로도 사용되고, 가족 개입의 목표를 설정하게 하는 개입 기법으로도 활용된다.

❸ 보웬의 다세대 가족치료

1) 주요 인물

미국의 정신과 의사인 보웬(Bowen)은 강한 정서적 결속력은 지닌 대가족의 장남으로 태어났으며 자신의 원가족 경험과 군에서의 경험에 의해 정신의학에 관심을 갖게 되었다. 가족원이 겪는 문제는 당사자 본인에게만 국한된 것이 아니라 3세대에 걸쳐서 발생한다는 사실을 깨닫고 가족에 대한 관심과 연구를 더욱 발전시켜 나갔다(김유숙, 2008). 보웬의 가족치료는 다세대 가족치료라고도 하는데, 다세대적 분석을 통해 현재 가족문제를 파악하기 때문이다. 보웬은 가족의 정서과정이 세대를 넘어 지속되며 이전 세대에서 제대로 정리되지 않은 문제가 다음 세대로 이어져서 가족문제를 일으킨다고 보았다.

2) 특징과 주요 개념

보웬은 정서적 결속력이 강한 대가족에서 성장하였고 형제, 자매들과의 관계 속에서 대가족의 역동에 대한 관심이 커졌다. 그는 대부분의 경우 가족문제는 가족성원이 자신의 원가족에서 심리적으로 분리하지 못하는 데 기인한다고 보고, 가족의 문제를 해결하기 위해서는 가족이 서로 정서적으로 얽혀 있는 미분화상태에서 벗어나 자아분화되어야 함을 강조하였다. 주요 개념들은 다음과 같다.

(1) 자아분화

보웬의 가족치료에서 가장 중심이 되는 개념이다. 자아분화(defferentiation of self)란 개인 내적으로는 사고와 감정을 분리하는 능력이며, 대인관계 측면에서는 타인과 자신을 구분할 수 있는 능력이다. 분화는 자율적으로 기능하는 능력인데, 사람이 극단적인 반응에 사로잡히지 않게 한다.

자아분화 수준이 높은 사람은 사고와 감정이 균형을 이루며, 감정적 충동을 참을 수 있는 자제력이 있다. 타인과의 관계에서도 타인과 구별되는 자신만의 분명한 입장을 가지며 자신의 신념에 따라 행동한다. 반면, 자아분화수준이 낮은 사람은 사고와 감정을 분리하기 어렵기 때문에 감정에 따라 행동하거나 충동적으로 행동한다. 대인관계에서도 타인과 자신을 분리하지 못하여 자신의 일관된 신념을 가지고 자주적이며 독립적인 행동을 하지 못한다(김유숙, 2008).

(2) 삼각관계

삼각관계는 두 사람의 정서적 문제에 제3자를 끌어들여 형성된 관계이다. 주로 두 사람 사이에서 스트레스나 긴장관계가 발생했을 때 제3자를 두 사람의 상호작용체계로 끌어들임으로써 긴장의 수준을 완화하려는 것이다. 가족 내에서 형성되는 삼각관계의 예로는 갈등이 심한 부부가 자신들의 문제로 표면적 갈등과 싸움을 표출하는 대신 자녀에게 관심을 쏟는 것을 들 수 있다. 특히 부부 중 한 사람과 자녀가 강한 애착관계가 형성됨으로써 자녀가 병리적 증상을 보이거나 문제증상을 보이게 된다. 삼각관계의 결과로 부부의 갈등이 남편-자녀에게로 이동한 것이다. 그러나 갈등관계에 있던 부부는 편안한 관계가 된다. 보웬은 이러한 삼각관계로부터 벗어나 자아분화하는 것을 가족치료의 목표로 삼았다.

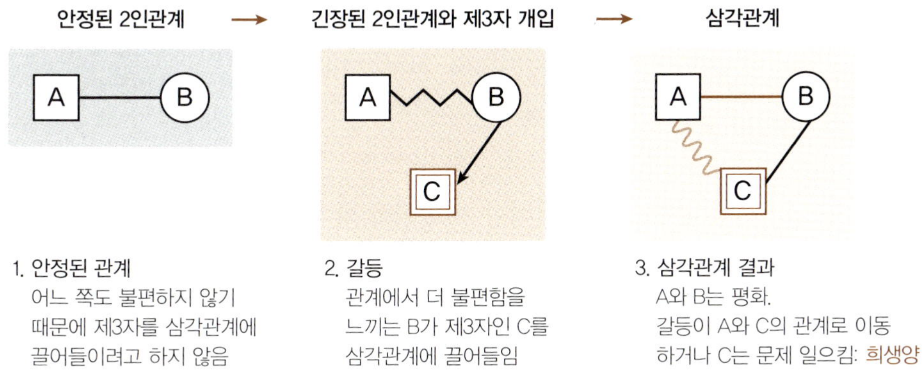

[그림 10-2] 삼각관계

출처: Kerr & Bowen (2005). p.171; 정문자 외 (2012). p.140 재인용.

3) 개입의 목표

보웬 가족치료의 목표는 가족성원의 불안을 감소시키고 자아분화를 증가시키는 것이다. 즉, 다세대에 걸친 삼각관계화를 이루고 있는 사람을 자아분화되도록 돕는 것이다. 개인의 자아분화 수준이 높아지면 가족체계가 변화하고 다시 더 높은 수준의 자아분화를 초래한다. 보웬의 다세대 가족치료에서는 여러 세대를 관통하는 가족의 정서적 과정을 이해하고 특정 가족원의 분화를 통해 가족체계의 변화를 성취하는 것에 치료의 목표를 두었다(정문자 외, 2012).

4) 보웬의 다세대 가족치료의 주요 개입 기술

(1) 탈삼각화

보웬은 기본적인 분화수준의 향상은 적응력을 증가시킨다는 가정을 중요시하였다. 따라서 개입의 목표는 가족성원의 분화수준을 향상시키는 것이다. 이는 가족성원들의 자율성을 조장하며 개인들의 성장을 촉진하기 위하여 폐쇄적인 가족관계를 개방하고 삼각관계에서 벗어나도록 하는 것을 의미한다.

탈삼각화는 가족 내에 형성되어 있는 삼각관계를 벗어나게 함으로써 가족원들이 자아분화되도록 돕는 개입 기법이다. 두 성원의 감정 영역에서 제3의 성원을 분리시키는 과정이다.

(2) 가계도

가계도는 3세대 이상에 걸친 가족성원에 관한 정보와 그들 간의 관계를 도표로 기록하는 것으로서 가족을 사정하는 도구로 사용된다. 보웬은 다세대적 정서체계가 현재의 핵가족과 개인의 중요한 영향을 미친다고 보았기 때문에, 치료적 기법으로 최소한 3세대에 걸친 표식을 통해 가족문제를 폭넓게 진단하기 위해 가계도를 사용하였다. 가계도는 보웬이 미국정신건강연구소(MINH)에서 일하던 시절 가족도표(family diagram)를 사용하였는데, 그의 제자 중 한 사람이 가계도(genogram)라고 명명하였다. 가계도는 가족의 세대를 통해 저변에 흐르는 정서과정의 역동을 검토할 수 있게 해준다.

(3) 코칭

코칭(coaching)은 치료자가 내담자에게 내담자 스스로 직접 본인의 문제를 해결해나가도록 조언하는 것이다. 친구 관계에서의 사적인 조언과는 달리 전문적인 코치는 중립적이고 객관적인 조언을 통해 개인의 분화를 돕게 된다. 개인이 분명하게 정의된 자기 입장을 가지고 분화된 방향으로 체계에 영향을 미치게 되면 코칭의 횟수를 감소시킨다(정문자 외, 2012).

4 전략적 가족치료

1) 주요 인물

가족의 반복적인 역기능적 행동에 직접적으로 개입하여 변화를 유도하는 접근인 전략적 가족치료는 MRI의 의사소통이론, 미누친(Minuchin)의 구조적 가족치료 이론, 일반체계이론 등에서 영향을 받아 개발되었다. 전략적 가족치료의 대표적 인물로 헤일리(Jay Haley)가 있다. 헤일리는 공동연구자들과 함께 가족치료의 중심적 개념이 된 '이중구속(doubel bind)'이라는 개념을 발전시켰다(Hansen & L'Abate, 1982; 양승은, 1995 재인용). 헤일리는 모든 상호관계적 의사소통에는 상호관계 설정을 조절하기 위한 전략이 내포되어 있다고 주장한다. 따라서 증상행동이란 상대방을 조절하기 위한 전략이며, 치료자는 치료관계에서 이에 대한 통제력을 유지해야 한다고 주장하였다(김정진, 2019).

2) 특징과 주요 개념

전략적 가족치료는 크게 세 가지 유형으로 구분되지만 공통적으로는 치료자가 가족의 문제를 해결하기 위한 전략을 만들어 내는데 관심을 둔다는 특징이 있다(Nichols, 2001; 김유숙, 2008: 179 재인용). 문제의 원인보다는 무엇이 그 문제를 지속시키고 있는가에 관심을 가지며, 문제를 지속시키는 행동이나 의사소통을 발견하고 수정하려고 노력한다. 문제를 지속시키는 행동이 변화될 때 그 문제는 해결될 것이라고 가정하기 때문이다. 전략적 가족치료에서는 문제를 해결하기 위한 다양한 전략을 만들어내고 적용한다. 치료자들은 가족이 가지는 문제행동을 지속시키는 연쇄과정에 변화를 줌으로써 증상을 제거하고 가족체계를 변화시키는 데 초점을 둔다.

(1) 관계에서의 대칭적 관계와 보완적 관계

헤일리는 의사소통방식이 힘의 관계를 통해서 규정될 수 있다고 보았다(Haley, 1963; 김유숙, 2008: 193 재인용). 즉 사람들 사이에 어떤 관계가 형성되어 있느냐에 따라 그들의 의사소통방식은 달라지는 것이다.

대칭적 관계는 서로 힘이 비슷한 관계인데 힘의 크기가 서로 비슷하다 보니 힘겨루기를 하게 되면 상승작용이 일어나 갈등이 더 커질 수 있다.

보완적 관계는 힘의 관계에서 한 사람이 다른 사람보다 우위의 입장에 있고, 다른 한 사람은 의존적인 입장에 있는 관계이다. 힘의 크기가 크게 다르기 때문에 한 사람이 다른 사람에게 의존적인 입장을 보이게 된다.

(2) 의사소통

'모든 행동은 의사소통적이며, 사람은 행동하지 않을 수 없듯이 의사소통하지 않을 수 없다'는 상호작용 원리를 중요시한다.

클라이언트의 침묵도 의사소통이며, 이는 화가 나 있고 감정에 대해 말하고 싶지 않다는 의미를 전달하는 것이다.

'의사소통에 대한 의사소통(메타 커뮤니케이션)이 중요하다'고 가정한다. 언어적으로 말해지는 것 외에도 몸짓이나 목소리 톤 등에서 메시지를 강화하기도 하고 반박 또는 수정하기도 한다. 상위 의사소통을 통해 자신의 욕구를 정직하게 말하고 관계를 건설적으로 다룰 수 있다.

"당신이 화날 때 침묵하는 행동은 나를 힘들게 해."

(3) 이중구속과 이중구속 메시지

이중구속(double-bind)이란 서로 다른 수준에서 상호모순되는 메시지를 상대방에게 보내어 듣는 사람이 어떠한 메시지에도 반응할 수 없는 정서적 혼란상태에 빠지게 되는 것을 말한다. 이중구속 메시지는 상대방을 이중구속 상태에 처하게 만드는 메시지이다. 이는 언어적 의사소통과 비언어적 의사소통 수준이 일치하지 않는 역기능적 의사소통이다. 이중구속 메시지를 받은 사람은 어떤 메시지에 반응하더라도 다른 메시지에 따르지 않는 상태가 된다.

슬픈 일을 웃으면서 설명하는 것

3) 개입의 목표

전략적 가족치료에서는 가족이 지금까지 시도한 해결방법들이 오히려 가족문제를 유지하게 하는 역할을 하여 증상이나 문제가 더 연장되는 경우가 많다고 본다. 따라서 전략적 가족치료에서는 문제 증상이 가족의 항상 유지에 어떠한 역할을 하고 있는지에 초점을 맞추어, 가족문제가 유지되는 순환고리를 끊을 수 있게 한다. 가족문제 혹은 증상을 유지하고 있는 가족의 의사소통 양식과 행동의 연쇄에 변화를 주어 가족의 문제를 해결하는 것을 목표로 한다(김유숙, 2008).

4) 치료기법

(1) 직접적 지시

현재의 문제를 해결할 목적으로 치료자가 사용하는 직접적인 지시로는 충고, 제안 등이 있다. 이러한 직접적 지시는 언어적 의사소통을 통하여 제시할 수도 있고 억양이나 몸짓 등의 비언어적 의사소통을 통하여 제시할 수도 있다.

(2) 역설적 지시

역설적 지시는 역설적 개입의 한 형태로서 가족들이 치료자의 지시에 저항하도록 하여 변화를 일으키는 기법이다. 문제를 유지하는 연쇄를 변화시키기 위해 가족이 역설적이라고 생각하는 행동, 즉 문제행동을 유지하거나 강화하는 행동을 수행하도록 지시한다. 치료자가 지시하는 내용을 따르게 되면 문제를 통제한다는 것을 인정하는 것이 되며, 지시를 따르지 않으면 문제를 포기하는 것이 된다. 역설적 지시에는 구체적으로 증상처방, 제지기법이 있다.

① 증상처방

증상처방(prescribing symptom)은 문제행동으로 호소되는 행동, 즉 증상에 역설적인 개입을 하는 기법이다. 클라이언트에게 증상 행동을 계속하도록 격려하는 지시나 과제를 주는데, 예를 들어 자녀를 과잉보호하는 부모님에게 "이번 주는 아이를 좀 더 많이 관여하고 돌봐주세요."라고 지시하는 것이다. 이는 클라이언트가 치료자의 지시를 거부하고 과보호라는 증상을 버리거나 치료자의 지시대로 수행해서 증상이 자신의 통제하에 있음을 인정하는 선택을 하게 하는 것이다.

> 결혼 후 분가한 민수는 부모의 지나친 간섭에 시달려 왔다. 사회복지사는 민수에게 자신의 느낌과 주장을 부모 앞에서 당당히 말하게 하고, 부모에게는 자녀의 이야기를 경청하고 수용하도록 하였으나 문제는 지속되었다. 사회복지사는 대안으로 민수에게 다음과 같은 과제를 주었다. "지금부터는 부모에게 사사건건 의논하며 조그마한 도움이라도 모두 요청해 보세요."
>
> (1급 사회복지사 국가자격시험 기출문제)

② 제지기법

제지기법(restraining)은 행동의 개선이 너무 빨리 일어나서 위험해 보일 때 치료자가 가족성원에게 천천히 진행하라고 경고하거나, 문제가 개선되었을 때 생길 수 있는 퇴보에 대해 표현을 하는 기법이다. 이 기법은 대부분의 가족들이 문제를 해결하기 원하면서도 한편으로는 변화에 대해 저항하는 양가감정을 가진다는 전제에 기초하는데, 사회복지사가 가족에게 제지기법을 사용하면 가족은 양가감정 중에서 변화를 원하는 방향으로 반응하게 되어 오히려 치료효과를 가져오게 된다.

③ 시련기법

시련기법(ordeal techniques)은 변화를 원하는 사람에게 증상보다 더 고된 체험을 하도록 과제를 주어 증상을 포기하게 하는 기법이다(김정진, 2014). 증상이 나타날 때마다 증상보다 더 힘든 시련과제를 수행하게 한다. 시련과제가 증상을 감소시키거나 제거시키기에 충분하지 않으면 증상이 없어질 때까지 시련의 정도 혹은 강도를 높여야 한다. 이 기법은 증상을 포기하는 것보다 증상을 유지하는 것이 더 힘들고 고통스럽다는 것을 알게 되면 클라이언트가 증상을 포기하게 된다는 가정을 전제로 한다. 시련의 내용은 운동이나 독서, 자기개발 등 클라이언트에게 이득이 되는 것이어야 하며 타인이나 클라이언트에게 해를 끼치는 활동이 되어서는 안 된다는 점에 유의해야 한다.

5 이야기치료

1) 주요 인물과 특징

이야기치료(narrative therapy)는 화이트(White)와 엡스턴(Epston)에 의해서 개발된 접근방법으로서 최근 가족치료 영역에서 중요 위치를 점하고 있다.

화이트는 1970년대에 초반에 아동병원의 정신건강사회복지사로 일하는 가운데 가족들을 접하면서 자연스럽게 가족치료에 입문하였다. 그러나 병원에서의 경험은 그가 전통적인 가족치료 접근법과는 다른 방식으로 가족들을 접하는 데에 관심을 가지도록 했다(고미영, 2010). 해결중심적 가족치료와 마찬가지로 사회구성주의

사상의 영향을 많이 받은 이야기치료에서는 기본적으로 인간의 경험이 관찰이나 분석 가능한 존재하는 실체가 아니라는 것에 주목한다. 그리고 인간의 삶은 이야기 형식을 띠고 있고 사람들은 이야기를 만들고 또 그 이야기에 의해 자신이 삶을 형성해 나간다고 가정한다. 따라서 이야기치료에서는 문제 자체를 해결하는 것보다는 클라이언트가 가지고 있는 관점이나 의미 등을 재해석하여 새로운 이야기를 써나감으로써 자신들의 삶에 책임을 지는 적극적인 주체가 되도록 돕게 된다.

2) 이야기치료의 기본 가정

이야기치료에서는 사람을 문제로 보는 것이 아니라 문제를 문제로 본다. 다르게 말하면 문제에 대한 사람들의 믿음을 문제라고 보는 것이다(고미영, 2004).

구조적 가족치료, 보웬 가족치료, 경험적 가족치료, 전략적 가족치료와 같은 전통적 가족치료모델에서는 개인 혹은 가족의 어떤 특성 등을 문제로 간주한다. 나는 문제가 있는 사람, 우리 가족은 문제가 있는 가족이라고 본다.

그러나 이야기치료에서는 문제가 개인의 속성이나 내부에 존재하는 것이 아니라 외부에 존재한다고 간주한다. 문제의 원인이 특정 개인이나 가족에게 있는 것이 아니라 외부에 존재하게 됨으로써 문제는 물리쳐야 할 적이나 대상으로 간주되고 클라이언트는 문제로부터 벗어나 생각할 수 있게 된다. 이야기치료에서는 그 사람을 문제로부터 분리시키는 작업을 필수적으로 수행하는데 이때 '외현화 기법'이 사용된다(Anderson & Gooloshian, 1988; 김정진, 2014 재인용).

3) 이야기치료의 개입 기술

(1) 외현화 기법

외현화 혹은 외재화 기법(externalizing)으로도 불리며 표출대화라고도 한다. 외현화 기법은 이야기치료의 핵심개념이자 치료기법으로서 화이트(White)에 의해 처음 사용되었다. 외현화 기법은 사람들이 자신들을 괴롭히는 문제를 객관화시키거나 때로는 의인화시키는 치료방법이다(White, 1988, 1989; 고미영, 2010 재인용). 이는 문제를 클라이언트의 정체성으로부터 분리함으로써 자신의 문제를 정의할 수 있게 하는 것이다. 사람을 더 이상 문제로 보는 것이 아니라 '문제'를 '문제'로 보며 사람과 분리된 독립적인 것으로 다룬다.

외현화 기법을 적용하면 클라이언트는 문제가 자신들 밖의 것이라고 생각하게 된다. 즉, 클라이언트는 문제로부터 자신을 분리해서 가족성원들이 공동의 적(문제)과 싸울 수 있도록 연합할 수 있게 되는 것이다. 또한 클라이언트나 가족은 문제가 사라진 건강할 사람으로 볼 수 있게 된다.

- 거짓말이 남편으로 하여금 두 사람 사이에 갈등을 일으키게 만들었나 보네요?
- 아드님을 괴롭히는 ADHD가 어떻게 철수에게 산만하게 하라고 했나요?
- 분노가 당신에게 무엇이라고 말하나요?
- 바람직한 아버지상은 당신에게 어떤 충고를 하나요?

6 기타 가족대상 개입 기술

1) 가족옹호

(1) 옹호와 가족옹호

사회복지실천 개입 기술 가운데 하나인 옹호를 가족에게 적용한 것이 가족옹호(family advocacy)이다. 옹호는 '사회정의를 확보 · 유지하기 위한 목적에서 하나 이상의 개인이나 집단 또는 지역사회를 대신해서 일련의 조치를 직접 주장, 방어, 개입, 지지, 추천하는 행위'이다(사회복지대백과사전, 1999).

클라이언트가 자신의 권리를 주장할 능력이 취약하거나 자신의 권익을 확보할 능력과 지식이 부족할 경우 사회복지사는 클라이언트의 최선의 이익을 위해 옹호 활동을 한다. 옹호 활동은 다른 사람을 대표하기, 변화를 촉진하기, 권리와 혜택에 접근하기, 동지로 일하기, 클라이언트의 역량강화하기 등 11가지 차원으로 구분할 수 있다(전선영, 2004)

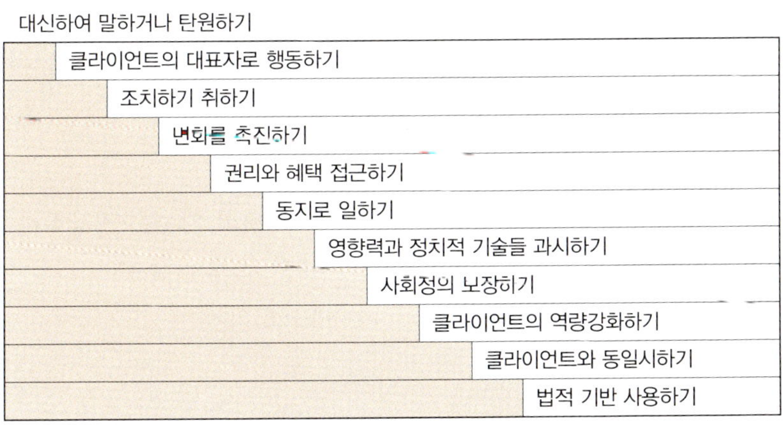

[그림 10-3] 사회복지옹호의 정의

출처: 전선영 (2004). p.10 재인용.

가족옹호는 “가족이 정당한 권리가 있음에도 불구하고 권리보장이 이루어지지 않거나, 서비스 확대되어야 할 필요가 있는 경우 가족의 권리를 대변하고 서비스를 확충하도록 노력하는 것”이다. 가족옹호의 구체적 전략인 가족강화모델(family empowerment model)은 가족 스스로 새로운 지식과 기술을 획득하고 선택하는 연습을 함으로써 가족의 기능을 강화하고 문제해결을 위한 가족의 능력을 강화하기 위해 가족이 적극적으로 동참하는 것을 의미한다(김정진, 2014: 427).

가족을 옹호하기 위해서는 면담뿐 아니라 클라이언트를 위해 갈등관계에 있는 사람으로부터 원하는 것을 얻어낼 수 있는 주장, 협상, 소송에 이르는 기술을 활용할 수 있어야 한다.

던스트와 트리베트(Dunst & Trivette)는 가족강화모델을 실천에 옮기기 위해 요구되는 원칙을 다음과 같이 제시하였다(Dunst & Trivette, 1988; 김정진, 2014: 429 재인용).

- 가족강화 철학과 가족지원 원칙에 근거하여 가족지원 프로그램이 실행되어야 한다.
- 서비스의 대상이 가족임을 전제로 해서 가족 필요를 조사한다.
- 가족이 활용할 수 있는 자원 그리고 가족 기능에 대한 자료를 수집한다.
- 이러한 조사결과에 근거하여 가족이 스스로 필요를 충족시키고 가족이 자원을 확장해서 활용할 수 있도록 한다.
- 가족을 강화하고 가족의 능력을 신장시켜서 가족의 기능을 정상화하고 가족의 삶의 질을 향상시킨다.

(2) 발달장애인과 가족을 위한 옹호의 원칙

발달장애인을 위한 권익 옹호와 가족 옹호를 위한 실천을 위해 요구되는 몇 가지 원칙이 있다. 이 원칙들은 2002년도에 영국에서 공포된 옹호헌장(Advocacy Charter)에 기초하여 영국의 옹호행동(Action for Advocacy: A4A)에 의해 개발된 것이다(김용득 외, 2013; 김미옥, 2016 재인용). 주요 내용은 다음과 같다.

- 목적이 명료해야 한다.
- 옹호자는 이익이 상충될 수 있는 체계와 독립적이어야 한다.
- 옹호는 무엇보다 사람 우선이어야 한다.
- 옹호실천은 역량강화(empowerment)의 과정이어야 한다.
- 누구든지 쉽게 접근 가능해야 한다. 옹호서비스가 필요한 모든 이용자가 쉽게 접근할 수 있도록 간단하고 명료한 절차로 진행되어야 한다.
- 모든 체계는 옹호와 관련된 책임성을 가져야 한다.
- 옹호자에 대한 지원 체계의 구성이 필요하다.
- 옹호의 전 과정에서 비밀보장이 이루어져야 한다.
- 옹호체계에서 이의제기와 관련된 절차가 마련되어야 한다.

11
CHAPTER

집단사회복지실천 I

1. 집단사회복지실천의 이해
2. 집단사회복지실천의 유용성과 한계
3. 집단사회복지실천의 모델과 유형
4. 집단사회복지실천의 기록과 윤리적 고려

11 CHAPTER 집단사회복지실천 I

Skills for Social Work Practice

1 집단사회복지실천의 이해

1) 집단사회복지실천의 역사

사회복지 초창기부터 1930년대의 집단활동(group work)은 다양한 사회적 집단들의 활동에 뿌리를 두고 있다. 산업화, 이민 등으로 수많은 개인과 사회적 요구들이 생겨나면서 자선조직과 인보관에서 집단활동을 실천하게 되었다(Middleman, 1968). 또한 집단활동은 듀이(Dewey)의 교육운동, 놀이와 레크리에이션, 비공식 교육, 유소년 캠핑과 청소년 서비스 조직 등에서도 역사를 찾아볼 수 있다. 카이저(Kaiser, 1958)는 집단사회복지실천의 발달에서 이 시기가 철학적 · 교육적 이론의 영향을 많이 받았다고 하였다. 특히 유대교 · 기독교 윤리와 인보관운동의 자선적이고 인본적인 노력뿐만 아니라 진보교육이론, 인간과 사회의 관계 특성에 대한 사회학 이론, 초기 사회철학자들의 민주주의 윤리, 랭크와 프로이트의 정신분석학

이론들의 영향을 받았다. 뉴스테터(Newstetter, 1935)와 보이드(Boyd, 1935)는 초기 집단사회복지실천의 교육과 연구의 기반을 마련하는 데에 이바지하였다.

1935년 전미 사회복지사협회에서 집단사회복지실천을 사회복지실천 전문직으로 소개하였다. 뉴스테터(Newstetter, 1935)는 집단사회복지의 개념을 소개하고, 현장, 과정, 기술의 일체로서 집단사회복지를 정의하였다. 그는 집단사회복지는 자발적인 집단 연대를 통해 개인의 발전과 사회적응에 관심을 가지는 교육과정이며, 사회적으로 바람직한 목표를 위한 도구로써 이러한 연대를 활용하는 것이라고 하였다. 이처럼 1930년대와 1950년대는 집단사회복지실천의 성장과 확대기였다. 사회적으로는 대공황으로 인한 경제적 어려움과 다양한 심리 · 사회적 요구들이 사회복지 전문직과 집단활동의 현장 사이에 가교를 위한 길을 닦아놓았다(Alissi, 1980; Konopka, 1983; Wilson, 1976).

1960년대와 1970년대는 복지국가가 확대되는 시기로서 베트남전쟁, 빈곤과의 전쟁, 여성 인권운동, 흑인운동, 레즈비언과 게이 인권운동 등이 활발한 시기였다. 이러한 사회 · 문화적 요인들은 집단사회복지실천을 포함해서 사회복지 전문직에 큰 영향을 미쳤고(Balgopal & Vassil, 1983; Somers, 1976) 사회적 · 치료적 요구들은 집단사회복지실천의 확대를 가져왔다. 집단사회복지실천 연구자들은 다양한 집단의 접근방법, 상호부조의 집단목적, 구조화된 집단과정 등에 대한 이론들과 집단의 성과평가와 연구 등을 강조하였다(Schwartz, 1961; Vinter, 1967; Garvin, 1987; Galinsky & Schopler, 1974). 대표적으로 파펠과 로스만(Pappell & Rothman, 1966)은 사회적 목표모델, 치료모델, 상호부조 모델들을 집단의 유형으로 제시하였고, 이후 1980년대에 이들은 공동의 목적(common goals), 상호부조(mutual aid), 자연스러운(non synthetic) 경험을 집단의 핵심적인 요소로 제시하였다.

1960년대에는 집단서비스의 인기가 하락하고 사회사업 분야의 통합적 접근방법에 대한 요구도가 높아지면서 집단사회복지실천의 전문화가 축소되고, 전문분야로서 집단지도 실무를 위한 훈련을 받는 학생이 줄어들게 되었다.

이후 1978년도에 국제조직으로 집단사회복지협회가 발족하였다(AASWG, 2006). 이 시기에는 1960~1970년대의 상호부조모델과 더불어서 인지행동모델이 현대 집단사회복지실천에서 중요하게 부각되었다.

국내의 사회복지현장에서 집단사회복지실천은 여전히 중요하고 다방면으로 활용되고 있다. 그러나 현장에서 운영되고 있는 집단활동이 외부 강사들에게 바통을 넘겨주고, 정작 사회복지사들은 행정적인 처리만을 하는 현실은 사회복지사들이 집단지도자로 성장할 기회를 스스로 내어주는 것이라고밖에 할 수 없다. 더군다나 대학에서도 집단사회복지를 전문적으로 배울 기회가 줄어들고 있다. 사회복지통합방법론이 등장하면서 집단사회복지를 별도의 교과목으로 운영하는 대학이 소수인 데다가 사회복지 자격증 과목에 포함되어 있지 않기 때문이다.

그러나 사회복지현장의 프로그램이나 서비스는 대부분 집단으로 운영된다. 그러므로 사회복지사들은 집단에 대한 지식을 갖추고, 집단을 효과적으로 운영할 수 있는 역량을 갖추어야 한다.

2) 집단사회복지실천의 정의와 주요 개념

인간은 태어나면서 가족이라는 집단에 소속되고, 학교에 다니면서 또래와 학급에 소속된다. 성인이 되어서는 직장과 지역사회의 집단에 소속된다. 개인은 집단에서 소속감을 느끼고, 사회성을 기르게 되며, 실패와 좌절을 통해 성장한다. 개인이 취약해질 때 집단성원들의 관심과 지지는 이들의 회복을 돕는다. 개인에게 집단은 때로는 상처를 주기도 하지만 동시에 위로와 힘이 된다. 삶에서의 의미 있고 가치 있는 집단의 경험은 개인의 성장과 회복에 매우 중요하다.

집단사회복지실천은 사회복지사-클라이언트의 관계뿐 아니라 집단 내의 클라이언트-클라이언트가 가지는 역동의 에너지를 변화의 힘으로 활용한다. 보통 집단이라고 할 때 인원은 최소한 3인 이상이고, 집단의 목표가 있으며, 집단성원 간의 상호작용이 일어나야 한다. 결국 집단의 크기, 목표, 상호작용이 집단의 중요한 요소이다. 이러한 점들을 고려할 때 집단의 개념 정의를 다음과 같이 내릴 수 있다.

집단이란 3인 이상의 일정한 구성원을 가지고, 성원들이 소속감 및 공통의 목적이나 관심사를 가지며, 또한 성원들끼리 정서적 결속과 함께 상호의존적이고 상호작용이 이루어지며 성원의 기능과 역할을 규제하는 규범을 가진 인간 집합체이다(남세진 · 조홍식, 1998).

코노프카(Konopka, 1983)는 집단실천은 의도적인 집단경험을 통해 개인의 사회적 기능수행을 향상하며, 개인 · 집단 · 지역사회 등의 당면 문제들을 효과적으로 대처할 원조방법으로 정의한다(조학래, 2019 재인용). 토즈랜드와 리바스(Toseland & Rivas, 1984)는 집단사회복지실천을 사회사업 전문직의 가치와 윤리적 실천원리에 근거하여 개인과 집단의 목적을 성취하기 위해 집단과정과 개입전략을 활용하는 것이라고 정의하고, 집단 목표는 사회 · 정서적 욕구의 충족과 과업의 성취라고 하였다(남세진 · 조홍식, 1998 재인용).

위의 내용을 종합해 볼 때 집단사회복지실천이란 개인, 집단, 조직의 문제해결과 사회적 능력을 향상하기 위한 목적을 가지고 집단활동의 경험을 활용하는 사회복지실천의 한 방법이다.

집단사회복지실천에서 주요하게 다루는 개념으로써 역동성, 응집력 등을 들 수 있다. 일대일 개별사회복지실천에서 느끼지 못하는 집단성원들의 상호작용, 소속감 등은 집단의 매력이자 문제해결의 원동력이 된다. 집단사회복지실천에서 알아야 하는 핵심적인 개념들은 다음과 같다.

- 체계(system): 집단은 하나의 체계이므로 체계가 가지는 같은 특성을 가진다. 즉 집단은 내부와 외부경계를 가지며, 위계로써 상위체계와 하위체계가 있다.
- 엔트로피(entropy): 엔트로피는 무질서도라는 의미로써 집단이 정체되어 있거

나 외부와의 소통이 단절되면 결국 집단 내부의 무질서도가 증가하여 집단은 성장을 멈추고, 퇴보하며, 무너진다.

- 역동성(dynamics): 역동성은 집단성원 간 관계의 변화와 흐름을 유기체의 특성으로 표현한 것으로서 성원들의 상호작용과 상호관계에서 만들어지는 힘이다. 상호 원조과정이 성공적으로 작용하게 되면 역동적인 힘이 방출되어 치유적인 혹은 치료적인 요소나 변화의 기제로 활용된다. 이러한 역동적인 힘으로 인해 특정 상황에서는 집단방법을 선호하게 된다(Northen & Kurland, 2006).
- 응집력(cohesion): 집단성원이 집단에 남아 있게 하는 모든 힘의 결과로서 집단 내의 공동체 의식이며, 공동의 목적을 향해 집단에 참여하는 '우리(we-ness)'라는 의식 또는 우리가 함께하고 있다는 의식을 말한다(조학래, 2019). 즉 집단에 소속감과 매력을 느끼는 것으로 시간에 따라 집단이 성장하면서 구성원들이 친밀감, 유대감으로 결속되는 것을 의미한다.
- 상호 원조(mutual aid): 상호 원조는 집단사회복지실천의 핵심이다. 개인과 집단이 자신들이 가진 자원을 교류하며 자발적으로 문제해결을 위해 서로 도움을 주고받는 것이다. 집단성원들은 집단의 다른 구성원들이 해결하기를 원하는 문제를 자신들의 삶과 연관된 것처럼 여기며 적극적으로 자신들의 경험, 지식, 생각을 바탕으로 적극적으로 검토한 결과를 공유한다. 이러한 공유는 도움을 주는 자와 받는 자 모두에게 유용하다.

3) 집단의 특성

개입방법 중의 하나인 집단은 더 큰 서비스나 프로그램 일부로서 제공된다. 이러한 집단은 집단의 목적, 의도된 성과, 과정, 상호영향(mutual influence)의 강조라는 특성을 가진다(MSF, 2018).

- 목적: 집단은 지역사회 혹은 집단성원들의 생물학적, 심리적, 사회적, 교육적 욕구를 기반으로 집단의 목적이 설정된다.
- 의도된 성과: 집단은 집단성원들이 기대하는 성과들과 이를 측정하는 방법들을 처음부터 명확하게 제시한다.
- 과정: 집단은 사전 단계(pre-group phase)와 활동 단계(working phase)에서 집단의 기획, 집단의 성장, 실행과 평가를 위한 시간이 필요하다.
- 상호영향의 강조: 집단은 집단의 역동성 활용과 효과적인 상호영향에 의존한다.

2 집단사회복지실천의 유용성과 한계

사회복지사가 집단의 지도자로서, 혹은 집단성원으로서 긍정적인 경험을 하였을 경우 집단의 매력에 빠져서 집단의 효과를 강조하게 된다. 또한 집단을 긍정적으로 경험한 클라이언트들도 주변 사람들에게 집단 참여를 적극적으로 권유한다. 이렇듯 집단이 가지는 매력과 효과가 큰 것은 사실이지만 집단이 만병통치약은 아니다. 집단이 가지고 있는 유용성과 한계를 살펴보면 다음과 같다.

1) 집단사회복지실천의 유용성

- 클라이언트에게 자신이 경험하는 문제가 자신만의 것이 아니라는 안도감을 준다. 즉 "우리는 한 배를 타고 있어"(We are in the same boat)라는 동질감은 어디에서도 말하지 못하였던 문제들을 타인에게 개방할 기회를 높여준다.

- 다른 사람들의 경험을 통해서 간접적으로 배운다. 집단성원들이 했던 실패와 성공, 도전과 좌절 등의 이야기를 접하면서 자연스럽게 자신의 삶을 돌아보고 생활에서 실제로 적용해 보고자 하는 용기를 얻는다.
- 사회복지사 외에 타인들의 관점과 견해들을 접하게 된다. 집단성원들의 의견과 관점들을 접하게 되면서 클라이언트는 다양한 시각에서 자신의 문제를 바라보는 기회를 얻는다.
- 집단에서 도움을 얻기도 하지만 다른 집단성원들을 돕는 경험을 통해서 자신의 가치감을 발견을 하게 된다.
- 자신이 발견하지 못했던, 혹은 이제껏 들어왔으나 인정하지 못했던 자신의 강점을 확인하게 된다. 반대로 가족과 지인들에게 이미 들어서 알고 있던 약점이나 자신의 문제점들을 심각하게 혹은 객관적으로 받아들이지 않았다가 집단성원들의 이야기를 듣고 자신의 문제를 인지하게 될 수도 있다.

2) 집단사회복지실천의 한계

어떤 사회복지실천이든 만능은 존재하지 않으며 일정 정도의 한계에 늘 부딪힌다. 다만 집단사회복지사는 이러한 한계를 인식하고, 약점들을 최소화할 수 있도록 노력을 기울여야 한다. 집단사회복지실천이 가지는 한계는 다음과 같다.

- 개인의 문제해결에의 집중은 떨어질 수 있다. 집단의 목적과 자신의 목적이 완전하게 일치하기는 어렵다. 그러므로 집단의 목적이 자신의 문제해결에 도움이 되어 참여는 하나 특정 개인의 문제만 초점을 맞출 수 없는 시간상, 관계의 제약 등으로 개인의 문제를 충분히 다루지 못한 채 집단이 종결될 수 있다.
- 심리적으로 취약한 클라이언트의 경우, 집단성원들의 속성이나 태도 등에 민

감하게 반응하며 부정적인 영향을 받을 수 있다.

- 집단에서 일어나는 갈등 등이 제대로 다루어지지 않거나 사회복지사가 통제할 수 없는 위기 등이 일어날 수 있다. 어떤 집단이든 갈등과 긴장이 발생할 수 있으며, 이것이 반드시 부정적으로 작용하지는 않는다. 갈등의 위험요인은 집단이 서로를 이해하고, 수용할 수 있는 성장의 경험이 될 수도 있다. 그러나 집단활동의 시간적 제약, 갈등의 핵심인 집단성원의 중도탈락 등으로 충분히 해소되지 않은 채 남겨질 수 있다.
- 집단과정에서 심리적으로 준비되기 전에 자신의 감정이나 속마음을 털어놓아야 한다는 집단의 압력에 개인이 희생될 우려가 있다. 물론 집단에서 자신의 개인적인 이야기를 어느 정도 개방할 것인가는 전적으로 개인의 선택이다. 하지만 집단과정에서 집단분위기가 자기개방을 강요하는 방향으로 흐를 수도 있다. 특히 집단이 개인보다 집단 전체의 생각을 중요하게 여기면 집단의 일체감을 강조하는 집단 규범에 희생될 우려도 있다. 이때 집단사회복지사는 집단에서 자신을 개방하는 것은 전적으로 자신의 선택이고 타인에게 강요해서는 안 된다는 것을 강조해야 한다.

3 집단사회복지실천의 모델과 유형

1) 집단사회복지실천의 모델

파펠과 로스만(Papell & Rothman, 1980)이 제시한 3가지 모델은 사회적 목표모델, 치료모델, 상호작용모델이다. 각 모델의 특성은 다음과 같다(남세진 · 조흥식, 1998).

(1) 사회적 목표모델

집단지도실천의 초기 전통에 근거를 두고 민주주의를 유지, 발달시키려는 사회적 목표를 강조한다. 사회적 목표모델(social goals model)은 사회변화는 그 사회의 책임감 있는 집단성원들에 의해서 수행된다고 믿기 때문에 민주적 과정의 학습, 인간관계의 의식적인 훈련, 시민참여 등의 집단활동이 사회적 책임의 목적을 달성할 수 있다고 본다. 그러나 이 모델은 체계적인 중심이론이나 공식을 제시하지 못한 한계를 가진다.

(2) 치료모델

집단은 개인의 치료를 위한 수단임과 동시에 상황으로 개념화된다. 치료모델(remedial model)에서의 집단지도자의 역할은 지시적이고 계획적이며 목표지향적이다. 전문가는 치료계약에 근거해서 관계가 형성된다. 집단성원은 전문가의 치료계획에 따라서 사전의 진단을 받아 선택되고, 계약이 성립되면 치료적 집단활동을 받게 된다.

이 모델은 사회적 기능상에 뚜렷한 문제를 가진 개인을 치료하거나 장래 사회적으로 역기능의 위험성이 높은 개인에게 예방적 서비스를 제공하는 것이다. 그러므로 치료모델은 문제해결의 강조, 과학적 접근의 중시, 목표의 구체화, 미래 지향성 등의 특징을 가진다.

(3) 상호작용모델

이 모델에서 집단은 전문가와 모든 구성원을 포함한 하나의 사회적 체계로서 개념화된다. 체계와 집단은 유기체이자 하나의 실체이고, 개인은 고유하면서 동시에 집단성원과 전문가의 상호적 관계의 영향을 받는다. 전문가의 역할은 집단성원과 사회의 중개인이다.

상호작용모델(reciprocal model)은 집단활동 이전에 구체적인 집단 목표를 설정하지 않는다. 목표는 전문가와 집단성원 간의 상호관계 속에서 이루어지는 상호작용으로 설정되고 집단성원의 개별적인 목표는 다뤄지지 않는다. 이 모델의 목적은 대인관계를 형성하는 것으로 구체적인 목표가 사전에 설정되지 않기 때문에 집단회합에서 무엇이 일어날 것인가를 예측하기 위해 평가나 진단이 사용되지 않는다. 또한 집단의 상호작용과정을 집단경험의 결과만큼 중요하게 여긴다.

2) 집단의 유형

집단의 유형은 자연적 집단과 인위적 집단으로 크게 나누어서 구분할 수 있다. 자연적 집단은 혈연, 지연 등으로 의도적이 아닌 자연적으로 생겨난 것이다. 자연적 집단이 아닌 그 외의 집단들은 모두 어떤 목적을 위해 의도적으로 만들어진 것이다. 여기서 소개할 집단은 자연발생적인 것이 아닌 인위적인 집단이며, 사회복지실천현장에서 목적을 달성하기 위하여 만들어진 것이다. 집단의 개방성, 전문가 참여 정도, 집단의 목적으로 집단의 유형을 분류하면 다음과 같다.

(1) 집단의 개방성과 전문가 참여 정도에 따른 분류

① 집단의 개방성에 의한 구분: 개방형 집단 vs 폐쇄형 집단

개방형 집단과 폐쇄형 집단은 집단성원의 들고 나감이 자유로운가가 중요한 기준이 된다. 개방형 집단에서는 새로운 구성원이 언제든 집단에 들어올 수 있고, 집단성원은 집단을 언제든 탈퇴해도 된다. 새로운 구성원들이 늘 유입되기 때문에 집단은 새로운 분위기로 전환될 수 있는 여지가 있지만, 기존의 집단성원들 입장에서는 안전감이 위협받는다고 느낄 수도 있다. 집단의 목표를 달성하기 위한 몰입과 집중도가 떨어지기 때문에 집단의 발달과 성장이 더딜 수 있고, 새로운 구성원과 기존 구성원 간의 미묘한 긴장감과 불안감이 조성될 수 있다. 그러나 또 한편으로는 새로운 관점, 관계의 변화, 역동성 등이 집단의 활력을 불러일으키고 문제해결에 도움이 된다. 그러므로 집단을 개방형 혹은 폐쇄형으로 운영할 것인가는 다음의 질문들을 고려해서 선택한다.

첫째, 집단이 목적과 활동내용이 무엇인가?

둘째, 집단의 개방성이 유용하게 작용할 것인가?

셋째, 집단의 회기별 연속성이 중요한가?

넷째, 집단의 효과성 평가가 필요한가?

개방형 집단은 집단성원들이 일관되게 참여하지 못하기 때문에 집단의 목적을 달성하였는지를 평가하는 것이 매우 어렵다. 그리고 집단의 종결하는 시점을 정하기도 모호하다. 그래서 사회복지실천현장에서 집단을 개방형으로 운영하는 경우는 거의 찾아보기 어렵다.

② 전문가 참여 정도에 의한 분류: 전문가 주도 vs 비전문가 주도

2000년도 초반 이주여성들이 대거 유입되던 시기에 한국에의 적응을 돕기 위해 다문화가족지원센터, 종합복지관, 기타 비영리기관들이 자조집단이라는 이름으로 이주여성들을 위한 프로그램을 양산했다. 이때의 자조집단은 이주여성들이 자민족의 요리, 놀이문화 등을 공유하고, 자국민과 만남을 통해 향수를 달래는 내용이 주를 이루었다. 그리고 예산지원이 종료되면 프로그램도 종결되었다. 이때 운영되던 집단들이 자조집단이라고 할 수 있을까? 사회복지사들이 기획해서 회기마다 구조화된 활동이 운영되는 프로그램이었지 자조 집단이라고 볼 수 없다.

자조집단은 같은 관심사나 어려움에 노출된 구성원들이 자발적으로 모여 집단을 이루고, 그 안에서 서로 돕고 나누는 노력을 통해 어려움을 극복해 나가기 위한 것이다. 이를 통해 개인적인 역량강화는 물론, 집단의 힘으로써 의식화 과정과 정치적인 힘의 획득으로까지 발전해 나가는 데에도 효과적인 장이자 방법론이다. 그러나 자조집단의 대부분 회원이 주도성을 갖지 못한 채 사회복지사가 주도하는 형태로 운영되고 있는 것이 현실이다(양혜원 외, 2018). 그러므로 진정한 자조집단은 전문가가 주도하는 것이 아니라 집단성원들이 주도성을 가져야 한다. 자조집단이라고 해서 전문가 개입이 전혀 필요 없는 것은 아니다. 다만 전문가는 촉진자, 조력자의 역할에 머물러야 한다.

이처럼 자조집단(self-help)이란 문제해결이나 성장을 위해 자발적으로 만들어진 집단으로, 집단의 리더는 있으나 그 리더가 반드시 그 분야의 전문가일 필요는 없다. 가장 대표적인 자조 집단 A.A.(Alcoholic Anonymous)는 알코올 중독을 극복한 성원이 집단의 리더로 활동할 수도 있고, 혹은 약물이나 알코올 중독의 치료에 관심을 가지는 전문가가 자발적으로 리더로 집단을 이끌어갈 수도 있다. 그러나 자조집단은 어디까지나 강제력이 없다. 집단의 유용성, 소속감, 헌신성 등에 따라 집단의 중요성에 대한 개인의 온도는 모두 다를 수 있다. 집단의 지도자는 있을 수 있으나 지도자는 집단을 의도적으로 이끌기보다 집단성원들의 이야기를 들어주고, 모임이 지속할 수 있는 환경을 제공한다.

발달장애인 자조집단 매뉴얼(발달장애인 자조집단 지원 매뉴얼, 2013)에서 명시한 조력자의 역할은 다음과 같다. 첫째, 조력자는 구성원들의 임파워먼트를 돕고, 둘째 정보를 제공하는 역할을 한다. 또한 이 매뉴얼에는 조력자가 하지 말아야 것 등에 대한 지침도 있다. 집단성원의 임무 이상으로 안건을 수행하는 것, 강의하는 것, 조용한 회원들에게 말하도록 압력을 가하는 것, 노력하고 있는 그룹을 구하거나 위험한 상황을 피하게 하는 것 등이다. 조력자는 자조집단의 중심이 아니라 한쪽에서 주인공들이 역량을 발휘하여 주체가 될 수 있도록 도와야 한다.

자조집단이 아닌 사회복지현장 대부분의 집단은 전문가주도이다. 사회복지사가 집단을 기획하고, 구성원을 모집하며, 운영하고 평가하는 집단들이라고 할 수 있다.

(2) 집단의 목적에 따른 분류

① 치료집단(therapy groups)

치료집단은 클라이언트가 임상적인 진단을 받고, 치료가 필요한 경우에 치료의 한 형태로 제공되는 것이다. 일반적으로 정서적 문제가 있는 성원들로 구성된다. 이 경우 클라이언트는 임상 사회복지사가 제공하는 개별치료와 집단치료를 병행해서 참석하는 것이 대부분이며, 약물치료의 도움도 받는다. 치료집단의 예는 병원이나 정신건강복지센터에서 제공하는 약물중독, 우울증, 거식증 등의 정신질환을 위한 치료집단을 들 수 있다.

② 교육집단(educational group)

교육집단은 성원들이 새로운 지식과 기술, 정보 등을 습득하기 위한 목적으로 운영된다. 전문가의 강의와 발표 등이 주를 이루므로 성원 간의 자기 노출이나 표현의 정도는 낮으나 토론이나 역할극 등을 통해 실생활에 적용하는 활동 등으로 보완할 수 있다. 예로서 학교의 교육복지사의 약물 또는 알코올 예방교육, 성교육집단, 교사들에 대한 다문화 이해 교육 등이 있다.

③ 사회적 지지집단(social support group)

지지집단은 스트레스를 주는 생활 사건에 효과적으로 적응하고 대처할 수 있도록 상호 원조의 조성, 대처능력의 회복 및 향상과 같은 지지적인 개입전략을 사용하는 것이 특징이다. 비슷한 문제를 경험한 사람들로 구성된 지지집단에서 성원들은 공유하는 경험 때문에 정서적 유대감이 쉽게 형성되며 자기개방의 정도가 매우 높다(조학래, 2019). 때로 지지집단은 클라이언트뿐만 아니라 사회복지사들을 위해서 운영될 수도 있다. 코로나 19에 대응하는 팬데믹 시기에 사회복지사들을 위한 사회적 지지 집단의 예는 다음과 같다(Cabiati, 2021).

사 례

COVID-19 사회복지사들의 상호지지집단

이탈리아의 Cabiati는 COVID-19 팬데믹 상황에서 어려움을 겪는 사회복지사들을 위한 지지집단을 10회기 동안 운영하였다. 모임에 참여한 사회복지사들은 공고를 보고 자발적으로 참여하였으며, 온라인 플랫폼을 활용하여 위기의 상황에서 발생하는 문제들에 대한 대처, 어려움, 윤리적 이슈들을 다루었다. 자원하는 사람들이 많아서 모두 3개의 집단(2개의 아동보호・아동 관련 업무 사회복지사, 노인, 이민자, 빈곤자들을 위한 사회복지사)으로 운영되었다.
주제는 먼저 주어지지 않고, 회기마다 사회복지사들이 제시한 것을 중심으로 다루었다. 처음 회기의 초반에는 촉진자가 사회복지사들이 감정을 표현하고, 자신의 현재 상황을 이야기하며, 동료들에게 질문하거나 함께 나눌 것을 표현하도록 도왔다. 촉진자는 집단성원 간 의사소통과정을 지지하고, 자기반성이나 성찰이 필요하다면 피드백을 준다. 촉진자는 정답이나 조언을 주지 않고 대신에 서로 관계를 맺고, 생각을 교환하며 지속해서 원조 활동을 상상하거나 함께 탐색하도록 원조하였다. 회기가 거듭될수록 참여자들은 서로 독려하며 질문을 하고, 지난주 있었던 일들을 함께 나누었다. 2020년 6월까지 집단성원들의 나이와 특성은 다양하였지만 중도탈락 없이 마쳤으며, 건강상의 응급상황에 부딪혔을 때의 공통적인 문제들과 유사한 경험들을 표현하였다. 이러한 공통점들은 집단 역동을 일으켜서 전형적인 상호지지집단으로서의 임무를 수행했다.

3) 집단사회복지실천의 지침

코노프카(Konopka, 1963)은 1955년에 10개의 원칙을 사회사업 교육과정연구에서 발표하였다가 이후 다시 14개의 원칙을 제시하였다. 이를 소개하면 다음과 같다(남세진 · 조홍식, 1998 재인용).

- 집단에 속한 개인에 대한 개별화 원칙에 따라 각 개인의 고유한 상이성에 대한 인정과 그에 따르는 행동을 존중한다.
- 개별성원의 개별화뿐만 아니라 다른 집단과 차별화되는 집단의 개별화를 인정한다.
- 모든 사회복지실천과 마찬가지로 집단지도자는 개인을 고유한 장단점을 가진 존재임을 수용한다.
- 집단지도자는 집단성원과 의도적 원조 관계를 형성한다.
- 집단지도자는 집단성원들이 상호 원조 관계가 형성되도록 독려한다.
- 집단은 시간에 따라 변화, 성장, 퇴보할 수 있으므로 그에 따라 집단과정을 적절하게 수정한다.
- 집단지도자는 각각의 성원들이 자신의 능력에 따라 적절하게 집단에 참여할 수 있도록 돕는다.
- 집단지도자는 집단을 위해 모든 것을 해주는 것이 아니라 구성원들이 문제해결과정에 주도적으로 참여하도록 돕는다.
- 집단지도자는 집단성원들이 민주적이고 안전한 집단 경험을 통해 갈등해소방법을 학습하도록 돕는다.
- 집단은 집단성원에게 대인관계와 성취의 새로운 경험을 하는 기회를 제공한다.
- 각각의 집단성원과 집단의 전체적 상황에 대한 진단적 사정평가를 하고 그에

따라 합의한 규칙과 제한을 엄격하게 준수하도록 한다.

- 각각의 집단성원에 대한 진단적 평가, 집단의 목적에 따른 사정에 따라 의도적으로 상이하게 프로그램을 활용한다.
- 개인과 집단 발달에 대한 지속적인 사정과 평가를 한다.
- 전문가는 원만하고 인간적이며 절도 있게 자신을 사용한다.

4) 집단사회복지실천의 기법

집단사회복지실천에 적용되는 기법들은 매우 다양하나 본문에서는 집단의 기능, 집단과정에 적용할 수 있는 기법들과 관련한 질문들을 중심으로 설명하고자 한다.

(1) 집단의 기능을 사정하는 기법[1]

① 집단의 목적에 대한 동의와 명확성을 확인한다.

다음의 질문을 통해 집단의 목적을 명확히 사정하는 데에 다음의 질문에 대한 대답이 유용할 수 있다.

- 집단의 천명한 목적 혹은 공식적 목적은 무엇인가?
- 집단의 목적을 누가 결정 혹은 선택했는가?
- 모든 집단성원이 목적에 동의했는가? 집단성원이 집단이 달성해야 할 목적에

1) Sheafor & Horejsi (2010).

동의하지 않는다면 그 이유는 무엇인가?

② 집단성원과 참여를 사정하기 위해서는 다음 질문의 답을 확인한다.

- 집단의 목적을 고려할 때 적당한 규모인가?
- 집단성원들이 너무나 동질적 혹은 이질적이어서 집단활동을 수행할 수 없고 목적을 달성할 수 없는가?
- 집단이 처음 만들어진 이후 집단성원 혹은 참여수준이 현저히 변화하였는가?
- 어떤 요인이 집단성원의 참여를 막는가?
- 어떤 성원이 가장 소극적인가? 몇 명의 성원들이 고립되거나 소외되었는가?
- 성원들은 의견 차이를 표현하고 갈등을 다루며 위험을 감수하는 데 자유로움을 느끼는가?
- 성원들이 실제 갈등을 무시하고 의견 차이를 숨기고 격한 감정 혹은 다른 의견을 표현하는 사람을 벌주는가?

③ 집단의 구조, 규범, 규칙을 사정하는 질문들은 다음과 같다.

- 모임의 빈도와 소요시간은 집단목적과 방법에 적절한가?
- 특정 주제에 대한 논의 혹은 특정 관점에 대한 표현이 격려되는가 혹은 금지되는가?
- 공식적 혹은 비공식적 구조 혹은 권한 위계 등은 누가 가장 많이 말하고 누가 이들 이야기에 귀 기울이거나 누가 이들의 편을 들고 누가 결정을 내릴지 등을 확정하는가?

(2) 집단의 과정에 따른 질문기법들[2)]

① 집단을 시작하면서 다음과 질문으로 집단성원과 이야기를 나눌 수 있다

- 지난 회기 때 배운 점은 말해볼까요?
- 배운 것을 어떻게 적용했나요?
- 나에게 무슨 차이를 가져왔나요?

② 집단을 마치면서 다음과 같은 질문들로 마무리 이야기를 나눌 수 있다.

- 오늘 회기에서 배운 점이 무엇인가요?
- 어떤 것이 여러분에게 유용했나요?
- 나(클라이언트)의 상황에 적용해 본다면 나는 어떻게 해야 할까요?
- 여러분이 집단활동에서 더 할 수 있다면 무엇을 하기를 원하세요?

③ 관찰 · 사정 · 코멘트와 관련한 질문들은 다음과 같다.

- 집단의 목적이 달성되었나요?
- 무엇이 잘되고 있는지요?
- 향상이 필요한 부분이 무엇일까요?
- 중요한 사건들이 있었나요?

④ 사후관리 및 제안

- 앞으로 더 나아지기 위해서 어떤 계획이 필요할까요?
- 발생했던 중요한 사건들에 대한 이후 계획은 무엇인가요?

---

2) MSF (2018).

4 집단사회복지실천의 기록과 윤리적 고려

1) 집단사회복지실천의 기록

실천현장에서 기록의 중요성은 점차 강조되고 있다. 이는 양적 평가와 함께 질적 평가를 적용하는 프로그램이 늘어날 뿐 아니라 사회복지기관 평가에서도 정량평가보다 정성평가의 비중이 커지고 있기 때문이다. 기록은 클라이언트의 변화 과정을 담는 방법이면서 동시에 집단의 과정과 운영에 대한 모니터링이나 과정 평가의 중요한 자료가 된다. 이처럼 실천현장에서 기록이 매우 중요하게 부각됨에도 불구하고 실천가마다 기록 수준의 편차가 크다. 집단사회복지실천 기록이 집단의 성과, 집단성원의 변화와 성장을 놓치지 않기 위해서는 다음의 노력이 요구된다.

첫째, 슈퍼바이저는 집단기록에 대한 슈퍼비전을 제공해야 한다. 사회복지사가 집단을 운영하면서 열정과 힘을 쏟고, 때로는 집단성원들의 의미 있는 변화와 성장을 가져왔음에도 정작 기록에 그러한 변화를 제대로 담지 못하는 경우가 있다. 슈퍼바이저는 집단의 운영이나 집단지도자의 역할을 중심으로 슈퍼비전을 주는 경우가 대부분이다. 그러나 그것 못지않게 기록에 대한 슈퍼비전도 매우 중요하다. 처음부터 기록을 잘하는 사람은 없다. 기록과 관련한 적절하고 지속적인 슈퍼비전이 제공된다면 기록에서 향상을 기대할 수 있다.

둘째, 외부전문가들의 기록에 대한 사회복지사의 모니터링이 필요하다. 외부전문가에게 집단 운영을 의뢰하면 기록의 책임도 온전히 맡기는 경우가 대부분이다. 그러나 외부전문가마다 기록하는 형식과 강조점, 관점 등이 다르므로 사회복지사들은 집단의 목적과 성격에 맞게 기록이 이루어지고 있는지 점검하고 때로는 기록에 대한 기관의 지침을 제공해야 한다. 그렇지 않으면 집단의 목적과 집단운영의 관점, 중요한 변화들을 놓친 채 종결에 이르게 될 수 있다. 외부전문가들의 스타일에 따라 기록의 편차가 커서 어떤 사람은 지나치게 자세하게, 혹은 무성의하거나 과도하게 생략한 채 작성해서 중요한 집단의 성과들을 놓치게 된다. 그러므로 외부전문가에게 집단을 맡길 때 기록에 대한 지침을 명확하게 제시하고, 정기적인 모니터링을 하는 것이 바람직하다.

2) 집단사회복지실천의 윤리적 고려

집단사회복지실천 시 집단사회복지사는 이와 관련한 교육, 훈련, 경험을 갖추어야 한다. 또한 집단이 진행되는 전 과정 동안 적절한 슈퍼비전을 받고, 본인 스스로 적극적으로 슈퍼비전을 받기 위해 노력해야 한다. 이와 동시에 집단을 운영할 때에 윤리적 이슈들을 고려해야 한다. 집단지도자는 집단성원들에게 집단의 목적과 목표, 활용내용 등에 대해서 고지하고, 비밀보장의 중요성과 한계에 대해서도 말해주어야 한다.

우리나라의 윤리강령에는 집단사회복지실천에서 유의해야 할 지침을 별도로 제시하고 있지는 않다. 그러나 미국의 윤리강령에서는 부부, 가족, 집단에서 지켜야 할 윤리강령을 제시하고 있는데, 그것이 바로 비밀보장이다. 전미사회복지사협회(NASW)의 윤리강령에서 제시한 집단에서 지켜야 할 윤리강령의 지침은 다음과 같다.

〈1.07 비밀보장과 사생활 보호〉

(f) 사회복지사가 가족, 부부, 집단에 대하여 상담서비스를 제공할 때는 기밀을 보장하는 각 개인의 권리, 그리고 다른 사람들이 공유하고 있는 정보를 보호하기 위한 책무와 관련하여 당사자들 사이의 동의를 구해야 한다. 사회복지사는 가족, 부부, 집단상담에 참여한 사람들에게 모든 참여자가 이러한 동의를 인정한다는 것을 사회복지사가 보장할 수 없음을 통지해야 한다.

(g) 사회복지사는 자신이 상담에 관련된 당사자들 사이의 비밀정보를 공개하는 것과 관련 있는 사회복지사 고용주 기관의 정책을 가족, 부부, 집단상담과 관련된 클라이언트에게 통지해야 한다.

12

CHAPTER

집단사회복지실천 II

12
CHAPTER

집단사회복지실천 II

Skills for Social Work Practice

1 집단의 구성

1) 집단의 구성과 구조

(1) 집단성원의 선정

집단의 목적이나 활동특성에 따라 집단 구성원의 선정기준은 달라질 수 있다. 집단의 성원들이 이질적일 때 더 효과적일까 아니면 동질적인 것이 더 도움이 될 것인가? 집단성원의 이질성과 동질성은 표면적으로 드러나는 외형적 특성과 그렇지 않은 내면적 특성으로 나누어 볼 수 있다. 성별, 나이, 직업, 거주지 등은 외형적 특성으로 약간의 탐색을 통해 쉽게 알아차릴 수 있다. 반면에 집단성원이 소극적인지 적극적인지 말이 많은지 방어적인지 공격적인지 수용적인지는 알아차리기 어렵다.

집단사회복지사는 집단을 구성할 때에 이 두 가지를 모두 고려해야 한다. 가장 중요한 고려사항은 이러한 외형적, 내면적 특성들이 집단의 역동성과 응집력에 긍정적으로 작용할 것인가이다.

예를 들어, 이성관계에서의 의사소통을 증진하기 위한 훈련이라면 성별이 동질적인 것이 좋을지 이질적인 것이 좋을지를 고려해야 할 것이다. 여성의 입장에서 의사소통의 어려움을 심층적으로 다루는 것이 필요하다면 굳이 이질적일 필요가 없지만, 남성과 여성 양측의 소통방식이 다름을 이해하는 것이 중요한 교육내용이라고 한다면 양성 모두를 참여시키는 것이 적절할 것이다. 그렇다면 위의 집단에서 나이는 어떻게 하는 것이 좋을까? 아마 대부분 일정 정도 동년배 집단으로 구성하는 것을 우선 고려할 것이다. 동년배일 때 이성관계의 고민 수준이나 내용이 비슷하고 이야기하기가 훨씬 편하기 때문이다.

이처럼 집단의 목적, 활동방법, 기대하는 역동, 집단성원의 역할 등을 예상하고 고려하면서 집단성원을 선정해야 할 것이다. 그러나 이러한 것을 모두 고려했음에도 집단은 예상을 빗나가는 경우가 많다는 것을 염두에 두어야 할 것이다.

(2) 집단지도자의 선정

누가 집단지도자가 되는가? 집단지도자의 자격은 무엇인가? 기관에서 집단지도자를 선정하는 것은 프로그램의 기획 여부, 경력, 사업에 대한 이해, 집단성원 간 관계 등을 고려해서 선정하게 된다. 프로그램의 기획자와 집단지도자가 반드시 일치하는 것은 아니며, 경력이 많다고 우선시 되는 것도 아니다. 누구에게나 처음의 집단경험이 있어야 경력자가 되기 때문이다. 집단을 처음 운영하는 경우, 가장 바람직한 것은 선임 사회복지사가 보조로 도움을 주거나 밀착 슈퍼비전을 준다면 집단을 효과적으로 진행하는 데 도움을 받을 수 있다.

집단지도자를 선정할 때는 집단성원과의 공통점과 차이점을 모두 고려해야 한다. 집단지도자와 집단성원의 공통점이 지나치게 많아도, 부족해도 어려움은 발생한다. 중요한 점은 사회복지사는 자신의 특성과 상이한 클라이언트를 대하는 데 있어 편안하면서도 신중하게 접근하는 것이 중요하다. 이때 무엇보다 중요하게 고려되어야 하는 것은 사회복지사의 능력이다. 특히 바바라 솔로몬(Barbara Solomon)은 비차별주의적인 사회복지사의 능력을 강조한다. 즉 비차별적인 사회복지사는 첫째, 행동에 대한 대안적 설명을 이해할 수 있고, 둘째, 특정 상황에서 가장 그럴 듯한 대안을 선택하는 데 도움이 될 만한 언어적·비언어적 단서에 집중할 수 있으며, 셋째, 인종·피부색·민족적 배경과 상관없이 사람들에게 온화함과 진정한 관심 그리고 공감을 느낄 수 있고, 넷째, 온화함이나 관심 혹은 공감을 표현하였을 때 클라이언트가 이를 왜곡하거나 잘못 해석하면 그를 직면할 수 있어야 한다고 하였다(Northen & Kurland, 2006).

(3) 집단 크기

집단 크기는 구성원의 수를 말한다. 집단 크기는 집단이 가장 효과적이고 성공적으로 운영되어 최고의 성과를 달성할 수 있는 규모여야 한다. 이때 가장 중요하게 고려되어야 할 것은 집단의 목적과 활동방법이다.

임상 및 치료집단이나 지지집단의 크기는 7~10명 내외가 적절하다. 학자에 따라 임상적인 집단일수록 집단의 크기를 7명 내외로 제안하기도 한다. 교육집단, 성장집단은 10명 이상일 수도 있으나 활동방법이 토론이나 역할극 등으로 이루어진다면 10명 이상도 많을 수 있다. 집단의 크기를 정할 때 고려해야 할 것 중의 하나는 중도탈락이다. 중도탈락할 경우의 수를 고려해서 집단 크기를 결정한다.

(4) 집단의 기간

집단의 기간은 정해져 있지 않으나 단기 프로그램의 경우 회기 수는 8~15회 정도이고, 최소 3~6개월이 소요된다. 때로 집단의 목적에 따라 1년 이상 지속할 수도 있으나 집단의 몰입도를 고려해서 성과를 가장 잘 달성할 수 있는 기간으로 정한다.

(5) 빈도와 소요시간

통상적으로 집단은 주 1회로 운영된다. 그러나 단기간의 위기개입인 경우에는 주 2~3회의 집단이 운영되기도 한다. 집단의 소요시간은 40~70분 정도이며, 이때 가장 많이 고려되어야 할 것이 나이이다. 저연령이거나 고연령의 클라이언트들은 집중할 수 있는 시간이 짧다는 점을 고려해야 한다.

(6) 공간과 자리 배치

집단에서 공간이 주는 영향은 적지 않다. 너무 크지도, 좁지도 않은 편안하고 안전감을 주는 공간이어야 한다. 대형 강의실에서 어쩔 수 없이 집단을 운영해야 한다면 가림막을 활용해서 집단공간을 분리하는 것이 좋다.

책상을 놓고 앉았을 때 양 끝의 집단성원 대화가 잘 들릴 수 있는 거리로 자리 배치를 한다. 때로 자리 배치는 집단지도자가 의도적으로 정할 수도 있다. 집단에서 생긴 하위집단의 변화를 주기 위해서 혹은 산만하거나 주의를 집중하지 못하는 성원을 집단지도자의 가까운 자리에 배치하는 등 집단 역동의 변화를 주기 위해서 자리 배치에 관여하기도 한다.

(7) 집단활동의 전략과 구조화

집단활동을 구조화할지 아니면 자유롭게 비구조화된 형태로 운영할지는 집단목적의 부합 여부에 따라 선택하는 것이 바람직하다. 그러나 정해진 집단활동의 진도를 나가야 한다는 생각에 발목이 붙잡혀서 정작 서로 이야기를 나누고, 감정을 표현하는 시간이 충분히 주어지지 못하는 것은 바람직하지 않다. 구조화된 활동이 정해져 있어도, 집단지도자는 집단성원들의 반응과 집단의 분위기를 고려해서 유연하게 적용하는 것이 필요하다.

코레이(Corey, 2000)는 집단에서 활동 및 기법 사용의 중요성을 강조하며 다음의 지침들을 제시하였다. 첫째, 활동들은 치료목적이 있어야 하며, 이론에 그 근거를 두어야 한다. 둘째, 집단성원의 더 나은 자기 탐구를 고무하기 위해 활동이나 기법을 이용한다. 셋째, 감정을 자극하기 위해서가 아니고 내담자가 꺼낸 감정 문제를 치료적으로 다루기 위해 활동이나 기법을 사용한다. 이 활동이나 기법들은 숨어 있거나 단지 나타나기 시작한 감정을 경험하도록 집단성원을 도울 수 있다. 넷째, 집단지도자의 불쾌감이나 무능력을 감추기 위해서 활동이나 기법을 사용해서는 안 된다. 다섯째, 섬세하고 시기적절하게 활동이나 기법을 사용한다. 여섯째, 집단성원의 배경을 고려하여 활동이나 기법을 사용한다. 일곱째, 효과가 없다고 드러나면 활동이나 기법을 포기한다. 여덟째, 특정 기법에 대한 참여 여부의 선택권을 집단성원들에게 준다. 참여를 명령하는 것이 아니라 정중하게 부탁한다 등이다(권경인, 2008).

2) 집단의 발달 단계

집단은 유기체와 같은 속성을 가진다. 집단이 구성됨으로써 탄생하고, 초기, 중기과정들을 거치면서 성장한 후 종결을 통해 집단은 더 존재하지 않게 된다. 집단은 성격이나 목적에 따라 차이는 있지만, 다음과 같은 단계를 거치게 된다. 시간의 흐름이나 집단의 성장에 따라 나타내는 특성과 과제를 중심으로 구분하여 명명한 것이 집단의 발달 단계이다. 학자마다 집단의 발달 단계에 대한 특징이 조금씩 다르다.

〈표 12-1〉 집단의 발달 단계

구분	트로프 (E. Tropp)	노던 (H. Nothern)	글래서와 가빈 (P. Glasser C. Garvin)	빈터 (R. Vinter)	사리 (R. Sarri)
준비 단계	초기 단계	초기 단계 (준비 단계)	접수 단계	접수 단계 진단과 치료계획	접수, 선별, 진단
초기 단계	시삭 단계	초기 단계 (오리엔테이션, 탐색과 시험)	표적 선택과 형성 개인과 체제	집단구성과 형성	집단형성 응집력 집단수정 후 집단유지
중기 단계	중간 단계	중간 단계 (문제해결)	변화계획 변화계획의 집행과 평가	치료 단계	집단과정 안내 집단의 유지
종료 단계	종료 단계	종료 단계	종료 단계	평가와 종료	종료 단계

출처: 남세진 · 조홍식 (1998).

❷ 단계별 특성과 개입전략

1) 준비 단계

(1) 특성

준비 단계는 집단의 목적을 달성하는 데 필요한 것들을 갖추는 단계이다. 무엇보다 제일 중요한 것이 집단성원을 모으는 것이다. 아무리 잘 준비된 집단도 집단성원의 모집이 어려워서 시작도 못하는 경우가 발생한다. 준비 단계에서 목표를 달성하려는 집단활동방법과 공간을 점검하고, 내・외부 전문가와 협력해야 할 때 팀을 구성해야 한다. 그러나 무엇보다 가장 중요한 것은 집단지도자를 누구로 선정할 것인지, 집단지도자의 역량과 전문성은 적절한지가 집단의 중요한 성공의 열쇠가 된다.

(2) 개입전략과 기술

먼저 집단의 투입요소를 점검해야 한다.

① 집단지도자로서의 자신에 대한 점검: 집단지도자 선정방법은 크게 2가지 경우로 볼 수 있다. 첫째는 기관에서 사회복지사에게 업무를 부여하고 집단지도자로 지정하는 경우이고, 둘째는 프로그램기획자가 집단지도자가 되는 것이다. 일단 집단지도자로 활동하게 된다면 자신을 점검해야 한다. 나는 집단지도자의 역량을 갖추었는가를 자문해야 한다. 누구에게나 처음이 있다. 처음 집단사회복지실천을 하게 되는 경우라면, 공동지도자로 집단을 운영하던지, 슈퍼비전을 집중적으로 받는 것이 필요하다. 그러나 집단의 경험과 노련함도 중요하

지만 집단지도자가 집단의 힘을 믿는가가 더 중요하다. 집단 역동이나 응집력이 집단성원을 긍정적으로 변화시키는 힘을 믿는가? 문제해결이 개인일 때보다 집단에서 더 효과적일 수 있다는 것을 경험했는가? 집단지도자는 어린 시절의 경험으로부터 지금까지 자신의 집단경험을 반추하고, 집단의 힘을 신뢰해야 한다.

② **클라이언트 모집 전략**: 클라이언트에게 접촉하는 방법은 다양하다. 지역의 민 · 관기관에서 의뢰받거나 이전의 집단성원에게 제안을 할 수도 있다. 이때 가장 중요한 것은 클라이언트에게 집단의 진정한 목적을 감추거나 숨겨서는 안 된다.

③ **집단활동/프로그램 구성**: 준비 단계에서 이미 집단활동의 구성과 방법이 정해졌지만, 집단성원들의 구성이 확정된 이후에는 이들의 신체적, 정신적, 정서적 특성을 고려해서 최종적으로 조정을 한다.

④ **집단사회복지실천의 목표설정/평가방법**: 집단사회복지실천의 성과는 목표가 달성되었는지로 설명된다. 목표를 확인하고, 이를 평가하기 위한 양적 · 질적 방법이 적절한지를 최종적으로 검토한다. 또한 평가시기를 정한다. 실천현장에서 첫 회기인 오리엔테이션에 사전평가인 경우가 많은데 이는 바람직하지 않다. 집단성원이 확정되면 집단의 시작 전 클라이언트의 욕구사정 단계에서 실행하는 것이 바람직하다.

2) 초기 단계

(1) 특성

초기 단계의 특성은 2단계로 나누어 볼 수 있다. 초기 1단계는 욕구사정이다. 개별 성원과의 일대일 사전면담과 집단면담을 통해 이루어진다. 집단에 대한 기대, 집단에서 달성하고자 하는 것들을 탐색하고 자료를 수집한다. 이를 통해 집단지도자는 집단의 욕구를 사정하고 구체적인 목표를 설정한다.

초기 2단계는 본격적인 회기의 시작 단계이다. 새로운 희망과 더불어 긴장이 생기고, 탐색전이 벌어진다. 낯선 사람들과 만남은 긴장을 높이고, 보이지 않는 촉을 발동시켜서 상대방을 탐색한다. 탐색의 중요한 대상에는 집단지도자도 포함된다. 집단지도사와 아는 사이라면 긴장감이 다소 낮아질 수 있겠지만 그렇지 않은 경우라면 긴장감이 매우 높아질 것이다. 이때에는 보이는 조건들이나 외형들로 일시적인 집단리더가 발생하기도 한다. 나이가 많은 사람이 집단의 리더로 추대되거나 스스로 자처하기도 한다.

(2) 개입전략과 기술

초기 단계에서 주로 사용해야 하는 전략과 기술은 다음과 같다.

① 집단성원-집단지도자/집단성원 간 긴장감 완화하기: 집단의 첫 회기에는 집단성원만 긴장하는 것이 아니다. 집단지도자도 역시 긴장감과 불안감을 가진다. 집단지도자는 자신의 감정을 솔직하게 표현하면서 다른 성원들의 긴장감이 자연스러운 것임을 느끼게 한다. "서로를 둘러보면서 지금 이 순간 어떤 느낌이 드는지요?", "집단에 오기 전 어떤 생각이 가장 많이 드셨나요?" 등으로 솔직한 감정을 드러낼 기회를 준다.

② 집단성원 소개하기: 집단성원들이 자신을 소개할 기회를 준다. 별칭 짓기나 일반적인 자기소개보다 현재 상황이나 감정을 표현할 수 있는 소개의 방식을 선택해 본다. 가령 예를 들어 자신의 핸드폰에서 자신을 가장 잘 표현한 사진 3개로 자신을 소개하기 등이다. 이를 통해 자연스럽게 현재의 관심사, 감정, 활동들을 공유하며 이야기를 나눌 수 있는 분위기를 만든다.

③ 프로그램 안내하기: 프로그램 대략의 내용은 사전 단계에서 소개되었지만, 구체적인 회기별 프로그램을 안내함으로써 집단성원들이 전체 프로그램에 대한 그림을 그릴 수 있도록 한다. 회기별 소개를 담은 안내지를 전달하는 것도 도움이 된다. 다만 이때 집단지도자가 이야기를 많이 하게 되면서 강의식으로 전달되지 않도록 유의해야 한다.

④ 집단의 목표를 향한 기대감: 집단에 대한 긴장감과 더불어 집단에 대한 기대감도 나눌 수 있는 시간을 가진다. 집단에서 어떤 성장을 기대하는지, 무엇이 변화되고 싶은지를 이야기하되, 막연한 목표보다 집단에서 변화를 감지할 수 있는 구체적인 목표가 될 수 있도록 돕는다.

⑤ 규범과 규칙 정하기: 집단의 규범은 집단에서의 성장과 변화를 효과적으로 촉진하기 위한 일반적인 행동지침이다. '자신의 감정에 대해 말하기', '자신에 대해서 또는 타인에 대해서 진솔하게 표현하기', '적극적으로 경청하기' 등이 예가 될 수 있다. 집단의 규칙은 규범보다 좀 더 명확하고 특별한 이유가 없다면 반드시 지켜야 한다. 집단의 규칙은 지도자가 정하기보다 집단성원이 의논해서 자발적으로 정할 수 있도록 한다. '지각하지 않기', '핸드폰 사용하지 않기', '시간을 독점하지 않기' 등이 예가 될 수 있다.

⑥ 의도적인 소통 촉진: 집단의 초기에는 집단성원 간에 긴장감이 해소되지 않은 상태이고, 서로에 대한 탐색기이기 때문에 질문이나 자신의 표현이 잘 이루어지지 않을 수 있다. 집단지도자는 이때 다음과 같은 질문들을 통해 의사소통과 상호작용을 촉진할 수 있다. '○○의 이야기를 들으면서 어떤 느낌이 드는지요?', '○○의 이야기를 들으시면서 고개를 끄덕이셨는데 어떤 점에서 공감하셨는지요?', '지금 말한 ○○의 이야기에 대해서 해주고 싶은 이야기가 있을까요?', '○○의 이야기를 듣고, 본인과 어떤 점에서 비슷하고, 다르다고 여겨지나요?'

⑦ 자기개방, 자기노출의 부담 덜어주기: 자기개방은 집단성원들이 신뢰가 형성될

때 가능하다. 집단성원 중의 한 사람이 초기에 자기개방을 많이 한 경우 집단지도자로서는 자칫 자기개방의 물꼬를 터준 것 같은 성원에 대해 지나치게 긍정적으로 반응할 수 있다. 이러한 반응은 다른 성원들에게 자신들도 개방을 해야 할 것 같은 부담을 준다. 자기개방을 조절하는 주체는 집단성원 자신이지만 집단지도자이기도 하다. 집단성원이 자신이 할 수 있는 만큼 개방하도록 안내를 해야 한다.

⑧ **비자발적인 성원 다루기**: 비자발적인 성원이라고 욕구가 없는 것이 아니다. 다만 집단에의 참여 자체가 통제되고 자율성을 상실했다고 느끼는 불편함 감정이 더 크기 때문에 저항의 형태로 침묵, 지각, 불평, 공격적 언어 등이 표출될 수 있다. 집단지도자는 그러한 저항이 집단지도자 개인을 향한 것이 아님을 분명히 알아야 한다. 비자발적인 성원의 표출되는 감정을 이해해 주고 진정으로 공감해 준다. 그리고 어쩔 수 없이 참여해야 하는 일정 시간, 책임이 주어진 것이라면 집단이 종결될 때까지 부정적인 태도를 유지하며 시간을 낭비할 것인지, 아니면 집단에서 자신이 원하는 바를 찾아가며 의미 있는 시간으로 만들 것인지를 스스로 선택하게 한다.

3) 중기 단계

(1) 특성

초기 단계의 탐색이 끝나고 긴장감이 완화되면 중기 단계에서는 집단성원들의 서로에 대한 개방감과 신뢰감이 높아진다. 이에 따라 자기노출의 양도 많고 질적으로도 심화된다. 이러한 과정을 거쳐 집단의 응집력이 생긴다.

집단의 응집력은 한마디로 집단소속감이라고 할 수 있다. 수용과 집단에 대한 헌신을 통해 집단성원들은 집단에 매력을 느끼게 된다. 집단성원들은 자신들이 의미 있는 집단에 소속되었다고 느낄 때, 그들은 다른 성원들과 집단의 규범에 영향을 받게 된다. 집단성원들이 상호지지를 제공할 때 집단은 인간의 기본적인 욕구인 소속감을 충족시켜 준다. 때로 이러한 소속감은 사회적 굶주림이라고 표현된다 (Northen, & Kurland, 2006). 응집력이 생긴 집단성원은 집단활동 시간을 기대하고, 적극적으로 활동에 임하며, 문제해결에 집중한다. 서로의 지지적 관계로 집단에서의 충만한 느낌을 가지며 집단이 자신의 삶에 소중한 부분으로 여겨진다.

중간 단계에 출현하는 것 중의 하나가 하위집단이다. 초기 단계에서도 하위집단의 출현이 생길 수 있으나 이때는 외형적인 조건, 즉 나이, 성별, 사회적 조건들의 유사성이나 호감 정도로 하위집단의 경계가 뚜렷하지 않다. 그러나 집단의 성장과 더불어 동맹관계가 견고해지는 하위집단은 전체 집단과 관계하는 방식에서 순기능으로 작동할 수도 있지만, 갈등을 유발할 수도 있다. 또한, 하위집단 내의 성원 간의 관계도 건강하지 않은 동맹으로 맺어져서 하위집단 자체를 해체하는 것이 바람직할 수도 있다. 이때 집단지도자는 소시오그램을 통해 집단성원들의 관계질을 파악하고, 의도적으로 하위집단 구성원을 분리하는 활동을 계획하는 것도 생각해야 한다.

하위집단의 출현과 더불어서 핵심 리더도 출현할 수 있다. 핵심 리더는 집단성원들의 존경과 신뢰를 받으므로 인정받고 집단을 이끈다. 그러나 때로는 핵심 리더가 권력 관계를 이용해서 자신이 원하는 방향으로 집단을 이끌고자 하거나 자신과 갈등관계에 놓여 있거나 권력이 충돌하는 성원과 긴장감을 일으키기도 한다. 이때 집단지도자는 핵심 리더의 역할과 지위를 인정하되 핵심 리더가 자신을 성찰하고 성장할 수 있도록 지원하고 때로는 개별 면담을 통해 핵심 리더의 영향력이 긍정적으로 작용할 수 있도록 돕는 역할을 수행해야 한다.

중간단계의 가장 중요한 과업은 문제해결이다. 집단의 역동성, 응집력, 하위집단, 상호적 의사소통의 수준 증가 등으로 발생하는 긍정적인 힘이 문제해결에 집중될 수 있도록 한다. 간혹 집단성원 간의 친밀감이 커지게 되면 친목집단으로 변질될 수 있다. 집단은 목적을 가지고 이를 달성하기 위해 활동하는 것임을 집단성원들에게 상기시켜 주면서 긍정적인 힘들이 문제해결에 투입될 수 있도록 한다.

(2) 개입전략과 기술

중간 단계에서 실행할 수 있는 집단지도자의 개입전략과 기술은 다음과 같다.

① 모방학습을 촉진하기: 집단에서 집단지도자와 집단성원은 자신의 모습을 비춰주는 거울 역할도 하지만 집단지도자와 집단성원 자체가 모델링이 되어 모방학습이 가능하게 한다. 집단에서 자신의 이야기를 어떤 식으로 얼마나 개방하고 또 어떻게 반응해야 하는지 알지 못할 경우, 집단지도자가 교육하지 않아도 집단지도자나 집단성원의 반응 자체가 모델링이 되어 모방학습이 이루어진다. 집단성원의 자기개방과 실험을 통한 변화를 관찰하면서 자신도 그러한 시도를 할 수 있는 모방학습 효과가 일어날 수 있도록 집단지도자는 관찰을 통해 촉진하는 역할을 수행한다(김영경, 2018).

② 갈등 해결하기: 집단은 사회의 축소판이다. 당연히 집단성원 간에 드러나는 혹은 드러나지 않는 갈등이 발생한다. 갈등이 표면으로 드러날 경우, 이를 회피하거나 급히 무마하는 것은 바람직하지 않다. 이 갈등이 왜 발생하게 되었는지 집단성원들과 공개적으로 논의하는 장을 마련해서 서로의 의견을 나누는 시간을 가진다. 드러나지 않는 갈등이나 감정의 골 등이 깊어지지 않도록 집단지도자는 집단성원들의 반응과 감정을 알아차리는 것에 민감해야 한다.

③ 집단역할에 변화를 주기: 집단성원은 집단에서 공식적 혹은 비공식적 역할을 수행한다. 집단리더, 중재자, 희생양, 외톨이, 광대 등이 그것이다. 집단리더는 초기에는 나이나 사회적 지위로 리더가 세워지다가 집단이 성장하면서 자연스럽게 집단의 존경을 받고, 헌신하는 사람이 리더의 역할을 수행한다. 그

러나 때로 이 리더의 역할과 책임을 다른 성원들에게 부여하여, 새로운 경험을 제공하는 것도 의미가 있다. 역할이 고정되고, 해야 할 책임이 명확해질 때 집단은 안정적일 수 있으나 때로는 변화를 수용하지 못하고, 다양한 경험을 할 기회를 놓친다. 무엇보다 역할의 변화가 필요한 것이 희생양, 외톨이, 광대이다. 희생양은 집단 내에서 소외되고 무시되는 사람이거나 혹은 스스로가 집단에서 자신을 거부하게끔 행동한다. 문제를 일으키거나 때로는 집단이 갈등의 원인으로 지목된다. 그러나 희생양이 생기는 것은 집단이 진정한 문제를 숨기고 희생양에게 문제를 전가하거나 희생양 스스로 해결되지 않은 문제를 표출하는 방법이기도 하다. 외톨이와 희생양이 일치할 수 있으나 외톨이가 반드시 희생양은 아니다. 때로는 외톨이는 아니지만 자신의 의견을 전혀 피력하지 않고, 존재감 없이 있는 듯 없는 듯한 잊혀진 성원(lost member)이 있을 수 있다. 집단지도자는 잊혀진 성원이 자신의 목소리를 낼 수 있도록 격려하고, 잊혀진 성원의 작은 변화나 반응 등을 알아차리고 반응을 해준다. 광대는 집단의 초기에 긴장을 완화하고, 분위기를 활력 있게 만든다. 그러나 그 역할이 고정될 경우 진지하게 자신의 내면을 드러내는 것이 어색해지고, 심각한 자신의 문제도 희화할 수 있는 위험이 있다. 대수롭지 않게 학대경험을 이야기하거나 가정폭력의 상황을 농담조로 이야기할 때 그 당시의 감정이 진정으로 그러했는지를 탐색하게 해서 표현과 감정이 일치할 수 있도록 돕는다.

④ 직면하기: 집단이 중반으로 들어서면 갈등이 발생하게 되고, 이를 직면해야 하는 상황이 오게 된다. 많은 사회복지사들은 한 성원을 직면하는 것을 그 사람을 파괴시키는 것과 같은 뜻으로 보기도 한다. 하지만 직면에 대한 그러한 관점은 근거가 없는 것이다. 직면은 공격적이거나 파괴적일 필요는 없다. 직면은 한 성원이나 집단 전체가 현재 발생하는 일, 특히 일치하지 않는 행동이나 자신과 타인에 대한 파괴적인 행동을 중지하고 바라볼 수 있도록 하는 데 그 목표가 있다. 직면이 냉혹할 필요는 없다. 사회복지사는 직면할 때 직접적으

로, 부드럽고, 공감을 갖고, 정중하게, 지지적으로 할 수 있다. 앨리스 오버톤(Alice Overton)과 캐서린 팅커(Katherine Tinker)는 이러한 직접적이면서 부드러운 도전을 가리켜 직면은 '어깨에 팔을 두르고' 일어날 수 있는 것이라고 하였다. 직면은 사회복지사 한 사람만이 활용하는 것이 아니다. 특히, 갈등이 집단에서 발생할 때는 성원들이 서로 직면을 한다. 집단성원들이 서로에게 파괴적인 방법으로 직면하면 사회복지사는 이를 자제시키는 행동을 취할 수 있다. 직접적인 직면이 때로 어려운 것이기는 하지만 직면의 근본적인 의도와 직면을 통해 생각해볼 수 있게 하는 것 자체가 집단성원들로 하여금 갈등영역과 성원 간의 차이점을 점검하고 탐색할 수 있도록 돕는다(Northen, & Kurland, 2006).

⑤ 전이와 역전이 다루기: 집단에서도 전이와 역전이는 일어난다. 전이는 집단성원이 집단지도자에게, 혹은 집단성원 간에 이전의 관계 경험과 느낌으로 상대방을 대하는 것이다. 예를 들어 집단성원 중 자신의 어머니와 심한 갈등 관계나 성장과정에서 문제가 빈번했던 경우에, 집단지도자나 성원 중의 한 명이 자신의 어머니와 비슷한 연배이면서 말투나 행동에서 유사한 점을 느낄 때 부정적인 감정을 갖게 되는 경우이다. 전이가 발생했을 때, 집단지도자는 이를 알아차리고 전이의 부정적인 감정을 토로하고 해소할 기회를 주어서 부정적인 감정이 심화되지 않도록 한다.

4) 종결 단계

(1) 특성

종결이 다가오면 집단성원들은 초기 단계의 불안과 희망의 감정이 공존하는 것과 같이 양가감정을 느끼게 된다. 집단지도자는 집단을 떠나는 불안을 다루면서 동시에 집단성원이 성취한 것들이 집단 후에도 유지될 수 있도록 격려한다.

집단의 종결이 모든 성원에게 성공적인 경험이 되지 않을 수도 있다. 그러나 이때 미처 다루지 못했던 문제, 성공적이지 못했던 이유 등에 관해 이야기를 나누며 마무리를 하는 것이 바람직하다. 비록 집단에서 자신이 원하는 목표를 달성하지 못하였고, 기대가 충족되지 못하였다 하더라도 그 문제를 솔직하게 직면하고 성찰할 때에 그것 자체가 성장의 경험이 될 수 있다. 그리고 후속적으로 문제를 다루기 원하는 집단성원의 욕구를 반영하여 가능한 경우라면 개별 면담이나 후속 집단과정을 계획할 수 있다.

(2) 개입전략과 기술

종결 단계의 개입전략과 기술은 다음과 같다.

① 종결의식 준비하기: 집단의 종결 시기가 다가오면 2~3회기 전에 집단성원들에게 알린다. 그리고 종결을 의식(ritual)으로 치름으로써 공식화하고, 내면으로 수용할 수 있도록 한다. 의식의 방법은 집단성원들이 자율적으로 준비함으로써 준비과정 자체로 종결을 내면적으로 수용할 수 있는 마음의 준비를 시킨다.

② 집단성원들의 변화를 지지하고, 성취한 것을 상기시키기: 집단 초기에 성원들이 세웠던 목표가 얼마만큼 달성되었는지를 점검하게 한다. 이를 통해 자신의 변화를 스스로 알아차리고, 확인하는 시간을 가진다. 자신의 변화에 대해서 긍정적으로 받아들이고, 이를 유지하기 위해서 어떻게 할 것인지에 대한 미래계획을 세우도록 한다. 성원 간에도 서로의 변화에 대해 긍정적으로 지지하는 시간을 가진다.

③ 집단을 떠나는 희망과 불안의 양가감정 다루기: 집단에서의 성공의 경험은 희망

을 촉진한다. 그러나 집단을 떠나 홀로서기를 하는 집단성원은 동시에 불안감을 느낀다. 이러한 감정을 서로 표현할 기회를 제공한다. 그리고 그 감정들이 지극히 자연스러운 것임을 서로 확인하고 수용한다.

④ 집단의 효과성 평가하기: 효과성은 집단의 목표가 달성되었는지를 점검하는 것이다. 대부분 기관에서 집단의 효과성을 만족도 조사로 대체하는 경우들이 많으나 만족도 조사는 집단의 효과성과 상관관계는 높을지라도 집단의 효과를 단적으로 설명한다고 볼 수 없다. 초기에 설정한 집단의 목표에 맞게 측정방법이 집단 시작 전에 계획되었으므로 집단활동 전 · 후의 변화를 양적, 질적으로 제시해야 한다. 장애아동과 비장애아동의 통합 집단프로그램에서 쌍방의 긍정적인 상호작용이 중요한 목표라면 상호작용의 수치 세기, 사회적 관계망 등의 양적인 변화로 제시할 수 있다. 또는 장애 · 비장애아동과의 인터뷰, 집단활동의 관찰일지 등을 통해서 질적으로의 변화를 제시할 수 있다. 소감문을 통해 질적인 평가를 시도한다면 소감문의 형식을 자유롭게 기재하도록 하기보다 구체적인 질문 3~4가지를 제시한다. 초등학생들의 경우 2~3줄로 간략하게 기술하는 경향이 있으므로 소감문의 질문에 대한 답글 형식으로 소감문을 쓰도록 하면 자신의 변화를 구체적으로 기술할 기회가 될 수 있다.

⑤ 의뢰: 집단에서 다룰 수 있는 문제의 양과 수준은 한계가 있다. 집단성원들이 집단의 발달과정에서 심각한 자신의 문제를 새롭게 노출하거나 종결 단계에서 또 다른 전문적 개입의 요구를 표현하고 이에 대한 개입이 필요하다고 판단된다면 원조를 해야 한다. 집단지도자가 개별적으로 다룰 수 있는 문제라면, 클라이언트의 의사를 물은 후에 새로운 개입의 국면으로 들어갈 수 있다. 그러나 기관의 서비스나 집단지도자가 개입하기 어려운 성격의 문제라면 다른 기관에 의뢰해야 한다.

5) 집단에서 발생하는 문제들에 대한 대처

(1) 다루기 힘든 성원의 발생

집단에서 다루기 힘든 성원의 유형은 혼자 대화를 독점하는 경우, 다른 성원들에게 조언이나 선부른 위로를 하는 경우, 시종일관 침묵하는 경우, 비자발적으로 참여한 경우들이다.

① **대화를 독점하는 성원:** 제일 먼저 이야기를 하고, 지나치게 길게 이야기하며, 모든 주제에 끼어드는 성원이다. 침묵을 견디지 못해서 적절한 이야기의 주제가 아님에도 말을 해서 다루는 주제를 벗어나게 하거나 다른 성원들의 말할 기회를 자꾸 빼앗아 오히려 입을 닫게 만든다. 초기에는 침묵을 깨고 집단에 활력을 주는 것처럼 보일 수 있으나 지속될수록 집단성원을 지치게 만든다. 이럴 경우 강제적으로 독점하는 성원을 자중시키거나 자발성을 꺾는 것은 바람직하지 않다. 이 집단성원이 말을 많이 하도록 놔두는 집단성원의 태도를 돌아보게 하는 것이 필요하다. 집단성원에게는 집단성원의 반응을 자각할 수 있도록 직면을 통해 자신의 에너지를 효율적으로 사용하는 방법을 모색하게 한다.

② **불평하는 성원:** 문제를 제기하거나 불평하면서 방법 찾기를 원하는 것 같으나 이를 제공할 경우 오히려 거부하는 모습을 보인다. 관심을 가지고 방법을 모색하면서 에너지를 쏟아보지만, 불평자의 불평은 줄지 않고 지속된다. 이로 인해 집단지도자나 집단성원도 지루해하고 지치게 된다. 얄롬(Yalom, 2008)은 불평자들에게 충고나 격려를 하기보다 오히려 그들의 염세적 내용에 동의하는 모순적 자세를 취하라고 한다. 예상하지 않은 반응을 보일 때 사람들은 멈칫하게 되고, 생각하게 되기 때문에 새로운 관점에서의 방법들을 시도해 보길 권한다(김영경, 2018).

③ 침묵하는 성원: 침묵하는 데에는 여러 가지 이유가 있을 수 있다. 두려움, 자의식, 성격상 조용한 경우, 생각하는 중이어서, 집단에 대한 흥미나 관심이 없는 경우들이다. 침묵을 무조건 부정적으로 봐서는 안 된다. 침묵하면서 자기 생각을 정리하고 이해하는 과정일 수 있기 때문이다. 다만 지속해서 침묵하는 경우에는 그 침묵의 이유를 다룰 수 있는 시간을 주는 것도 좋은 방법이다. 침묵하는 성원을 유심히 관찰하면서 반응이나 표정 등의 비언어적인 반응을 포착해서 이야기할 기회를 얻게 해준다.

(2) 집단성원의 중도탈락 후 남은 집단성원에 대한 관리

집단성원 중의 한 명이 특별한 이유 없이, 설명 없이 중도탈락을 하게 되면 프로그램 담당자인 사회복지사나 남은 집단구성원들은 다양한 감정을 경험하게 된다. 특히 집단에서 중요한 역할을 맡고 있었던 인물일 경우에는 더욱 그러하다. 이렇게 되면 집단사회복지사나 구성원들은 속으로 많은 질문을 하게 된다. '이 집단이 본인에게 도움이 되지 않았나? 아니면 내가 상처 주는 말을 했나? 내가 무능해서 나에 대한 신뢰가 없어서 집단을 떠났나? 집단성원 간에 내가 모르는 갈등이 있었나?'

초보 집단지도자의 경우에는 더욱 그러할 것이다. '중요한 인물이 나갔는데 남아 있는 사람들의 상실감을 어떻게 하지? 남아 있는 사람들이 이 집단의 중요성을 평가절하하게 되면 어떡하지? 내가 무능하게 보일 것 같은데? …' 그러나 자의적인 해석이나 자책은 아무런 도움이 되지 않는다. 이때 초보 사회복지사들이 하는 실수 중의 하나는 집단성원의 중도탈락에 대해시 구체적으로 다루지 않고 흐지부지 넘어가는 것이다. 그러나 이 문제를 꼭 다루어야 한다. 왜 떠났는지는 모르지만 떠나므로 인해서 집단성원은 어떤 감정이 드는지, 집단은 그(그녀)가 없으므로 어떻게 변화를 주어야 할지를 말이다.

(3) 중도탈락한 성원에 대한 관리

중도탈락한 사람은 여러 가지 이유에서 집단을 떠나나 일단 집단이 떠난 집단 성원에게 중요하지 않다는 것을 수용하고 인정해 줘야 한다. 집단을 임의로 떠났기 때문에 내면의 죄책감을 동반한 부담감을 가질 수 있다. 중도탈락한 클라이언트에게 개별적으로 연락하거나 만나서 떠나는 이유를 묻고, 수용해 준다. 만약 집단에 다시 합류하는 것이 클라이언트의 성장에 도움이 된다고 판단할 때는 적극적으로 다시 복귀시키려는 노력도 기울여야 한다. 그러나 최종적인 선택은 클라이언트의 몫이다. 다만 클라이언트가 언젠가 다시 서비스를 받을 수 있는 상황에서 중도탈락이 심리적 걸림돌이 되지 않도록 관계 형성을 하는 것이 필요하다.

(4) 예산삭감

기관 자체사업비로 운영되든 외부기관의 지원으로 운영되든, 집단을 운영하는 데에는 비용이 발생한다. 기관에 소속된 집단사회복지사의 경우 인건비는 발생하지 않지만, 외부 강사 초빙, 외부활동, 장소 대여, 캠프, 식사, 이동 등의 예산이 발생한다. 대부분 기관에서는 외부재단의 지원일 경우에 집단활동의 예산을 충분히 잡는다. 그러다가 1년 혹은 3년 후에 외부지원을 받지 못하게 되면 집단활동을 접는 경우들이 많다. 클라이언트와 지역사회에 좋은 영향력을 주던 집단활동이 예산삭감이나 지원이 끊김으로 중단되는 것은 안타까운 일이다. 그러므로 외부지원을 받는 동안에 기관은 예산지원이 없이도 집단활동을 유지할 수 있는 생존 혹은 출구전략을 마련해야 한다.

(5) 집단지도자의 부재와 교체

담당자의 이직, 인사발령, 실책으로 인해 담당자가 교체된다. 담당자의 교체로 가장 큰 타격을 받는 것은 집단성원들이다. 이직이나 인사발령이면 2~3주의 시간을 가지면서 집단성원과 이별을 예고하고 준비해야 한다. 실책이나 개인신상의 문제로 갑자기 기관을 떠날 때는 새로운 집단지도자는 집단성원들에게 상황을 솔직하게 설명하고, 집단지도자에 대한 감정 등을 서로 나눌 수 있는 시간을 제공한다.

(6) 코로나19 팬데믹과 같은 재난

전 세계를 강타한 코로나19 팬데믹은 모든 종류의 사회복지기관 프로그램을 마비시켰으며 집합활동의 사회적 제한으로 집단활동은 중단의 위기에 놓였다. 일정 정도의 비대면 활동의 적응기를 거쳐서 기관마다 창의적인 비대면 집단활동을 선보임으로써 사회복지서비스를 다각화하는 데에는 어느 정도 이바지했다. 비대면 집단활동과 대면 집단활동의 성과를 비교하기는 어렵다. 대면이 가능하다면 굳이 비대면 활동을 할 필요는 없으나 앞으로 다시 닥칠지 모르는 팬데믹 상황에서 효과적이고 효율적인 비대면 집단활동을 체계화할 필요도 있다.

13

CHAPTER

사회복지실천 기록과 평가 기술

1. 사회복지실천 기록

2. 사회복지실천의 평가

13 CHAPTER 사회복지실천 기록과 평가 기술

1 사회복지실천 기록

1) 사회복지실천 기록의 목적과 기능

사회복지실천의 책임성과 전문성이 강조되면서 사회복지사들의 기록은 점점 중요한 업무로 자리 잡고 있다. 그러나 과중한 업무를 수행하는 사회복지사들은 실천과정과 내용을 기록하고 문서화하는 작업이 부담스럽고 어려울 수 있다. 그럼에도 불구하고, 사회복지실천현장에서 기록은 사회복지사의 지속적인 자기 성찰과 클라이언트의 삶과 개입에 대한 성찰, 그리고 실천과정에 대한 검토와 평가를 위해 필요하다(서혜석 외, 2017).

사회복지실천 기록에 대한 정의는 다음과 같다. 사회복지실천 기록은 클라이언트가 호소하는 문제와 문제사정과 개입, 개입과정에서의 관련 정보들을 기록하는 과정이다. 또한 클라이언트의 현재 상황에 영향을 미치는 사회적, 경제적, 신체 및 심리적 요인들을 기록하고, 서비스 종료 또는 타 기관으로의 의뢰를 위한 절차들을 문서로 기록하는 것을 의미한다(Barker, 1995; 백은령 · 이은미, 2020). 사회복지실천과정과 관련해서는 초기 단계에서 면접지를 작성하는 것부터 사정 단계에서 정보를 수집하고 계약서를 작성하며, 개입 단계에서의 목표달성 및 클라이언트의 변화과정, 사례종결을 위한 기록 등 전 과정에서의 내용들을 기록하고 문서화하는 것을 의미한다(서혜석 외, 2017).

사회복지실천에서 기록이 활용되는 다양한 목적과 기능을 살펴보면 다음과 같다(백은령 · 이은미, 2020; 도광조, 2021).

① **개입을 위한 기초자료 제공**: 대부분 클라이언트의 문제와 욕구는 대화를 통해 파악되기 때문에 이러한 내용들은 기록을 통해 문서화하는 작업이 필요하다. 기록은 클라이언트의 문제와 서비스 지원의 이유를 포함할 뿐만 아니라 클라이언트의 상황과 욕구에 대한 사정과 개입방향 등을 포함한다. 따라서 기록을 통해 클라이언트의 문제와 욕구를 파악할 수 있고, 개입을 위한 기초자료 확보 및 서비스 지원 요건 등을 확인할 수 있다.

② **서비스 제공과정 및 활동에 대한 근거자료 제공**: 기록은 초기면접부터 종결까지 클라이언트와 관련된 다양한 정보와 활동에 대한 정보들을 포함하고 있다. 이러한 정보 기록은 서비스 과정에 대한 정당성을 확보할 수 있고, 외부기관 자문이나 법적 소송 등에 대해서 실천활동에 대한 증빙자료로 활용될 수 있다.

③ **사례에 대한 서비스 지속성 확보**: 사회복지사 또는 기관의 부득이한 사유로 사례를 다른 사회복지사나 기관으로 의뢰할 때 기록을 통해 사례에 대한 진행과정을 파악할 수 있어 서비스의 지속성을 보장할 수 있다.

④ **원활한 전문적 공조체계 구축**: 서비스 전달에 있어서 다양한 분야의 전문가와 함께 일할 때 기록은 전문직 간 공조체계를 원활하게 해준다. 또한 기록은 다양한 전문가들로 구성된 팀의 집단결속력을 강화하는 자원을 제공하고, 전문

가 개인의 노력을 조정할 수 있도록 돕고, 새로운 정보를 만들어 낸다.

⑤ 클라이언트와 사회복지사 간의 의사소통 도구: 사회복지사는 클라이언트와 관련된 정보들을 기록함으로써 클라이언트와 정보를 공유하고 의사소통을 촉진할 수 있다.

⑥ 슈퍼비전 및 교육과 훈련을 위한 근거자료: 클라이언트와의 면접 내용을 축어록으로 만들어 기록함으로써 슈퍼비전이나 학생 대상 교육을 위한 자료로 활용할 수 있다. 기록의 형태나 내용 외에도 개인의 느낌이나 감정보다 객관적인 사실과 분석 내용을 중심으로 기록하는 것에 대해 배울 수 있는 기회가 된다.

⑦ 연구조사를 위한 근거자료: 기록은 연구조사나 통계보고서 작성을 위한 기초자료로 활용된다.

⑧ 서비스 모니터링과 평가 도구: 클라이언트 및 실천에 대한 기록은 서비스 목표와 계획에서 변화를 필요로 하는 부분들을 보여주며, 서비스의 효율성과 효과성을 평가하는 데 유용하게 활용될 수 있다.

⑨ 실무와 행정상의 결정을 위한 정보 제공: 기록은 자원분배에 대한 결정, 서비스에 대한 비용청구, 프로그램 실행을 위한 재원확보 등의 기초자료로 활용될 수 있다.

2) 사회복지실천 기록의 내용

사회복지실천의 기록은 전문직의 책임성과 효율성, 사적 권리의 상충되는 목표를 달성해야 하는 상황에서 서비스 중심적이고, 서비스의 근거, 내용, 결과를 기록하는데 초점을 두어야 한다(도광조, 2021). 따라서 기록은 초점이 분명하고 명확해야 하며, 서비스 결정과 실천의 방법과 이유, 결과를 보여주는 정보에 초점을 맞추어야 한다. 클라이언트와 서비스를 중심으로 하는 사회복지실천의 기록에 포함되어야 하는 기본 내용은 다음과 같다(Kagle, 1991; 김혜란 외, 2006 재인용; 도광조, 2021).

- 인구학적 특성에 포함되는 내용: 이름, 주소, 생년월일, 성별, 교육수준, 가족구성, 직업, 수입, 종교, 결혼상태 등

① 클라이언트의 인구학적 특성: 클라이언트의 특성은 클라이언트와 가족에 의해 보고되는 정보와 공공서류, 서비스 기록에 있는 정보에 기초하여 기록한다(손광훈, 2009; 서혜석 외, 2017).

② 서비스를 제공하는 이유: 서비스 제공에 대한 이유를 기록함으로써 클라이언트의 욕구와 문제, 서비스에 대한 잠정적인 이해를 도모할 수 있다. 또한 클라이언트가 다른 기관에서 의뢰된 경우, 의뢰된 경로나 이유, 현재 문제와 서비스 욕구에 대한 내용을 기록한다.

③ 클라이언트의 현재 및 과거에 대한 정보: 클라이언트의 문제나 욕구를 역사적, 생태학적 맥락에서 이해하기 위해서 클라이언트의 현재 상황과 과거에 대한 정보(사회력)을 기록한다. 간략한 사회력은 클라이언트의 상황을 이해하는 데 필요한 개인적 · 대인관계적 · 사회적 · 환경적 정보를 제공할 수 있다. 사회력에 공통적으로 포함되는 정보는 다음과 같다(Sheafor et al., 2010).

- 클라이언트 가족배경과 현재 가족의 구성(가족력)
- 신체기능, 건강상태, 장애, 영양, 질병, 의료상태
- 교육적 배경, 최종 학력, 지적 기능
- 심리적 · 정서적 기능
- 종교와 영성

- 대인관계, 중요한 타자와의 관계
- 직업, 소득, 기술
- 강점, 대처방식, 문제해결능력
- 주거, 지역사회, 이웃, 교통수단
- 현재 및 최근의 지역사회와 전문적 서비스 이용

④ **자원과 제약:** 클라이언트의 문제해결을 위해 필요한 이용 가능한 자원과 장애요인과 같은 자원활용과 제약에 관한 내용을 기록한다.

⑤ **사정:** 클라이언트의 현재 상황, 문제 원인, 개입계획에 대한 사회복지사의 의견을 기록한다. 사정에 대한 기록에서 객관적 사실에 대한 기술과 평가가 혼재되어 있는 것은 잘못된 기록이기 때문에, 있는 그대로의 정보나 설명, 관찰과 분리하여 사회복지사의 평가나 의견을 기록한다. 또한 사회복지사는 전문적 평가를 통해 기록한 내용이 애매모호하거나 비판적인 내용이 많으며, 평가에 대한 근거가 없이 기록하지 않도록 해야 한다. 따라서 사정에 대한 내용을 기록할 때 사회복지사는 자신의 전문적 의견이나 평가뿐만 아니라 관찰내용, 정보 출처, 평가를 뒷받침하는 근거들도 모두 기록하도록 한다(백은령 · 이은미, 2020).

⑥ **서비스에 영향을 미치는 결정:** 클라이언트에게 전달되는 서비스의 종류, 양과 질에 영향을 미치는 중요한 결정들의 특성과 정당성을 기록함으로써 서비스의 효과성, 책무성, 슈퍼비전, 동료검토에 활용할 수 있다. 서비스에 대한 결정은 사회복지사나 클라이언트, 클라이언트의 대리인에 의해 내려질 수 있다. 예를 들면, 아동학대와 같은 위기 상황에서 신속한 결정이 필요한 경우 사회복지사가 서비스 결정을 위해 어떤 행동을 취하였고, 서비스 결정의 근거가 무엇이었는지를 기록하는 것이 필요하다.

⑦ **서비스 목적:** 서비스 목적은 사회복지실천을 통해 무엇을 달성할 것인지에 대

한 것으로 사회복지사와 클라이언트가 어떤 행동을 취할 것인지를 명시한다. 서비스 목적을 작성할 때 명확하고, 성취 가능한 용어로 작성해야 효과적으로 제공되고 기록될 수 있다.

⑧ 서비스 계획: 서비스 계획은 목적을 성취하기 위해 실행되는 행동들을 포함한다. 서비스 계획에 대한 기록에서는 다양한 서비스 선택 사항 중 어떤 서비스를 어떠한 이유로 선택하였는지를 기록하고, 이 과정에서 클라이언트의 역할도 기록한다. 또한 서비스 계획 수행에서 기대되는 이익과 예상되는 위험에 대해서도 기록하고, 클라이언트에게 제공되는 서비스의 유형이나 양과 질에 영향을 미칠 수 있는 요인들도 기록한다(백은령 · 이은미, 2020).

⑨ 제공된 서비스 특성: 개인상담 또는 가족상담과 같은 제공되는 서비스의 유형과 특성들을 기록한다. 이때 기록은 기관의 표준화된 기록양식을 사용한다.

⑩ 중간노트: 계획된 서비스가 시작되면 중간노트로 클라이언트의 상황과 제공된 서비스에 대해 정기적으로 사정하고 기록한다. 중간노트의 목적은 클라이언트의 상황이나 서비스 제공에 관한 새롭거나 부가적인 정보를 기록하고, 서비스의 목적이나 계획을 수정하며, 서비스 종결시기를 결정하고 평가한다. 또한 책무성 수행과 합의된 실천활동을 준수하고 있는지 확인하고, 슈퍼비전, 자문, 동료 검토, 행정적 의사결정을 하기 위한 목적을 가진다. 중간노트는 중요한 사건이 발생할 때 즉시 기록하고, 슈퍼바이저와 다른 관리자에게 보고해야 한다.

⑪ 서비스 재검토: 사회복지사는 중간노트에 사례에 대해 지속적으로 관찰과 사정을 기록하더라도 서비스 재검토를 통해 서비스 결정과 활동에 대한 공식적인 재평가를 기록해야 한다. 서비스 재검토는 슈퍼바이저, 다른 동료, 클라이언트, 클라이언트의 대리인의 의견을 포함한다. 서비스 재검토는 책무성의 목적으로 기록되고, 내용은 날짜, 참여자, 제안점, 결정내용 등을 포함한다.

⑫ 서비스 종결방법과 이유: 사회복지실천에서 종결은 사전에 수립된 계획에 따라

종결될 수 있고, 클라이언트의 결정이나 다른 환경적인 이유로 인해 조기종결 될 수도 있다. 이때, 서비스 종결을 어떻게 할 것인지, 종결 이유 등에 대해 기록한다.

⑬ 서비스 활동과 결과에 대한 요약: 사례를 종결할 때는 그동안의 서비스 활동을 요약하고, 종결 당시의 결과를 기술하는 것이 중요하다. 구체적으로 서비스 개시 이유, 서비스가 제공되는 동안의 클라이언트-상황, 서비스 목적, 계획, 서비스와 클라이언트-상황에서의 중요한 사건들, 종결과정에서의 클라이언트 상황, 서비스에 대한 평가, 향후 서비스를 위한 제안 등을 기록한다.

⑭ 사후 지도: 서비스 종결 이후 사후 지도에 대한 기록은 클라이언트의 현재 상황과 상태, 향후 서비스에 대한 제안 등의 내용을 기록한다.

3) 사회복지실천 과정별 기록

사회복지실천의 기록은 사회복지실천 단계와 수준에 따라 기록 내용이 조금씩 다르다. 이 절에서는 각 실천 단계에서 요구되는 기록 내용들을 소개하고자 한다.

(1) 초기 단계에서의 기록

초기 단계에서의 기록은 사회복지서비스를 요청한 이유, 클라이언트의 특성, 이용 가능한 자원과 서비스 등에 초점을 두어 기록한다. 시작 단계에서 초점을 두고 기록해야 할 내용들은 다음과 같다(엄명용 외, 2013).

① 클라이언트의 특성에 대한 정보를 수집하고 기록한다. 클라이언트 또는 클라이언트의 가족을 확인해 주는 이름, 주소, 생년월일, 직업, 결혼상태, 소득 등과 같은 인구사회학적 정보를 기록한다.

② 사회복지서비스를 개시하게 된 이유에 관한 정보를 기록한다. 서비스는 클라이언트가 직접 찾아와 요청을 하거나 타 기관에서 의뢰되어 개시되는데, 이때 서비스 경로에 따라 서비스를 요청한 측의 서비스에 대한 인식을 알 수 있다. 서비스 개시는 위기 사건이나 응급 상황이 이유가 될 수 있지만, 보통은 지속된 문제가 원인이 되어 개시될 수 있다. 사회복지사는 서비스를 요청한 방법이나 이유 등을 면밀하게 검토하고 기록에 포함하도록 한다.

〈기록의 예〉

A씨는 중학교 2학년인 아들이 잦은 결석과 비행 청소년 친구들과 만남이 잦아지면서 결국 집을 가출하게 되자 도움을 받기 위해 본 기관에 오게 되었다. A씨는 자녀가 집에 다시 돌아오고, 학교에 다닐 수 있도록 서비스를 요청하였다. 면접과정에서 A씨는 남편과 오랫동안 갈등을 겪으면서 이로 인한 스트레스를 자주 아들에게 화를 내면서 풀었다고 말했다.

③ 클라이언트 문제의 현재와 과거에 대한 정보인 사회력을 수집하고 기록한다. 간략한 사회력은 클라이언트와 클라이언트 문제를 이해하는 데 필요한 정보를 기록하고, 광범위한 사회력은 역사적인 선행사건, 반복되는 패턴을 찾는 데 초점을 둔다.

〈사회력에 포함되는 내용〉

- 클라이언트의 성장과정에 대한 정보, 특정 사건이나 경험에 대한 정보
- 과거와 현재의 개인적, 가족적, 문화적 관계에 관한 정보
- 위기사건/ 성적 발달과정
- 알코올 및 약물 남용/ 건강
- 법적 문제/ 정규 및 비정규 교육/ 군 경험, 자원봉사, 직업/ 취미/ 종교
- 이전의 심리사회적 서비스에 대한 기록

출처: 엄명용 외 (2013).

④ 문제해결을 위해 이용 가능한 자원에 대한 정보를 수집하고 기록한다. 클라이언트는 이미 지역사회 내의 자원을 가지고 있을 수 있고, 자신이 인식하지 못하는 심리적 자원을 가지고 있을 수도 있다. 클라이언트가 가진 자원에 대한 정보를 수집하고 기록함으로써 클라이언트는 자신의 상황에 대해 긍정적으로 생각할 수 있다.

(2) 사정 단계에서의 기록

사정 단계에서 사회복지사는 클라이언트가 가진 문제와 관련된 정보들을 의미 있게 만들기 위해 사회복지사가 가진 전문지식을 활용하여 클라이언트의 경험을 분석하고 종합한다. 수집된 정보에 대한 분석과 종합은 문제 발생과 유지에 관련된 요인들과 문제해결을 돕거나 방해하는 요인들을 이해하는 데 도움이 된다. 사회복지사는 환경 속의 인간 관점에서 이론적이고 경험적인 지식을 사용하면서 개인, 가족, 집단, 조직, 환경을 사정한다. 사정 단계에서 초점을 두고 기록해야 할 내용들은 다음과 같다(엄명용 외, 2013).

① 클라이언트 문제에 영향을 주고 문제를 지속시키는 요인들
② 문제해결에 유용한 클라이언트의 강점, 능력, 자원
③ 개입을 위한 문제
④ 개입과정에 포함될 수 있는 사람과 체계
⑤ 변화를 위한 잠재적인 대상과 대상이 변화되지 않을 경우 가능한 결과
⑥ 문제상황의 심각성과 개입 시기
⑦ 개입방법, 전략, 과제, 평가수단, 개입기간

사정 단계에서 좋은 기록을 위해 클라이언트를 위한 결정을 내릴 때 그 결정의

배경과 기준을 명확히 제시하는 체계적인 사정이 기록되어야 한다. 또한 클라이언트의 강점과 위험, 서비스에 영향을 미치는 문화적 요인, 실천분야나 클라이언트-욕구-상황, 개입과 관련된 특화된 사정(예: 정신보건 분야의 DSM을 활용한 사정과 진단)을 포함해서 기록한다.

〈표 13-1〉 사정 단계에서의 기록

좋지 않은 기록	좋은 기록
이재영 씨는 좋은 부모이다.	이재영 씨는 대부분 6시까지 집에 들어와서 아이들 저녁을 챙겨주고 숙제를 봐준다. (구체적 표현)
지연 씨는 정신장애를 겪고 있는 것으로 보인다.	DSM-5에 의하면 지연 씨는 주요 강박장애의 기준을 충족하지는 않지만 스트레스를 받으면 강박장애의 증상을 경험하고 있는 것으로 보인다. (사용된 기준의 공식적 근거 제시)
영호 씨가 술을 끊겠다고 했을 때 가족들은 믿지 않는 것으로 보인다.	영호 씨가 더 이상 술을 마시지 않겠다고 선언하였을 때 아내와 아이들은 바닥을 응시하며 한숨을 쉬고 있었다. (정보 출처) 가족들이 바닥을 응시하고 한숨을 쉬는 비언어적 행동은 영호 씨의 금주하겠다는 말에 동의하지 않는 것을 암시했다. (사용된 기준의 비공식적 언급)

출처: 백은령 · 이은미 (2020). p.63의 표 내용을 재구성함.

(3) 계약 단계에서의 기록

사정과정을 마친 후 사회복지사는 클라이언트와 계약을 하는데 이때 계약내용을 기록하여 보관한다. 계약내용을 기록하는 것은 사회복지사와 클라이언트가 계약의 본질을 재검토할 수 있고, 문제해결과 목표달성을 위해 함께 일하기로 동의한 내용을 서로 명확히 하는 데 유용하다. 계약서에 필수적으로 기록해야 하는 네 가지 요소는 다음과 같다(Compton & Galaway, 1999; 엄명용 외, 2013 재인용).

① 사회복지사와 클라이언트가 함께 달성하고자 하는 목표를 기록한다. 목표는 구체적이고, 관찰 또는 측정 가능한 용어로 기술한다.
② 계약에 대한 사회복지사와 클라이언트의 권리와 의무를 구체적으로 기록한다.
③ 목표 달성을 위해 사용된 기술과 방법들을 기록한다.
④ 면담 시간, 장소와 같은 행정적 절차들을 기록한다.

코노이어(Cournoyer, 2000)는 계약단계의 내용을 기록하기 위한 형식을 다음과 같이 제공하였다(엄명용 외, 2013).

① 문제: 클라이언트가 규정한 문제, 사회복지사가 규정한 문제, 개입을 위한 문제들을 기록한다. 개입을 위한 문제는 클라이언트와 사회복지사가 규정한 문제의 개요와 다루기로 합의한 문제의 개요를 기록한다.

J씨와 나(사회복지사)는 개입을 위해 다음의 문제에 합의하였다.

• 경제적 어려움
• 부부갈등
• J씨와 아이들 사이의 갈등
• J씨 직장에서 해고의 위협

② 최종목표: 사회복지사와 클라이언트가 밝힌 최종목표를 기록한다. 목표는 개입을 위한 활동과 관련이 있어야 하고, 명확하고 구체적으로 기술되어야 하며, 목표달성 정도가 측정될 수 있어야 한다.

J씨와 나(사회복지사)는 개입활동을 위해 다음의 목표에 합의하였다.

- 2개월 이내로 아내와 불필요한 논쟁 빈도를 50% 줄이고, 서로에게 지지적인 대화를 50% 이상 늘린다.
- 2개월 이내로 아이들에게 화를 내고 비난하는 빈도를 50% 줄이고, 최소 주 1회 이상 자녀들과 여가 시간을 보낸다.
- 3개월 이내로 안정된 수입이 보장되는 새로운 직장을 구한다.

③ **계획**: 계획은 접근방법, 과제 또는 행동 단계, 평가계획으로 구성된다. 접근방법은 사회복지사와 클라이언트가 계획한 접근방법에 대한 기록이다. 누가 참여할 것인지, 어디서, 언제, 얼마나 자주 만날 것인지, 얼마나 오랫동안 어떤 과정으로 전개될 것인가와 같은 요소를 기록한다. 클라이언트 또는 사회복지사의 과제 또는 행동 단계는 클라이언트와 사회복지사가 합의된 목표달성을 위해 실행하기로 한 과제 또는 행동 단계를 기록한다. 또한 회기 내에 사회복지사와 클라이언트가 착수하기로 합의한 과제 또는 활동의 개요를 기록한다. 평가계획은 목표를 평가하는 방법과 과정을 기록한다.

최종 목표 달성을 위해 J씨와 나(사회복지사)는 앞으로 3개월 동안 12차례 만날 것이다. 우리의 목적은 최종 목표를 달성하기 위해 함께 일하는 것이다.
J씨는 아내와의 불필요한 논쟁을 50% 줄이고, 지지적인 대화를 50% 이상 늘이기 위해 다음 면접까지 2가지 일을 하기로 동의하였다. (중략)
나는 다음 면접에서 계약서를 만들어서 J씨에게 제공하기로 하였고, J씨가 새로운 직장을 찾아볼 수 있도록 취업 지원 기관 명단을 찾아 제공하기로 하였다.

(4) 개입 단계에서의 기록

개입 단계는 문제해결과 목표달성을 위해 구체적인 개입이 이루어지는 단계로, 이 단계에서의 기록은 개입과정에 대한 내용을 포함한다. 개입 단계에서의 기록에 포함되는 내용은 다음과 같다(Kagle, 1991; 엄명용 외, 2013 재인용).

① 클라이언트와의 활동 또는 클라이언트를 대신한 활동들을 기록한다. 토의된 주제와 결정된 내용 외에도 날짜, 장소, 참석자를 기록하고, 클라이언트의 가족성원, 사회관계망 속의 구성원들, 다른 서비스 제공자들과의 면담 내용을 기록한다.

② 클라이언트와 문제 상황에 대한 새로운 정보를 기록한다. 기록된 정보는 초기 기록과정에서는 수집할 수 없거나 개입 이후 클라이언트와 문제 상황의 변화를 반영하는 정보를 포함한다. 새로운 정보가 이전에 기록된 내용의 수정 또는 개입목표 달성 및 개입계획의 실행과 관련이 있다면 이를 기록한다.

③ 학대와 같은 중요한 사건들은 즉시 기록하며, 동시에 슈퍼바이저나 다른 관리자에게 보고해야 한다.

④ 개입과정에 대한 평가를 기록한다. 사회복지사는 목표달성 정도를 확인할 수 있는 구체적인 지표(예: 표준화된 척도)를 사용하여 클라이언트의 진전을 평가하고 평가결과를 기록한다.

개입과정을 기록하기 위한 형식은 다양하지만 주로 문제중심의 기록형식이 많이 사용된다. 문제중심기록은 문제영역의 규정, 문제에 대한 사정, 각 문제해결을 위한 계획에 대한 서술로 구성된다(Wilson, 1980; 엄명용 외, 2013 재인용). 문제중심기록은 SOAP 형식으로 기록되는데 S(Subjective data)는 문제에 대한 클라이언트 또는 주요 타자의 진술과 같은 주관적 자료를 기록하는 것이고, O(Objective data)는 사회복지사의 관찰과 같은 사실적이고 객관적인 자료를 기록하는 것이다. A(Assessment)는 사정을 의미하고, P(Plan)는 계획을 의미한다.

SOAIGP는 SOAP 형식에서 발전된 문제중심기록으로, 내용은 다음과 같다.

- S(Supplemental): 클라이언트나 가족으로부터 수집된 추가적인 정보
- O(Observations): 클라이언트, 클라이언트 문제, 상황에 대한 사회복지사와 타 기관 직원들의 관찰
- A(Activities): 클라이언트와 사회복지사가 수행한 과제 또는 활동
- I(Impresisons): 목표달성 정도에 대한 사회복지사의 인상, 가설, 또는 평가
- G(Goals): 개입목표 또는 수정된 목표
- P(Plans): 사회복지사와 클라이언트가 해야 할 추가적인 활동 또는 실행 단계를 위한 계획

〈표 13-2〉 개입과정 기록: SOAIGP

S	K씨는 처음 2주간은 도시락 서비스로 배달된 음식을 다 먹었지만 지난 이틀 동안은 식사를 하지 않았다고 했다. 도시락을 먹지 않은 이유는 배가 고프지 않기 때문이라고 하였다.
O	K씨는 지난번 만남 때보다 다소 무기력해 보였다. 그녀는 힘이 없고, 나의 질문에 짧게 대답하였다. 오랫동안 얼굴을 못 본 자녀들에 대해 이야기할 때는 시무룩한 표정을 보이기도 하였다.
A	오늘 만남 중에 K씨와 나는 그녀의 자녀에 대해 이야기를 나누었다. 남편과 사별하고 본인도 늙어가면서 자녀들이 자신을 찾아오지 않는다고 하였다. 이러한 자녀들에게 서운하고 실망스러우면서도 한편으로는 자녀들에게 자신이 짐이 되는 것 같아 마음이 아프다고 하였다. 또한 그녀는 점점 건강도 나빠지고, 이대로 가다가는 독립적으로 생활할 수 없을 것에 대한 두려움이 크다고 하였다.
I	K씨는 시간이 지날수록 외로움과 질병에 대한 두려움이 더욱 커지고 있다. 이러한 심리적 어려움으로 인해 배달된 음식을 제대로 먹지 않고 있다. 처음 수립한 계획 중 심리사회적 지원에 대한 개입에 좀 더 초점을 맞추어서 면접을 진행해야 할 것 같다.

G	이전에 세운 목표를 계속 유지한다.
P	우리는 클라이언트의 과제를 추가했다. K씨는 오늘부터 주1회 "노인 건강 프로그램"에 참여하기로 하였다.

(5) 종결 단계에서의 기록

종결 단계에서의 기록은 서비스 전 과정에서 실행한 활동과 결과를 간결하게 기록하는 것이다. 종결 기록은 클라이언트와 함께한 모든 과정을 평가할 수 있는 기회를 제공하고, 미래의 개입을 위한 방향을 모색할 수 있는 근거자료로서 유용하다. 종결 단계 기록에 포함될 수 있는 내용은 종결 또는 의뢰 이유, 클라이언트와 문제에 대한 재검토, 개입효과에 대한 평가, 향후 서비스를 위한 계획, 사후관리 등이다. 최종기록은 개입의 모든 과정을 재검토해야 하기 때문에 포괄적인 특성이 있다. 종결 단계 기록에 포함될 수 있는 내용은 다음과 같다(엄명용 외, 2013).

① 최종 접촉날짜
② 클라이언트의 이름과 사회복지사의 이름과 직함
③ 서비스 시작일
④ 사회복지사와 클라이언트와의 계약이 성립된 이유
⑤ 합의된 문제와 목표
⑥ 접근방법, 사회복지사가 제공한 서비스 내용, 사회복지사와 클라이언트가 취한 행동
⑦ 진전에 대한 평가와 해결되지 않았거나 달성되지 않은 문제와 목표
⑧ 현재의 문제 상황에 대한 간단한 사정
⑨ 종결하는 이유

4) 사회복지실천 기록의 유형

사회복지실천에 활용되는 기록의 형식은 다양하고, 이 중 어떤 형식을 선택하여 기록할 것인지는 서비스 단계, 기록 목적, 기관의 상황에 따라 다를 수 있다. 다음은 각 기록의 목적과 활용에 따른 기록의 종류를 소개하고자 한다.

(1) 이야기체 기록

이야기체 기록은 클라이언트의 상황과 서비스에 대해 이야기를 하듯이 서술하는 기록방법이다. 즉, 사례의 진행사항을 요약한 보고형태의 기록을 의미한다. 이야기체 기록은 주제와 시간에 따라서 조직되고 재구성된 총괄적 기록에 해당한다. 그러나 다른 기록에 비해 상대적으로 표준화되어 있거나 구조화된 형식을 갖고 있지 않고, 기록의 내용은 면접의 내용을 요약하고 있다.

이야기체 기록은 시간이 적게 들 수 있고, 기록에 융통성을 가지는 반면, 사회복지사의 판단에 따라 정보의 누락이 있을 수 있고, 따라서 초점이 흐려질 수 있다는 단점이 있다. 또한 사회복지사의 논리적이고 객관적인 문장력이 요구된다. 이야기체 기록은 특히 사회력이나 사정과 같은 특정 내용 요소들을 문서화하는 데 효과적이다. 또한 장기간에 걸쳐 개입이 진행되는 경우 이야기체 요약기록이 유용하다.

〈표 13-3〉 이야기체 기록

- **기록자**: 사회복지사
- **면접일자**: 20**/11/20
- **클라이언트 이름**(가명): P씨(남편), J씨(아내)

클라이언트 관련 배경자료
P씨 부부는 모두 79세로 남편이 운전을 하는 동안 자동차 사고를 당하였다. 남편은 왼쪽 다리에 골절상을 당하였고, 아내는 양쪽 다리 모두 골절상을 당하였다. 아내는 또한 오른쪽 시력을 상실하였고, 한쪽 귀의 청력을 상실하였다. 현재 부부는 재활병원에 입원한 상태이다. 사회복지사는 부부와 첫 면접 전에 남편과 아내를 따로 만나 간단한 면접을 진행하였다. 담당 간호사에 의하면 부부는 모두 회복에 대한 염려가 크고, 서로에 대해 걱정하고 있다.
면접 목표
병원 종사자들이 제공할 수 있는 서비스를 확인하고, 강점과 어려움을 평가한다. 부부가 재활병원에 적응할 수 있도록 돕고, 대인관계에 대한 욕구나 긴장, 퇴원 계획 등을 지원한다.
면접내용
내가 병실에 들어갔을 때 아내 J씨는 침대에 반쯤 누워 있었고, 남편 P씨는 아내의 침대 옆 휠체어에 앉아 있었다. 내가 "안녕하세요?"라고 했을 때 J씨는 나를 보고 미소를 지으며 인사를 하였고, P씨는 내 얼굴을 보기 위해 휠체어를 움직였다. 나는 의자에 앉았고, 두 사람이 어떻게 지내는지 알고 싶고, 혹시 이야기하고 싶은 걱정이나 염려가 있는지 알고 싶다고 말하였다. P씨는 바로 자신을 '쇠약하게 만드는' 병원의 저염식 식단에 대해 장시간 불평하였다. 나는 이 문제에 대해 병원의 영양사와 이야기를 나누어 본 적이 있는지 질문하였고, P씨는 여러 번 이야기하였다고 했다. 영양사는 최대한 협조적이려고 노력하였지만 그는 음식이 너무 싫고, 자신의 제한된 식단이 맘에 들지 않다고 하였다. 나는 이 문제를 담당의사와 이야기한 적이 있는지 다시 질문하였다. P씨는 담당의사를 병원에 입원해서 짧게 본 이후 지금까지 본적이 없다고 조금은 모호하게 이야기하였다. 또한 P씨는 자신의 딸이 너무 바빠서 자신들을 도와줄 수 없다고 하였다. 이 병원에 최고의 의료진들이 있기 때문에 이곳에 입원하자고 주장한 사람이 딸이라고 하였으나, 그들은 이곳에 온 지 일주일이 되었지만 의사를 한 번 밖에 보지 못했다고 하였다. 나는 P씨가 따님에게 매우 화가 난 것처럼 보인다고 말했다. 그런데 P씨는 딸에게 화나지 않았다고 하였다. 단지 딸은 "불씽한 여성(자신의 아내를 지칭함)"의 청력 문제를 도와주느라 바쁘다고 하였다. (이후 생략)

의견과 평가
P씨 부부는 내가 찾아온 것에 대해 안심하는 것 같았다. 나는 내가 도울 수 있는 문제들에 대해 부부와 명확히 하였다. 오늘 아내인 J씨는 예리하고, 재치 있으며, 덜 염려하는 것처럼 보인 반면 P씨는 우울해 보였다. 두 부부는 매우 가깝고, 서로에게 지지적인 것으로 보였다. 부부는 그들의 현재와 미래의 상황을 이야기할 수 있는 기회들을 지속적으로 가질 것이라 생각한다. 또한 오늘 만남을 통해 수집한 정보들은 부부의 퇴원 계획을 현실적으로 사정하는 데 매우 유용할 것 같다.

출처: Columbia University School of Social Work (2015). pp.9-13의 내용을 재구성함.

(2) 문제중심기록

문제중심기록은 단순하게 기록하는 차원을 넘어서 문제해결 접근방법을 반영하는 기록이다. 문제중심기록은 의료 및 보건 분야에서 의료기록을 표준화하고 수행 정도를 검토하여 문제해결에 도움이 되기 위해 만들어진 기록형식이다. 문제중심기록은 현재 제시되고 있는 문제를 중심으로 문제영역의 규정과 사정, 그리고 문제에 대한 계획과 진행사항을 기록한다. 기록은 데이터베이스, 문제 목록, 초기 계획, 진행노트 네 부분으로 구성된다. 각각의 내용은 다음과 같다.

① 데이터베이스: 자료수집을 통한 데이터베이스 구축이다. 데이터베이스에는 클라이언트가 제시하는 문제, 클라이언트 일상에 대한 서술, 심리사회적 정보, 현재 질병 및 과거력, 주변환경에 대한 검토, 신체검사 및 각종 검사결과의 내용이 포함된다.

② 문제 목록: 문제를 나열하고 각 문제마다 번호를 붙여 목록화한 것이다. 클라이언트에게 또 다른 문제가 발견되면 목록에 추가된다. 문제 목록에 따라 서비스 개입의 초점이 정해지고 사례의 개입 계획이 세워지며, 서비스의 효과성을 검토하는 근거가 된다.

③ 초기 계획: 각 문제에 대한 개입 계획이나 교육 계획 등을 세운다.

④ **진행노트**: 계획이 실행된 이후 진행과정을 목록에 작성된 문제에 따라 SOAP 형식으로 기록하는 것으로, 이야기체 노트이다. S(subjective information)는 클라이언트와 클라이언트의 가족으로부터 수집한 주관적 정보를 기술하고, O(objective information)는 관찰이나 검사를 통해 얻은 객관적 정보를 기술한다. A(assessment)는 주관적, 객관적 정보를 근거로 파악된 문제에 대한 사회복지사의 사정을 기술하며, P(plan)는 사정내용을 바탕으로 문제해결을 위한 계획을 기술한다.

〈표 13-4〉 문제중심기록

데이터베이스
• **사회적 정보**: S씨는 72세의 사별한 여성으로 현재 혼자 살고 있으며, 뇌혈관 질환으로 3월 11일에 입원하였다. S씨는 이전에도 비슷한 문제로 두 차례 입원한 적이 있다. 3월 12일에 의료사회사업팀에 의뢰되었고, S씨와 그녀의 딸 J씨를 3월 14일에 상담하였다. S씨는 남편이 사망한 후 지난 3년간 홀로 살아왔다. 현재는 재개발이 진행 중인 지역의 노후화된 가옥에서 혼자 살고 있고, 이곳에 산 지는 30년 이상 되었다. 하루 일과는 집안 청소와 식사준비, TV시청이 전부이다. S씨는 제대로 된 음식을 준비해서 먹지 않고, 대충 끼니를 때우고 있다. 모녀는 S씨의 기억력이 점점 나빠지고 있다는 사실을 인지하고 있고, 기억력이 나빠지면서 먹는 것을 잊어버리거나 너무 많이 먹을까 봐 걱정이 되어 병원에 입원하기를 원한다. 현재 뇌혈관 질환과 관련된 약을 제대로 먹지 않고 있는 것으로 보인다. S씨는 외출하는 것도 싫어하고, 딸집에 방문하는 것도 피곤해 한다. 딸은 정기적으로 찾아와 어머니와 식사도 하고 약도 챙겨드리고 싶지만 생계 활동과 가족 돌봄으로 쉽지 않다. 모녀는 모두 S씨가 병원이나 시설보다 집에서 살 수 있기를 바라지만 현재 상태로는 집에 돌아가는 것이 어려울 것 같아 의료진의 요구에 협조할 생각이다.
문제 목록
• **문제1**: 뇌혈관 질환(현재 진행 중) • **문제2**: 식이요법 미준수(현재 진행 중) • **문제3**: 약물복용 미이행(현재 진행 중) • **문제4**: 기억력 감퇴(현재 진행 중) • **문제5**: 무기력증과 우울증(현재 진행 중)

초기 계획
• **문제2**: 식이요법 미준수 – 문제원인 파악을 위해 현재의 심리사회적 상황에 대해 탐색하고 평가함 – 영양교육 강화 – 식이영양 개선 지원을 위해 환자와 환자의 딸과 협력 – 지역복지관 서비스 발굴 – 도시락 배달 등 • **문제4**: 기억력 감퇴 – 정신능력 평가 참여 – 개인 및 사회력 관련 추가정보 수집
진행노트
• **문제5**: 무기력증과 우울증 – 평가: 기억력 감퇴는 배우자 사망으로 인한 상실에 대한 정서적 반응과 관련 있는 것으로 보임 – 계획: S씨에게 애도와 상실에 대한 상담을 진행하고, 입원기간과 퇴원 후 신체 및 사회적 활동을 증가시킬 수 있는 잠재력을 평가함

출처: 백은령 · 이은미 (2020). pp.42-43의 내용을 재구성함.

(3) 과정기록

과정기록은 사회복지실천 기록의 가장 오래된 기록방법으로 클라이언트와의 면접과정에서 있었던 말과 행동을 그대로 대화체로 옮겨 상세하게 기록하는 것이다. 이와 함께 사회복지사가 면접에서 갖게 된 느낌이나 분석, 슈퍼바이저의 의견을 추가로 기록한다. 과정기록의 장점은 대화 내용을 있는 그대로 보여주기 때문에 사회복지사가 특정 정보를 누락하거나 왜곡 또는 해석할 수 있는 내용을 추후라도 검토할 수 있다는 점이다. 또한 대화 내용에 대한 사회복지사의 느낌과 객관적인 분석내용을 기록하기 때문에 슈퍼비전에도 유용하게 활용될 수 있다. 반면에 기록을 작성하는 데 시간과 비용이 많이 소요되고, 면접과정에서 모든 것을 메모해야 하고, 기억에 의존해야 하는 한계가 있다.

〈표 13-5〉 과정기록

면접내용	직관적 느낌	분석	슈퍼바이저 코멘트
K와 나는 사무실 의자에 앉아 일지를 작성하였다. 일지에 K는 자신의 분노 감정을 촉발하는 요인과 분노 이후 갖는 느낌 등을 기록하였다.			
사회복지사: K, 오늘 학교는 어땠어?			
K: 괜찮았어요. 아이들이 왜 저를 놀리는지 알았어요.	나는 K에 대해 안쓰러운 마음이 들었다. 어떤 아이도 놀림이 되어서는 안 된다.		
사회복지사: 왜?	어리석게도 '왜'라고 질문했다. '어떻게'라고 질문했어야 했다.	개방형 질문을 하려고 했다.	
K: 저를 질투하기 때문이에요. 점심시간에 저에 대해 이야기하는 것을 들었거든요.			
사회복지사: 뭐라고 했는데?			
K: 선생님이 저만 예뻐해서 제가 싫다고 했어요.	K는 이 나이 때 아이들이 질투와 불안감으로 다른 사람을 놀리거나 따돌린다는 것을 알만큼 성숙하다.		

출처: Columbia University School of Social Work (2015). pp.22-26의 내용을 재구성함.

5) 사회복지실천 기록 관련 이슈

사회복지실천에서 기록은 중요한 과업이지만 클라이언트의 사생활을 보호하고 비밀을 보장하는 윤리적 책임감이 반드시 준수되어야 한다. 클라이언트와의 면접과 개입 활동을 기록하는 데 이러한 윤리적 책임감을 준수하기 위한 지침은 다음과 같다(Kagle, 1991; 김혜란 외, 2006 재인용; 서혜석 외, 2017).

① 서비스 제공이나 전달, 평가와 관련된 내용만 기록한다.
② 클라이언트의 사적인 생활이나 행동 등 민감한 정보는 자세하게 기록하지 않고 일반적인 용어로 기술한다.
③ 정확한 정보만 기록하고, 부정확한 정보로 확인되면 삭제하거나 정확하지 않음을 추가로 기록한다.
④ 사례기록은 반드시 잠금장치가 있는 곳에 보관하고 기록파일에 접근해야 하는 사람만이 잠금장치를 열 수 있도록 한다.
⑤ 특별히 허가된 예외 상황을 제외하고는 기록파일 자체를 기관 외부로 내보내지 않는다.
⑥ 면접 중이나 회의 중에 사례기록을 방치하거나 책상 위에 펼쳐 두어서는 안 되고, 기록을 제대로 보관하고 퇴근해야 한다.
⑦ 전산화된 기록은 암호장치를 두어 합법적인 권한을 가진 사람만 접근하도록 한다.
⑧ 사례기록 보관 기간이나 외부기관 또는 개인에게 정보를 제공하는 절차에 대한 규정을 만들고 이를 잘 지킬 수 있도록 사회복지사를 훈련, 감독한다.

❷ 사회복지실천의 평가

1) 사회복지실천 평가의 개념

최근 사회복지영역에서 책무성이 강조되면서 사회복지실천에서 평가의 중요성이 대두되고 있다. 사회복지에서 평가(evaluation)란 개인이나 가족, 집단을 대상으로 제공되는 사회복지 프로그램이나 기관의 개입 활동의 과정과 결과를 사정하기 위한 기술이다(Zastrow, 1999; 서혜석 외, 2017 재인용). 1997년 개정된 「사회복지사업법」에 따라 3년마다 1회 이상 사회복지시설 종사자의 전문성, 시설환경, 서비스 만족도 등에 대해 평가하도록 규정하면서 사회복지 현장에 평가를 도입할 수 있는 근거가 마련되었다. 또한 사회복지서비스가 양적으로 확대되면서 외부기관의 지원을 받아 서비스에 투입된 자원의 효과적 사용에 대한 신뢰성 검증이 요구되고 있다. 이와 함께 사회복지 내부에서 평가의 필요성에 대한 목소리가 높아지고 있다. 사회복지가 전문직으로 인정받기 위해서는 평가를 통해 서비스의 효과성과 효율성을 인정받고, 이를 통해 외부로부터 다양한 자원을 제공받아 사회복지실천의 영역을 확대하는 것이다. 이러한 요구들이 통합적으로 나타나면서 사회복지실천 현장에서 평가의 중요성이 강조되고, 체계적인 평가방법에 대한 연구와 적용이 요구된다.

2) 사회복지실천 평가의 유형

(1) 양적 평가와 질적 평가

사회복지실천 평가는 자료의 속성과 측정방법에 따라 양적 평가와 질적 평가로 구분된다. 양적 평가는 수량화된 자료를 수집하여 통계적 분석을 통해 평가하는 방법으로 프로그램을 통해서 나타난 변화의 결과를 객관적 수치로 제시한다. 질적 평가는 클라이언트의 감정이나 인식과 같이 계량화할 수 없는 자료들을 심층면접이나 행동관찰 등을 통해 수집하고, 수집된 자료를 분석하여 프로그램이 수행되는 상황이나 맥락, 과정을 평가하거나 클라이언트의 프로그램에 대한 경험과 인식 등을 평가한다.

(2) 형성평가와 총괄평가

형성평가와 총괄평가는 평가의 시점에 따라 구분되는 유형으로 형성평가는 개입이 계획된 대로 진행되었는지를 평가하는 것이고, 총괄평가는 프로그램이나 개입이 목표달성을 이루었는지를 평가하는 것이다. 즉 형성평가는 개입의 과정을 평가하는 것이고 총괄평가는 개입의 효과성과 효율성을 평가하는 것이다. 프로그램 또는 개입의 효과성은 목표의 달성 정도를 통해 확인할 수 있고, 효율성은 목표달성에 투여된 자원에 따른 성과비율의 높고 낮음을 통해 확인할 수 있다(서혜석 외, 2017).

3) 단일사례설계

(1) 단일체계설계 개념

사회복지실천현장에서 개인이나 집단을 대상으로 하는 평가는 단일체계설계를 가장 많이 활용하고 있다. 단일체계설계는 클라이언트체계의 특정 문제나 표적 행동(개입을 통해 변화시키려는 행동)의 변화를 관찰하기 위해 개입 전과 개입 후로 나누어 반복적으로 측정하여 개입의 효과성을 평가하는 방법이다. 단일사례설계의 경우 한 명의 개인이나 하나의 집단 또는 하나의 가족을 대상으로 실시하며, 클라이언트의 변화과정을 객관적인 방법으로 평가할 수 있는 사회복지 조사방법이다.

단일사례설계는 시계열 디자인으로 시간의 흐름에 따른 개입의 효과를 평가하기 위한 설계이다. 따라서 개입 전 단계, 개입 중간, 개입 후를 비교하기 위해 각 단계별로 구분을 한다. 예를 들면, 개입 전 단계 또는 기초선 단계는 A단계로, 클라이언트의 문제에 영향을 미치기 위해 실시된 개입단계는 B단계로 구분할 수 있다. 기초선이란 개입 이전의 클라이언트의 행동이나 상황을 의미하는 것으로 클라이언트의 표적행동의 빈도, 강도, 기간을 여러 번에 걸쳐 관찰함으로써 기초선을 수립한다.

(2) 단일체계설계 유형

① AB 설계

단일설계의 가장 기본적인 유형으로 하나의 기초선 단계와 하나의 개입 단계로 구성된다. 즉 기초선(A) 단계와 개입(B) 단계의 두 단계로 구분되고, A단계에서 기초선 자료를 수집하여 기록한다. 이후 개입이 실시된 B단계에서 표적행동자료를 수집하여 기록한다. 기초선 단계와 개입 단계를 비교함으로써, 표적행동 또는 표적 문제의 증가나 감소, 비율 등을 확인할 수 있고, 이를 토대로 개입의 지속 여부나 변화 또는 개입 중지에 대한 결정을 할 수 있다. AB 설계는 개입 전과 후에 나타나는 클라이언트의 행동을 비교함으로써 개입의 효과를 확인할 수 있지만, 표적행동과 관련된 다양한 변수의 영향이나 동시에 일어날 수 있는 행동 등에는 적합하지 않다(서혜석 외, 2017).

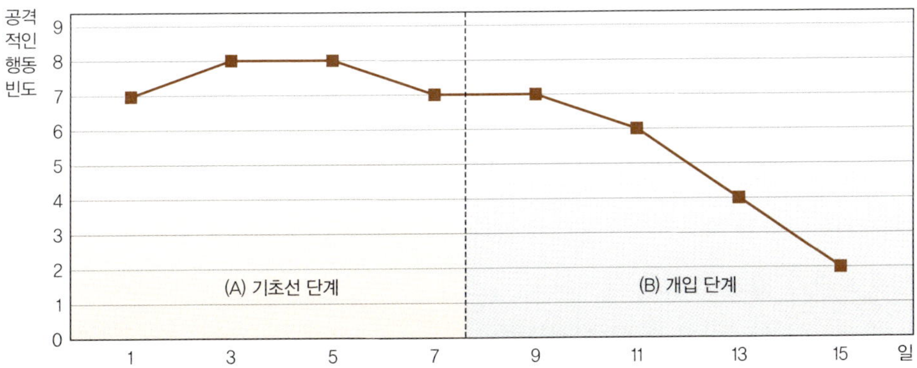

[그림 13-1] AB 설계

② ABAB 설계

ABAB 설계는 AB 설계의 확장된 유형으로 외부사건을 보다 더 잘 통제하고, 개입의 효과를 더욱 정확히 증명하기 위해, 두 번째 기초선 단계와 개입 단계를 도입한 평가이다. AB 설계의 경우 한 번의 기초선과 개입 단계로 구성되어 외부 영향의 가능성을 배제하지 못하고 개입의 효과를 명확히 하는 데 한계가 있었으나, ABAB 설계의 경우 기초선과 개입 단계가 각각 2개로 구성되어 클라이언트의 변화가 개입의 효과인지를 좀 더 분명히 확인할 수 있다. 또한 개입 이후 수집된 자료와 기초선 자료를 반복적으로 비교함으로써 사회복지사는 종속변수와 독립변수 간의 인과적 관계의 존재 여부를 결정할 수 있다.

ABAB 설계는 먼저 첫 번째 기초선(A) 단계와 개입(B) 단계가 구성되고 이 단계에서 클라이언트의 표적행동을 변화하기 위한 개입기법이 수행된다. 이때 사용된 개입 기법은 클라이언트의 표적행동이 목표에 달성하거나 바람직한 방향으로 변화될 때까지 지속된다. 이후 개입 단계 동안 사용된 개입을 중단하여 실험 전 상태로 행동이 되돌아가는 것을 주의 깊게 관찰한다. 처음 기초선을 관찰할 때와 똑같은 상태로 되돌아가면 두 번째 기초선(A)을 설정하고, 개입 단계에서 표적행동에 변화가 있을 경우 이러한 행동 변화가 개입에 의한 것인지를 실증적으로 증명할 수 있다. 두 번째 개입(B) 단계는 표적행동이 완전히 수정될 때까지 개입 기법을 사용연장한다.

ABAB 설계는 각각 2개의 기초선과 개입 단계를 구성하여 개입의 효과를 보다 명확하게 증명할 수 있다는 장점이 있다. 반면에 개입의 효과를 확인하기 위해 중간에 효과가 있는 개입을 중지하고 기초선 단계로 돌아감으로써 클라이언트에게 부정적인 영향을 미칠 수 있다는 문제가 있다.

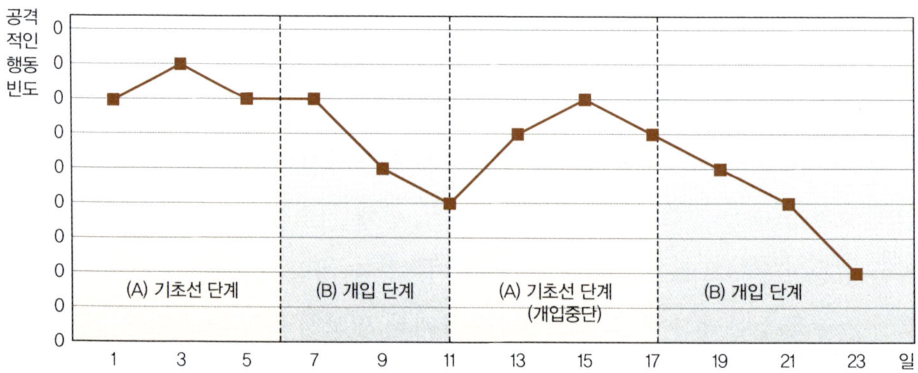

[그림 13-2] ABAB 설계

③ 복수기초선 설계

복수기초선 설계는 두 명 이상의 클라이언트 또는 두 개 이상의 문제를 가진 한 명의 클라이언트를 대상으로 개입을 실시할 때 사용되는 평가방법이다. 기초선을 인원 또는 문제의 수만큼 구성한 후 동시에 시작하고, 개입은 순차적으로 이루어진다. 예를 들어 부부간의 불화를 가진 세 쌍의 부부를 대상으로 기초선 단계를 동시에 시작하였으나 개입의 시작은 각각 다르게 이루어지는 것이다.

복수기초선 설계는 클라이언트의 변화가 개입에 의한 변화인지 아니면 외부 영향에 의한 변화인지를 증명하기 위해 각각의 클라이언트 또는 문제에 대해 개입 시기를 다르게 구성한다. 만약 외부의 영향으로 클라이언트의 문제가 개선되기 시작하였다면 개입의 시기와 상관없이 어떤 시점 이후로 문제가 해결되거나 개입을 받지 않은 다른 클라이언트에게도 개선의 변화가 나타날 것이다. 그러나 개입으로 인한 효과가 나타난다면 아직 개입을 받지 않은 클라이언트의 기초선에는 변화가 없고 개입이 있은 후에만 개선 효과가 나타날 것이다. 복수기초선 설계는 개입의 중단 없이 개입과 표적행동 간의 인과관계를 확인할 수 있는 장점이 있다. 하지만 종속변수를 위해 장기간 동안 기초자료를 수집해야 한다는 한계가 있다.

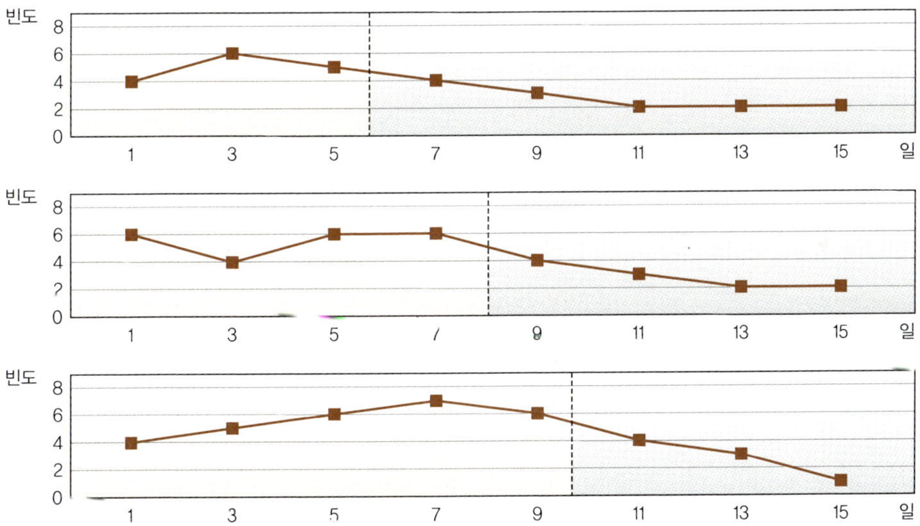

[그림 13-3] 복수기초선 설계

/참/고/문/헌/

01 사회복지실천기술에 대한 이해
CHAPTER

구종회 (2001). 사회복지 실천기술의 이론적 기반. 한국사회복지, 0, 45-62.

권복규 (2006). 우리나라 의료윤리교육에 대한 비판적 고찰, 한국의료윤리학회지, 9(1), 60-72.

김성호 (2017). 미국 사회사업의 동향과 과제-NASW 윤리강령의 변화과정을 중심으로. 한국사회복지학회학술대회자료집, 343-359.

김용민 (2011). 사회복지사가 인지한 전문적 능력이 윤리적 책임에 미치는 영향. 보건사회연구, 31(4), 125-153.

김용석 (2012). 사회복지실천기술 척도의 예비적 개발. 한국사회복지학, 64(4), 57-87.

김태량, 김경화 (2017). 사회복지사의 윤리의식이 직무만족에 미치는 영향: 전문직업적 정체성의 매개효과. 한국사회복지행정학, 19(2), 131-159.

김행열, 김용민 (2011). 한국 사회복지사의 윤리성과 전문성에 대한 인식이 직무만족과 조직몰입에 미치는 영향. 한국동북아논총, 58, 209-232.

남석인, 최명민, 김보영, 최권호 (2018). 사회복지사의 비윤리적 행위에 대한 대응체계 개발: 자격정지와 취소를 중심으로. 한국사회복지행정학, 20(4), 139-174.

송진옥 (2001). 전문직 사회사업가의 직업윤리와 가치에 관한 연구. 강남대학교 석사학위논문.

엄명용 (2005). 한국 사회복지실천 현장 내 기본 실천기술의 실증적 확인 및 분류. 한국사회복지학, 57(1), 61-91.

우국희, 성정현, 좌현숙, 장연진, 최승희 (2021). 사회복지실천론(3판). 서울: 신정.

우국희, 임세희, 성정현, 최승희, 장연지, 좌현숙 (2019). 사회복지윤리와 철학. 경기: 공동체.

이만우 (2005). 개인 대상 사회복지실천기술로서의 정신분석: W양의 최괴상적 경험에 대한 해석을 중심으로. 사회복지정책, 21(4), 153-187.

이윤수 (2018). 4차 산업혁명의 과학기술을 적용하는 사회복지실천에서의 윤리와 가치. 한국사회복지학회 학술대회 자료집, 4, 850-873.

조성희, 성정현 (2014). 한부모가족복지시설 종사자의 윤리의식이 클라이언트와의 관계에 미치는 영향: 전문성의 매개효과를 중심으로. 한국사회복지행정학, 16(3), 259-281.

조현상 (2013). 전문직으로서 사회복지사의 윤리적 판단 기준에 관하여. **인문사회과학연구**, 14(1), 359-379.

지은구 (2013). 지역사회 욕구에 따른 복지사업의 기획과 성과관리에 적용하는 실천기술. **한국사회복지행정학회 학술대회 자료집**, 123-156.

최명민 (2008). 사회복지사 윤리적 민감성 검사도구(SWEST) 개발 및 활용에 관한 연구. **한국사회복지학**, 60(2), 5-28.

한국사회복지교육협의회 (2020). (2021-2022년도) 사회복지학 교과목지침서.

Gambrill, E. (2022). *Social Work Practice: A Critical Thinker's Guide(3rd)*. Oxford Univ Press.

Gorden, William E. (1962). A Critique of the Working Definition, *Social Work*, 7(4), 3-13.

Sheafor, Bradford W. & Horejsi, Charles R. (1997). 사회복지실천기법과 지침. 김혜란 감수, 서울대 사회복지실천연구회 역. 서울: 나남출판. (원저 1997년 출간)

한국사회복지사협회 홈페이지. www.welfare.net/welfare/cm/cntnts/cntntsView.do?mi=1036&cntntsId=1044. (2021년 11월 인출)

02 정신역동모델
CHAPTER

권량희 (2017). **사회복지실천기술론**. 서울: 홍익출판사.

권중돈 (2005). **인간행동과 사회환경**. 서울: 학지사.

김민경 (2017). **사회복지실천기술론**. 경기: 양서원.

박병금, 최은희 (2016). **사회복지실천기술론**. 경기: 정민사.

심수명 (2018). **정신역동상담**. 서울: 다세움.

윤선오, 김혁진 (2016). **사회복지실천기술론**. 경기: 양서원.

윤현숙 (2005). **사회복지실천기술론**. 서울: 동인.

장수미, 최정숙, 박형원, 김주현, 홍현미라, 이혜경, 이영선, 한인영 (2018). **사회복지실천기술론**. 서울: 학지사.

장인협 (2005). **사회사업실천방법론(하)**. 서울: 서울대학교출판부.

장정은 (2021). **정신분석으로 상담하기**. 서울: 학지사.

전희수, 최영주, 정백연, 박선태, 서민호 (2018). **사회복지실천기술론**. 경기: 양서원.

최명민 (2010). **쉽게 쓴 정신분석이론**. 서울: 학지사.

Bender, S., & Messer, E. (2003). *Transference and counrertransference, in becoming therapist: what do I say, and why?* Guilford Press, New York.

Cabaniss, D. L., Cherry, S., Douglas, C. J., Graver, R. L., & Schwartz, A. R. (2013). *Psychodynamic formulation*, Hoboken, NJ: Wiley-Blackwell.

Corey, G. (1991). *Theory and practice of counseling and psychotherapy*. Pacific Grove, CA: Brooks/cole.

Deborah L. Cabaniss, Sabrina Cherry, Carolyn J. Douglas, & Anna R. Schwartz (2021). **카바니스의 정신역동적 정신치료: 임상 매뉴얼(2판)**. 박용천, 오대영 공역. 서울: 학지사. (원저 2016년 출간)

Gabbard, G. O. (2004). *Long-term psychodynamic psychotherapy: A basic text*. Arlington, VA: American Psychiatric Publishing.

Gabbard, G. O., & Horowitz, M. (2009). Insight, transference, interpretation and therapeutic change in the dynamic psychotherapy of borderline personality disorder. *American Journal of Psychiatry*, *166*(5), 517-521.

Weman, D. (1978). The use of dreams in psychotherapy. *Journal of the Canadian Psychiatric Association*, *23*, 153-158.

03 동기강화모델
CHAPTER

Corcora, J. (2017). **사회복지현장에서의 동기강화상담**. 신성만, 장승옥, 유채영, 김준영 역. Motivational Interviewing: A workbook for social workers (1st Edition). 서울: 박영스토리. (원저 2016년 출간).

Hohman, M. (2014). **동기면담과 사회복지실천**, 이채원, 김윤화, 김은령, 임성철 역. Motivational Interviewing in Social Work Practice. 서울: 학지사. (원저 2012년 출간)

Miller, W. R. & Rollnick, S. (1991). *Motivational Interviewing: Preparing people to change addictive behavior*. New York: The Guuilford Press.

Miller, W. R. & Rollnick, S. (2002). *Motivational Interviewing: Preparing People for Change*. New York: The Guuilford Press.

Miller, W. R. & Rollnick, S. (2013). *Motivational Interviewing: Helping people to change* (3rd Ed.). New York: The Guilford Press.

Miller, W. R., Zweben, A., DiClemente, C. C., & Rychtarik, R. G. (1994). Motivational enhancement therapy manual, National Institute on Alcohol Abuse and Alcoholism, NIH Publication No. 94-3723.

Miller, W. R. & Rollnick, S. (2009). Ten Things That Motivational Interviewing is not, *Behavioral and Cognitive Psychotherapy*, *37*, 129–140.

MINT (2021). "Understanding Motivational Interviewing", https://motivationalinterviewing.org/understanding-motivational-interviewing

SAMHSA (2019). Enhancing Motivation for Change in Substance Use Disorder Treatmenet, https://www.ncbi.nlm.nih.gov/books/NBK571071/pdf/Bookshelf_NBK571071.pdf

04 CHAPTER 인지행동모델

구자경, 김영경 (2021). **인지행동상담 이해와 활용**. 서울: 학지사.

권량희 (2017). **사회복지실천기술론**. 서울: 홍익출판사.

권정혜 (2020). **인지행동치료 원리와 기법**. 서울: 학지사.

김정진 (2014). **사회복지실천기술론: 사례와 함께하는 사회복지실천기술 연습**. 서울: 학지사.

박기환 (2020). **인지행동치료**. 서울: 학지사.

엄명용, 노충래, 김용석 (2020). **사회복지실천기술의 이해(4판)**. 서울: 학지사.

장수미, 최정숙, 박형원, 김주현, 홍현미라, 이혜경, 이영선, 한인영 (2010). **사회복지실천기술론(2판)**. 서울: 학지사.

전희수, 최영주, 정백연, 박선태, 서민호 (2018). **사회복지실천기술론**. 경기: 양서원.

황인옥 (2018). **사회복지실천기술론**. 경기: 공동체.

Beck, A. T. (2017). **인지치료와 정서장애**. 민병배 역. 서울: 학지사.

Cooper, M., & Lesser, J. (2008). *Clinical social work practice: an integrated approach* (3rd ed.). New York: Allyn Bacon.

Hayes, S. C., & Hofmann, S. G. (2017). The Third wave of Cognitive behavior therapy and the rise of process-based care. *World Psychiatry*, *16*(3), 245–246.

Kazantzis, N., Beck, J. S., Clark, D. A., Dobson, K. S., Hofmann, S. G., Leahy, R. L., & Wong, C. W. (2018). Socratic dialogue and guided discovery in cognitive behavioral therapy: a modified delphi panel. *Journal of Cognitive Therapy*, *11*, 140–157.

Payne, M. (2001). *현대사회복지 실천이론*. 서진환, 이선혜, 정수경 공역. 서울: 나남출판. (원저 1997년 출간)

Sutton, C. (2007). *사회복지와 심리학*. 정명숙 역. 서울: 시그마프레스.

Wright, J. H. (2006). Cognitive behavior therapy: basic principles and recent advances. *Clinical*

Synthesis, *4*(2), 173-178.

Wright, J. H., Bacon, M. R., & Thase, M. E. (2006). *Learning cognitive-behavior therapy*. Washington, DC: American Psychiatrc Pub.

05 CHAPTER 해결중심모델

김춘경, 이수연, 이윤주, 정종진, 최웅용 (2016). **상담의 이론과 실제(2판)**. 서울: 학지사.

송성자, 김유순, 어주경, 정윤경, 최중진 (2013). **가정폭력 피해대상 유형별 치료 · 회복 프로그램 개발(2권)**. 여성가족부.

정문자, 이영분, 김유순, 김은영 (2017). **해결중심 가족상담**. 서울: 학지사.

한국단기가족치료연구소 (2010). 해결중심 단기가족치료 초급과정 워크숍 교재.

한국단기가족치료연구소 (2011). 해결중심 단기가족치료 중급과정 워크숍 교재.

Anderson, J. A. & Goolishian, H. A. (1992). The client is the expert: a not-knowing approach to therapy. In S. McNamee & K. J. Gergan (Eds.), *Therapy as social construction* (pp.25-39). London: Sage.

Berg, I. K. & Miller, S. (1992). *Working with the problem drinker: a solution-focused approach*. NY: W. W. Norton & Co.

Berg, I. K. (1994). *Family based services: a solution-focused approach*. NY: W. W. Norton & Co.

de Jong, P. & Insoo, K. B. (2017). **해결을 위한 면접(제4판)**. 노혜련, 허남순 공역. 서울: 박학사. (원저 2015년 출간)

de Shazer, S. (1988). *Clues: investigating solutions in brief therapy*. NY: W. W. Norton & Co.

Milner, J. & Myers, S. (2019). **창의적으로 해결중심상담하기**. 어주경, 정윤경, 김은영 공역. 서울: 학지사. (원저 2017년 출간)

Rather, H., George, E., & Iveson, C. (2021). **해결중심단기치료: 100개의 핵심 포인트**. 김동일 역. 서울: 학지사. (원저 2012년 출간)

06 CHAPTER 과제중심모델과 위기개입모델

김승태, 김병로, 홍경수, 정유숙, 유범희, 김도관 (1997). 삼풍사고 생존자들에서의 급성 외상후스트레스장애 : 발생빈도, 예측인자, 증상 변화에 대한 예비적 연구. **신경정신의학**. 36(3), 475-486.

김혜란 (1996). 과제중심모델의 적용에 관한 연구: 위탁보호 사례를 중심으로. **한국사회복지학**, 30, 25-47.

신원우 (2001). 노숙자 음주문제 해결을 위한 과제중심모델(task-centered model)의 적용가능성에 관한 연구. **한국사회과학**, 23(1), 1-13.

윤현숙 외 (2002). **사회복지실천기술론**. 서울: 동인.

이선미, 김정희 (2002). 버스사고 피해자의 심리적 특성 및 외상 후 스트레스 장애 발병 관련 변인. **한국심리학회지**, 21(3), 547-63.

이수연, 최웅용, 홍종관, 김춘경 (2004). 대구지하철참사 청소년생존자의 심리사회적 적응을 위한 인지행동적 위기상담의 효과. **청소년상담연구지**, 12(1), 156-168.

이인숙, 하양숙, 김기정, 김정희, 권용희, 박진경, 이나윤 (2003). 일개 지역사회 재해 주민의 외상후 스트레스 장애 정도와 관련요인 분석. **대한간호학회지**, 33(6), 829-838.

이주호 (2013). 위기개입과 위기관리.: A. R. Roberts'의 7단계 위기개입모델의 이해와 적용을 중심으로. **한국지방정부학회 2013년도 추계학술대회 논문집**, 1-12.

전혜성 (2017). 자살 유가족의 외상 대처 및 가족재구조화를 위한 위기개입 가족상담: 위기개입모델 및 구조적 가족치료이론에 기반하여. **가족과 가족치료**, 25(2), 375-400.

한재은, 정순둘, 김고은 (2011). 재난 피해자들의 정신건강 증진을 위한 위기개입모델 비교연구. **위기관리이론과 실천**, 7(3), 49-70.

허남순 (1998). 과제중심모델의 적용에 관한 연구: 재가노인을 위한 사례관리. 한국사회복지학, 35, 399-426.

Blakely, T. J., & Dziadosz, G. M. (2014). Combining soial role theory, social role valorization theory, and task-centered treatment for the rehabilitation of persons with serious psychuatric conditions. *Care Management Journals*, *15*(3), 111-116.

Bocanegra, H. & Brickman, E. (2004). Mental Health Impact of the World Trade Center Attacks on Displaced Chinese Workers. *Journal of Traumatic Stress*. *17*(1), 55-62.

Compton, B. & Galaway, B. (1984). *Social work Processes*. *Homewood*. IL: Dorsey.

Gambrill, E. (1994). What's in a Name? Task-Centered, Empirical, and Behavioral Practice. *Social Service Review*, *68*(4), Dec.

Hepworth, Dean H., Rooney, Ronald H., & Larsen, Jo Ann. (2002). *Direct social work practice: theory and skills. Australia; Pacific Grove*. CA: Brooks/Cole-Thomson Learning.

Hepworth, Dean H., Rooney, Ronald H., & Larsen, Jo Ann. (2002). *Direct Social Work Practice: Theory and Skills*. Brooks/Cole-Thomson Learning,

Matthias, J. Naleppa & William J. Reid (1998). Task-Centered Case Management for the Elderly: Developing a Practice Model. 63-85.

Michael, S. Kelly (2013). Task-Centered Practice, https://oxfordre.com

Neleppa, M. J. (1995). *Task Centered Case Management for thr Elderly: Developing a practice model.* Ph.D. dissertation. State Univ. of New York at Albany.

Pierson, J. & Thomas, M. (2002). Dictionary Social Work. Harper Collins.

Reid, W. J. (1992). Task strategies: An empirical approach to clinical social work. New York, NY: Columbia University Press.

Tolson, E. R., Reid, W. J., & Garvin, C. D. (2003). Generalist practice: A task-centered approach. NY: Columbia University Press.

Webb, N. (1994). *School Based Assessment and Crisis Intervention with Kindergarden Children Following the New York World Trade Center Bombing.* Crisis Intervention, 1, 47-59.

Yule, W. (2001). When Disaster Strikes-the Need to Be 'Wise before the Event': Crisis Intervention with Children and Adolescents. *Advances in Mind-Bodt Medicine*, 17, 31-36.

07 CHAPTER 개인사회복지실천 I

김은하, 이은설, 조예지 (2021). 대학상담센터 내담자들의 비대면 심리상담 경험에 대한 질적 연구. **상담학연구**, 22(2), 85-110.

박성희 (2007). **동화로 열어가는 상담 이야기: 수용과 공감의 지혜**. 서울: 학지사.

박인조, 민경환 (2005). 한국어 감정단어의 목록 작성과 차원 탐색. **한국심리학회지: 사회 및 성격**, 19(1), 109-129.

손선주, 박미숙, 박지은, 손진훈 (2012). 한국어 감정표현단어의 추출과 범주화, **감성과학**, 15(1), 105-120.

우국희, 성정현, 좌현숙, 장연진, 최승희 (2021). **사회복지실천론(3판)**. 서울: 신정.

이건희 (2020.6.22). "코로나19 이후 상실감과 트라우마 호소 늘었다" 비대면 심리상담 트로스트 분석해보니. 중앙일보. https://www.joongang.co.kr/article/23806940

이수상 (2016) 한글 감정단어의 의미적 관계와 범주 분석에 관한 연구. **한국도서관정보학회지**, 47(2), 51-70.

천성문, 박명숙, 박순득, 박원모, 이영순, 전은주, 정봉희 (2009). **상담심리학의 이론과 실제(2판)**. 서울: 학지사.

홍지선, 최지선, 김희경 (2021). 코로나19 이후, 비대면 상담에 대한 내담자 경험 연구. **상담심리교육복지, 8**(4), 261-290.

Egan, G. (1977). You and me: the skills of communicating relating to others. Belmont, CA: Brooks/Cole,

Elbourne, R. (1997). "Is silence suspicious?" [Online, cited 30 September]. Available: http://home.vicnet.net.au/~gnaust/vic2/25-10.html.

Noesner, G. W. & Webster, M. (1997). "Crisis intervention: using active listening skills in negotiations". *The FBI Law Enforcement Bulletin*, *66*(8), 13-20.

Shebib, B. (2006). **사회복지 상담심리학**. 제석봉, 이윤주, 박충선, 이수용 공역. 서울: 학지사. (원저 2003년 출간)

Wolvin, A., & Coakley, C. (1996). *Listening* (5th ed.). Dubuque, IA: Brown& Benchmark.

08 CHAPTER 개인사회복지실천 Ⅱ

강상경 (2010). 우울이 자살을 예측하는가?: 우울과 자살태도 관계의 성별 · 연령 차이. **사회복지연구, 41**(2), 67-100.

박미은 (2010). **사회복지 위험관리의 이해**. 서울: 집문당.

보건복지부, 한국사회복지사협회 (2012). 사회복지사의 클라이언트 폭력 피해 실태 및 안전 방안 연구.

보건복지부, 한국사회복지사협회 (2020). 2020년 사회복지사 통계연감.

보건복지부, 한국사회복지협의회 (2019). 사회복지시설 종사자 폭력피해 예방 매뉴얼.

서울시사회복지사협회 (2019). 사회복지종사자의 안전과 인권보장을 위한 위기대응 매뉴얼.

천성문, 이영순, 박명숙, 이동훈, 함경애 (2015). **상담심리학의 이론과 실제(3판)**. 서울: 학지사.

Nicholi, A. M. (Ed.) (1988). *The new Harvard guide to psychiatry*. Cambridge, MA: Belknap Press.

Sheafor, B. W. & Horejsi, C. R. (2020). **사회복지실천기법과 지침(개정3판)**. 남기철, 정선욱 공역. 서울: 나남출판. (원저 2015년 출간-10판)

Shebib, B. (1997). Counseling skills. Victoria: Province of British Columbia, Ministry of Education, Skills and Training.

Shebib, B. (2006). **사회복지 상담심리학**. 제석봉, 이윤주, 박충선, 이수용 공역. 서울: 학지사. (원저 2003년 출간)

White, T. (2013). **자살 상담과 치료**. 한국교류분석상담학회 편역. 서울: 학지사. (원저 2011년 출간)

09 가족사회복지실천 I
CHAPTER

김유숙 (2008). 가족치료: 이론과 실제. 서울: 학지사.

김유숙 (2014). 가족치료: 이론과 실제(3판). 서울: 학지사.

김정진 (2019). 사회복지실천기술론: 사례와 함께 하는 사회복지실천기술론 연습. 서울: 학지사.

송성자 (2002). 가족과 가족치료. 서울: 법문사.

엄명용, 노충래, 김용석 (2020). 사회복지실천기술의 이해(4판). 서울 : 학지사.

우국희, 성정현, 좌현숙, 장연진, 최승희 (2021). 사회복지실천론(3판). 서울: 신정.

장수미, 최정숙, 박형원, 김주현, 홍현미라, 이혜경, 이영선, 한인영 (2017). 사회복지실천기술론(2판). 서울: 학지사.

정문자, 정혜정, 이선혜, 전영주 (2012). 가족치료의 이해(2판). 서울: 학지사.

조홍식, 김인숙, 김혜란, 김혜련, 신은주 (2010). 가족복지학. 서울: 학지사.

최선희, 최정숙, 박화옥 (2008). "한국가족사회복지 어디로 갈 것인가?: 전망과 과제", 가족사회복지실천의 개념과 모델. 2008년 한국사회복지학회 한국가족사회복지학회 추계공동학술대회 자료집, 93-111.

Barker, R. (1987). *The social work dictionary*. Silver Springs, MD: National Association of Social Workers.

Becvar, D. S., & Becvar, J. (2001). 가족치료: 체계론적 통합(정혜정, 이형실 공역). 서울: 하우출판사. (원저 1988년 출간)

Collins, D., Jordan, C., & Coleman, H. (2001). *An Introduction to Family Social Work*. 이화여대학교 사회복지연구회 역. 서울: 나눔의집. 가족복지실천론. (원저 1999년 출간)

Collins,D., Jordan, C., & Coleman, H. (2010). *An Introduction to Family Social Work*(3rd ed.). Belmont, CA: Brooks/Cole.

Gittins, D. (1985). *The family in question: Changing households and familiar ideologies (Women in society)*. Macmillan.

Hepworth, D. H., Rooney, R. H., Rooney, G. D., Strom-Gottfried, K., & Larsen, J. A. (2010). *Direct social work practice: Theory and skills* (8th ed.). Pacific Gorve, CA: Brooks/Cole.

Keency, B. P. (1983). *Aethetics of change*. New York: The Guilford Press.

Mattaini, M, A., Lowery, D. T., & Meyer, C, H. (1999). *The Foundations of Social Work Practice*(2nd ed.). 이팔환 외 15인 공역. 사회복지실천이론의 토대. 서울: 나눔의집. (원저 1999년 출간)

McGoldirck, M., Gerson, R., & Petry, S. (2011). *Genograms Assessment and Intervention*(3rd ed.). 가

계도: 사정과 개입. 이영분, 김유숙, 정혜정, 최선령, 박정희 공역. 서울: 학지사. (원저 2008년 출간)

Strong, B., & DeValut, C. (1992). *The marriage and family experiences* (5th ed.). St. Paul MN: West.

von Bertalanffy, L. (1990). *General Systems Theory: Foundations, Development Application*. 현승일 역. 일반체계이론. (원저 1968년 출간)

Walsh, F. (2003). *Family resilience: A framework for clinical practice*. *Familly Process*, *42*(2), 1-19.

Wright, L. M., & Leahey, M. (1999). Maximizing time, minimizing suffering: The 15-minute (of less) family interview. *Journal of Family Nursing*, *5*(3), 259-274.

위키백과 (2022). 사회구성주의. https://ko.wikipedia.org/

10 CHAPTER 가족사회복지실천 II

고미영 (2004). **이야기 치료와 이야기의 세계**. 서울: 청목출판사.

고미영 (2010). 이야기치료의 변천과 발전: 이야기확장을 추구한 마이클 화이트의 이야기치료의 여정. **한국가족치료학회지**, 18(1), 83-10.

김미옥 (2016). "발달장애인 가족에 대한 옹호". 한국가족사회복지학회 춘계학술대회 지료집.

김용득, 윤재영, 이동석, 이호선, 김재훈 (2013). 지적장애인을 위한 권익옹호의 원리와 실천. EM 커뮤니티.

김유숙 (2008). **가족치료: 이론과 실세**. 서울: 학지사.

김유숙 (2014). **가족치료: 이론과 실제(3판)**. 서울: 학지사.

김정진 (2014). **사회복지실천기술론**. 서울: 학지사.

김정진 (2019). **사회복지실천기술론(제2판)**. 서울: 학지사.

양승은 (1995). 전략적 가족치료모델. **가족치료 총론**. 이화여대 사회사업학과 편, pp.179-210. 도서출판 동인.

엄명용, 노충래, 김용석 (2020). **사회복지실천기술의 이해(4판)**. 서울 : 학지사.

이영분, 신영화, 권진숙, 박태영, 최선령, 최현미 (2008). **가족치료 모델과 사례**. 서울: 학지사.

전선영 (2004). 사회복지교육과 사회복지가치 및 옹호의 관계에 관한 연구. 서울여자대학교 대학원 박사학위논문.

정문자, 정혜정, 이선혜, 전영주 (2012). **가족치료의 이해(제2판)**. 서울: 학지사.

Anderson, H., Goolishian, H. A. (1988). Human systems as linguistic systems: Preliminary and evolving ideas about the implications for clinical theory. *Family Precess*, 27(4), 371-393.

Diane Gehart (2018). **최신 가족상담: 이론 및 사례개념화 실제.** 강영신, 임채원, 김선미 공역. 서울: 학지사.

Dunst, C., Trivette, C., Davis, M., & Cornwell, J. (1988). Characteristics of Effective Helping-Giving Practices. *Children's Health Care*, *17*(2), 71-81.

Haley, J. (1963). *Strategies of Psychotherapy*. New York: Grune & Stratton.

Hansen, J. & L'Abate. (1882). *Approaches to Family Therapy*. New York: Macmillan Publishing Co., Inc.

Kerr, M. E., & Bowen, M. (2005). **보웬의 가족치료 이론.** 남순현, 전영주, 황영훈 공역. 서울: 학지사. (원저 1988년 출간)

Minuchin, S., & Fishman, H. C. (1981). *Family therapy techniques*. Cambridge, MA: Harvard University Press.

Nichols, M. P. (2001). *Family Therapy: Concepts and Methods* (5th ed.) New York: Gardner Press.

Nichols, M. P., & Schwartz, R. C. (2002). **가족치료 개념과 방법.** 김영애, 김정택, 송성자, 제석봉, 심혜숙, 김정택, 정석환, 김계현 공역. 서울: 시그마프레스. (원저 2001년 출간)

Rosenberg, M. (1965). *Society and the adolescent self-image*. Princeton, NJ: Princeton University Press.

Satir, V. (1972). *Peoplemaking, Palo Alto*. CA: Science and Behavior Books.

Satir, V. (1988). *The new peoplemaking, Palo Alto*. CA: Science and Behavior Books.

White, M. (1988/89). The externalizing of the roblem and the re-authoring of lives and relationships. Dulwich Centre Newsletter, Summer(special edition). Republished 1989 in White, M.: Selected papers (chapter 1). pp.5-28. Adelaide: Dulwich Centre Publications.

Woods, M. D., & Martin, D. (1984). The work of Virginia Satir: understnading her theory and technique. *American Journal of Family Therapy*, *12*(4).

11 CHAPTER 집단사회복지실천 I

남세진, 조홍식 (1998). **집단지도방법론.** 서울: 서울대학교출판부.

양혜원, 최정숙, 김희수 (2018). 지역사회복지관 한부모 자조집단 실천에 대한 사회복지사의 성찰연구-참여실행연구 자료를 중심으로-. **한국가족사회복지학**, 62, 103-139.

조학래 (2019). 집단사회복지실천의 이해. 서울: 신정

Andrews, J. (2001). "Group Work's Place in Social Work: A Historical Analysis," *The Journal of Sociology & Social Welfare*, *28*(4), 45-65.

Cabiati, E. (2021). Social workers helping each other during the COVID-19 pandemic: Online mutual support group. *International Social Work*, *64*(5), 676-688.

Gitterman, A. & Shulman, L. (2005). *Mutual Aid Groups, Vulnerable and Resilient Populations, and the Life Cycle*. New York: Columbia University Press.

Middleman, R. R. (1968). *The non-verbal method in working with groups*. New York, NY: Association Press.

MSF(Ministry of social and family development) (2018). Family Service Centre Code of Social Work Practice: Group work practice guide (https://www.msf.gov.sg/ODGSW/documents)

Noorani, T., M. Karlsson & T. Borkman (2019). 'Deep Experiential Knowledge: Reflections from Mutual Aid Groups for Evidence-Based Practice', Evidence & Policy: *A Journal of Research, Debate and Practice*, *15*(2), 217-234.

Pandya, V. (2010). 'An Evidence Base for Group Work with Older Adults Living in the Community', *Social Work with Groups*, *33*(4), 323-349.

Raineri, M. L. (2017) 'Relational Social Work and Mutual/Self-Help Groups', *Relational Social Work*, *1*(1), 19-38.

Sheafor, B. W. & Horejsi, C. R. (2010). 사회복지실천 기법과 지침. 남기철, 정선욱, 조성희 역. 서울: 나남. (원저 2008년 출간)

Steinberg, D. M. (2014). *A Mutual-Aid Model for Social Work with Groups* (3th edn). New York: Routledge.

Toseland, R. and L. Hacker (1985). 'Social Workers' Use of Self-Help Groups as a Resource for Clients', *Social Work*, *30*(3), 232-237.

Northen, H. & Kurland, R. (2006). 집단사회복지실천. 노충래 역 (2006). 서울: 학지사. (원저 2006년 출간)

12 CHAPTER 집단사회복지실천 II

권경인 (2008). 집단발달 및 이론별 촉진요인으로 구분한 집단상담 활동. 서울: 교육과학사.

김영경 (2018). 초심상담자들이 궁금해하는 집단상담. 서울: 학지사.

남세진, 조홍식 (1998). **집단지도방법론**. 서울: 서울대학교출판부.

Carrell, S. (2005). **청소년 집단치료 기법**. 김통원 역. 서울: 신정.

Corey, G., & Corey, M. S. (2000). **집단상담: 과정과 실제**. 김명권, 김창대 박애선, 전종국, 천성문 공역. 서울: 시그마프레스. (원저 2000년 출간)

Northen, H. & Kurland, R. (2006). **집단사회복지실천**. 노충래 역 (2006). 서울: 학지사. (원저 2006년 출간)

13 CHAPTER 사회복지실천 기록과 평가 기술

김혜란, 홍선미, 공계순 (2006). **사회복지실천기술론**. 서울: 나남출판.

도광조 (2021). **사회복지실천기술론**. 경기: 양서원.

백은령, 이은미(2020). **사회복지실천기록**. 서울: 집문당.

서혜석, 이혜숙, 이윤형, 한경리 (2017). **사회복지실천기술론**. 경기: 양서원.

손광훈 (2009). **사회복지실천기술론**. 경기: 공동체.

엄명용, 노충래, 김용성 (2013). **사회복지실천기술의 이해**. 서울: 학지사.

Barker, R. L. (1995). *The social Work Dictionary* (3rd edition), Washington, DC: NASW Press.

Columbia University School of Social Work (2015). Handbook for Student Social Work Recording.

Compton, B. R., & Galaway, B. (1999). *Social Work Processes* (6th ed.). Pacific Grove: Brooks/Cole.

Cournoyer, B. (2001). *The Social Work Skills Workbook* (3rd ed.). Belmont, CA: Wadsworth.

Kagle, J. D. (1997). **사회사업기록: 이론과 실제**. 홍순혜, 한인영 역. 서울: 학문사. (원저 1991년 출간)

Sheafor, B. W., Horejsi, C. R., & Horejsi, G. A. (2010). **사회복지실천 기법과 지침**. 서울대 사회복지실천연구회 역. 서울: 나남출판. (원저 2008년 출간)

Wilson, S. J. (1980). *Recording: Guidelines for Social Workers*. New York: Free Press.

Zastrow, C. H. (1999). *The practice of Social Work* (6th ed.). Pacific Grove: Brooks/Cole.

/찾/아/보/기/

저자소개

성정현(成晶鉉)
서울대학교 대학원 사회복지학과 졸업(문학 박사)
현 협성대학교 사회복지학과 교수

김예성(金芮成)
서울대학교 대학원 사회복지학과 졸업(사회복지학 박사)
현 한국체육대학교 노인체육복지학과 교수

김희주(金禧朱)
서울대학교 대학원 사회복지학과 졸업(사회복지학 박사)
현 협성대학교 사회복지학과 교수

장연진(蔣延珍)
서울대학교 대학원 사회복지학과 졸업(사회복지학 박사)
현 한양사이버대학교 사회복지학과 교수

좌현숙(左鉉淑)
서울대학교 대학원 사회복지학과 졸업(사회복지학 박사)
현 호남대학교 사회복지학과 교수

최승희(崔承喜)
서울대학교 대학원 사회복지학과 졸업(사회복지학 박사)
현 평택대학교 사회복지학과 교수

사회복지실천기술론

초판발행 2022년 3월 10일 **1판 1쇄 발행** | 2022년 9월 10일 **1판 2쇄 발행**
2023년 9월 10일 **1판 3쇄 발행** | 2024년 3월 10일 **1판 4쇄 발행**

지은이 성정현 김예성 김희주 장선진 최현숙 최승희
펴낸이 최용구 | **펴낸곳** 도서출판 **신정**
주소 (04316) 서울시 용산구 원효로 89길 19 (원효로1가)
전화 02)3211-4782, 0266(영업부), 3211-4783(편집부), 3211-4784(팩스)
이메일 sjbook2002@naver.com | **홈페이지** www.sjbook.co.kr
등록 2001년 5월 11일 제13-702호
기획마케팅 최용구 장만동 최충구 송대용 | **책임편집** 석기은 황가연

ISBN 978-89-5912-793-1 93330
정가 20,000원